François

Salon du Livre
1999

Trucs et Astuces

pour votre

MAISON

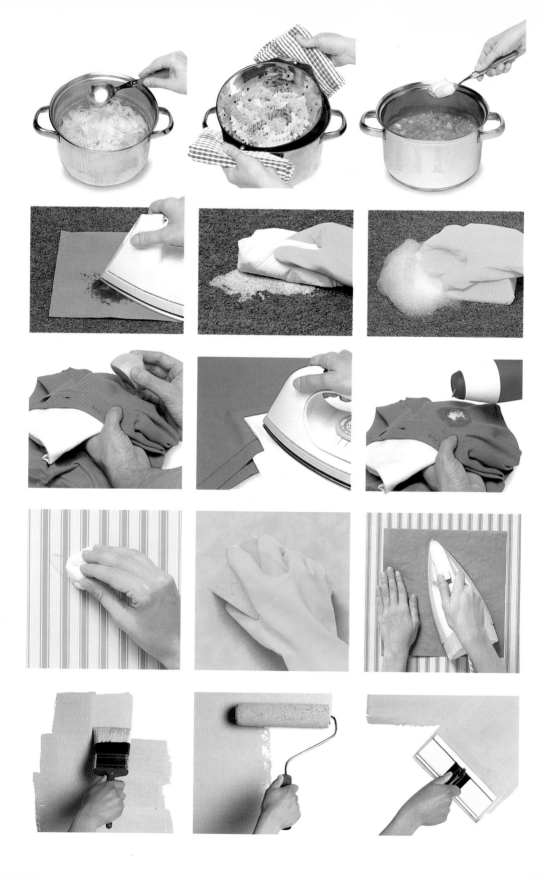

CASSANDRA KENT

Trucs et Astuces
pour votre
MAISON

ÉDITIONS DU TRÉCARRÉ

UN LIVRE DE
DORLING KINDERSLEY

L'édition originale de cet ouvrage
a paru en anglais sous le titre
Household Hints & Tips

Traduction : Monique Maillet
Adaptation et réalisation : Marie Venditelli
Création et réalisation de la couverture :
Graph'M

Dépôt légal : 1997
Bibliothèque nationale du Québec

ISBN 2-89249-670-5

Imprimé en Italie

SOMMAIRE

INTRODUCTION

POUR bien tenir sa maison, il faut s'organiser, c'est-à-dire limiter au maximum le désordre, établir un programme de ménage auquel vous pouvez vous tenir et prévoir du temps pour les travaux d'entretien. Cet ouvrage contient d'innombrables conseils et astuces qui vous aideront à faire tout cela rapidement et facilement – afin que vous ayez plus de temps à consacrer à votre détente.

COMMENT UTILISER CET OUVRAGE

UNE MAISON TOUJOURS PROPRE

Les trois premiers chapitres de cet ouvrage abordent tous les aspects du nettoyage de la maison. La rubrique « Ménage » explique comment entretenir les différents revêtements et nettoyer chacune des pièces de la maison. Le chapitre « Linge et lessive » décode les conseils de lavage inscrits sur les étiquettes et donne de précieux conseils pour l'entretien des vêtements, des chaussures et des accessoires. La partie « Détachage » est un guide complet qui montre pas à pas et en couleurs comment retirer les taches, même les plus tenaces, de toutes les surfaces.

Comment ôter les taches
Pour découvrir ce qu'il faut faire pour retirer une tache sur un vêtement, un meuble ou une moquette, voir p. 32-55.

Réussir les travaux
Toutes les astuces pour peindre murs et plafonds, poser du papier peint et entretenir ses outils, p. 88-105.

RÉPARATIONS ET SECOURS

Pour qu'une maison soit bien tenue, il ne suffit pas de faire le ménage. Le chapitre « Entretien et réparations » explique comment prendre soin des objets et les réparer lorsqu'ils se cassent. La partie « Rénovation » donne des astuces pour réussir sa décoration. Celle consacrée au « Bricolage » apporte les solutions appropriées aux problèmes les plus courants. Nul n'est à l'abri des accidents et il est vital de savoir gérer ces situations d'urgence ; c'est pourquoi le chapitre « Santé et prévention » détaille les techniques de secourisme approuvées par la Croix-Rouge et les traitements appropriés pour traiter les petites blessures et les maladies courantes.

BIEN TENIR SA MAISON SANS EFFORT

Pour qu'il fasse bon vivre dans une maison, il ne suffit pas de la nettoyer et de l'entretenir. Cuisiner – par plaisir ou par obligation – est l'une des tâches essentielles de la vie quotidienne. Le chapitre « Alimentation » présente des centaines de conseils permettant de résoudre les problèmes que l'on rencontre dans la cuisine. Dans la partie « Arts ménagers », vous trouverez des trucs et astuces utiles dans des domaines allant de la couture à la composition de bouquets, en passant par les plantes, les animaux et l'art de recevoir. Enfin, l'index très complet et le repérage en couleurs des chapitres permettent de trouver facilement le conseil recherché.

Art floral
La vie des fleurs coupées peut être prolongée si l'on connaît les soins à leur apporter. Voir p. 147.

CARACTÉRISTIQUES PARTICULIÈRES

Comme vous pouvez le voir ici, cet ouvrage comporte un certain nombre d'éléments qui en facilitent la lecture, comme un sommaire en tête de chapitre et des tableaux présentant le matériel à l'aide de photographies ou attirant l'attention sur des astuces.

SOMMAIRE

Le lavage des vêtements p. 58
Les soins spécifiques p. 60
Le séchage des vêtements p. 62
Le repassage p. 64
L'entretien des vê[…]
L'entretien des ch[…]

Le sommaire en tête de chaque chapitre présente le plan du chapitre.

Le matériel et les produits conseillés pour effectuer les tâches présentées dans le chapitre apparaissent dans un tableau.

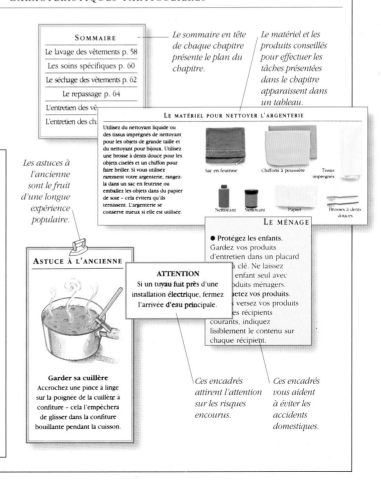

LE MATÉRIEL POUR NETTOYER L'ARGENTERIE

Utilisez du nettoyant liquide ou des tissus imprégnés de nettoyant pour les objets de grande taille et du nettoyant pour bijoux. Utilisez une brosse à dents douce pour les objets ciselés et un chiffon pour faire briller. Si vous utilisez rarement votre argenterie, rangez-la dans un sac en feutrine ou emballez les objets dans du papier de soie – cela évitera qu'ils ternissent. L'argenterie se conserve mieux si elle est utilisée.

Sac en feutrine — Chiffons à poussière — Tissus imprégnés
Nettoyant — Nettoyant — Papier — Brosses à dents douces

LE MÉNAGE

● Protégez les enfants. Gardez vos produits d'entretien dans un placard […] à clé. Ne laissez […] enfant seul avec […]oduits ménagers. […]etez vos produits. […] versez vos produits […]s récipients courants, indiquez lisiblement le contenu sur chaque récipient.

LES SYMBOLES

Au fil de cet ouvrage, des astuces sont mises en relief. Traditionnelles, économiques, ingénieuses ou écologiques, elles vous aideront à effectuer les tâches ménagères de façon rapide, facile et efficace.

 Astuce économique

 Astuce écologique

 Astuce à l'ancienne

 Idée lumineuse

 Astuce gain de temps

Les astuces à l'ancienne sont le fruit d'une longue expérience populaire.

ASTUCE À L'ANCIENNE

ATTENTION
Si un tuyau fuit près d'une installation électrique, fermez l'arrivée d'eau principale.

Garder sa cuillère
Accrochez une pince à linge sur la poignée de la cuillère à confiture – cela l'empêchera de glisser dans la confiture bouillante pendant la cuisson.

Ces encadrés attirent l'attention sur les risques encourus.

Ces encadrés vous aident à éviter les accidents domestiques.

FAIRE DES LISTES

Les listes permettent d'accomplir ce que l'on a
à faire sans perdre de temps à cause d'un oubli.
Dressez une liste des aliments et des produits
ménagers que vous achetez régulièrement ; vous
la compléterez juste avant d'aller faire vos courses
(voir ci-contre). Gardez l'original dans votre journal
de bord (voir page suivante) et collez-en une
photocopie sur le réfrigérateur. Chaque année,
inscrivez les anniversaires, les jours fériés, les
réceptions et les rendez-vous sur un grand calendrier
qui servira à toute la famille. Les listes peuvent
également aider à planifier les tâches de la semaine,
les vacances et les réceptions.

Liste des courses
Gardez une copie de votre liste
sur votre réfrigérateur et rayez
les produits qui viennent à
manquer.

Gérer ses papiers
Créez un système de
classement pour vos papiers
afin de les trouver facilement
quand vous en avez besoin.

ORGANISER SON TEMPS

Il est tout à fait conseillé de gérer sa maison comme on
gère un bureau. Chaque semaine, prévoyez un moment
pour la correspondance et les factures ainsi que pour
planifier les tâches et les rendez-vous de la semaine
suivante. N'oubliez pas de compter entre chaque rendez-
vous le temps nécessaire au transport, aux queues et aux
retards éventuels. Prévoyez aussi un moment de temps
libre quotidien, qui vous servira soit à vous détendre, soit
à faire face à un problème imprévu – on ne sait jamais
quand un enfant ou un(e) ami(e) va avoir besoin de vous.

S'ATTAQUER AU DÉSORDRE

Rien de tel que le désordre pour qu'un intérieur
paraisse mal organisé. Passez régulièrement votre
maison en revue et débarrassez-vous des objets
inutiles, tels que les vêtements que vous ne portez
jamais, les vieux magazines et les jouets cassés. S'ils
sont en bon état, participez à une brocante, vendez-
les par petites annonces ou donnez-les.
Pour réduire le désordre, installez des étagères près
de la porte d'entrée. En arrivant, chacun pourra
laisser, sur celle qui lui est attribuée, les objets
qu'il utilise couramment et les trouver facilement
au moment de ressortir.

Étagères personnalisées
Laissez les objets souvent
utilisés (jouets, parapluies ou
bottes) sur une étagère près
de la porte d'entrée.

ORGANISER UN JOURNAL DE BORD

Un journal de bord permet de centraliser toutes les informations concernant la maison. Il est très utile pour les détails que l'on oublie avec le temps, tels que le numéro de téléphone d'un réparateur ou le solvant efficace sur une tache particulière. Adoptez le système qui vous convient le mieux : soit plusieurs cahiers, soit un classeur (il est pratique de pouvoir ajouter et retirer des pages ou d'y conserver des échantillons de papier peint ou de peinture). Consacrez une partie de votre journal de bord aux objets de la maison : dressez un inventaire – qui se révélera inestimable en cas de vol ou d'incendie. Conservez une copie de toutes les garanties, des manuels d'utilisation et notez la date des achats importants. Un agenda des dates et des événements à retenir constitue également une partie essentielle de votre journal de bord.

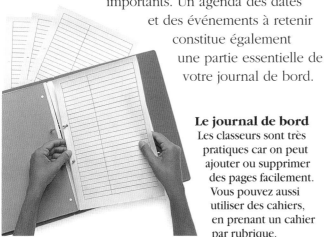

Le journal de bord
Les classeurs sont très pratiques car on peut ajouter ou supprimer des pages facilement. Vous pouvez aussi utiliser des cahiers, en prenant un cahier par rubrique.

INFORMATIONS COMPLÉMENTAIRES

Toutes les maisons ont besoin d'être régulièrement entretenues; notez la date et la nature des réparations ainsi que les précisions concernant les travaux de rénovation (voir p. 99). Vous pouvez également créer un chapitre pour la santé, avec les numéros de téléphone d'urgence (voir p. 165) et la date des visites chez le médecin. Un chapitre consacré à la vie locale peut également être utile – notez les numéros de taxis, des restaurants qui livrent à domicile... Rangez votre journal de bord dans un endroit pratique où il sera facilement accessible et assurez-vous que tous les membres de la famille savent où le trouver.

LE CONTENU DU JOURNAL DE BORD

Vous trouverez ci-dessous des indications sur ce que peut contenir un journal de bord.

LE CALENDRIER
● Notez les dates importantes, telles que les anniversaires, les vacances scolaires, les rappels de vaccins... Mettez cette liste à jour tous les ans et reportez son contenu sur un calendrier.

L'INVENTAIRE
● Faites une liste des objets de valeur (ainsi que des numéros de série, si c'est possible) et photographiez-les (voir p. 119).
● Gardez une copie des garanties, des manuels d'utilisation (s'ils sont trop volumineux, rangez-les à part) et notez les dates d'achat.

ENTRETIEN ET RÉNOVATION DE LA MAISON
● Voyez p. 99 quoi inclure dans la rubrique rénovation.
● Notez le nom, l'adresse et le numéro de téléphone de tous ceux que vous avez employés à des travaux de réparation ou de rénovation.
● Inscrivez l'emplacement des câbles électriques, des tuyaux de chauffage et de tous les autres éléments qui pourraient gêner la réalisation des travaux de rénovation.

AUTRES RUBRIQUES
● Si vous recevez fréquemment, notez le nom de vos invités et le menu choisi pour l'occasion.
● Si vous aimez jardiner, créez un chapitre jardinage, avec le détail de vos plantations.
● Créez une rubrique voiture, en notant le numéro de la police d'assurance, les dates de réparation et de vidange, ainsi que la pression des pneus.
● Créez un guide de nettoyage où vous noterez le produit et la méthode employés pour différentes taches (voir p. 11).

Le MÉNAGE

*L*E MÉNAGE *n'est pas forcément une tâche difficile, si l'on respecte certaines règles : achetez le bon matériel et prenez-en soin. Ensuite, traquez la poussière. En utilisant bien votre aspirateur et tous ses accessoires, vous vous simplifierez beaucoup la tâche. N'ayez pas comme objectif d'avoir une maison propre comme un hôpital. Elle peut être tout à fait présentable sans sentir le désinfectant.*

LE MATÉRIEL DE MÉNAGE

Voici les principaux objets nécessaires pour nettoyer votre intérieur. Achetez une boîte munie d'une poignée afin de transporter votre matériel. Si vous avez plusieurs étages, vous pouvez éventuellement avoir deux séries d'accessoires pour éviter de les déplacer. Nettoyez le matériel après usage.

Chiffons à poussière

Peau de chamois

Balayette et pelle

Balai éponge

Gants en caoutchouc

Plumeau en acrylique

Lavettes

Brosse à récurer

Serpillière

Seau

Balai

PRODUITS DE NETTOYAGE

De nos jours, on trouve un produit différent pour chaque tâche. Les fabricants voudraient nous convaincre qu'ils sont tous indispensables, mais il suffit de posséder quelques produits de base pour entretenir votre maison : du produit à vaisselle, des nettoyants ménagers abrasifs (ou non), de la lessive en poudre, de la cire pour meubles et des produits d'entretien pour les métaux.

Eau de Javel

Nettoyant crème

Vaporisateur

Cire pour meubles

Ammoniaque

PRODUITS SUPPLÉMENTAIRES

● **Pour les taches.** L'ammoniaque, l'eau de Javel, l'alcool à brûler et à 90°, le borax, les cristaux de soude, et le white-spirit sont utiles pour nettoyer certaines surfaces et éliminer les taches. Pensez à conserver ces produits hors de portée des enfants.
● **De la cuisine.** Le sel, le jus de citron, la glycérine, le vinaigre blanc et le bicarbonate de soude sont des produits qui nettoient en douceur.
● **Produits spécialisés.** Achetez de la lessive Saint-Marc pour le lessivage des murs très sales. Prévoyez une crème d'entretien pour les meubles en cuir.

Alcool à brûler

Alcool à 90°

Nettoyant liquide

White-spirit

Produit à vaisselle

CRÉER UN REGISTRE

● **Un dossier nettoyage.** Notez dans votre journal de bord (voir p. 8-9) les produits avec lesquels vous avez nettoyé certains objets pour éviter de refaire des essais.

Borax

Nettoyant pour sols et murs

Lessive biologique

Cristaux de soude

Produit pour métaux

Bicarbonate de soude

Sel

Jus de citron

Glycérine

Vinaigre blanc

LE MÉNAGE ET LA PRÉVENTION DES ACCIDENTS

● **Protégez les enfants.** Gardez vos produits d'entretien dans un placard fermé à clé. Ne laissez pas un enfant seul avec des produits ménagers.
● **Étiquetez vos produits.** Si vous versez vos produits dans des récipients courants, indiquez lisiblement le contenu sur chaque récipient.

● **Protégez votre peau.** Évitez tout contact avec la peau, les yeux et les vêtements lorsque vous utilisez de l'eau de Javel ou de l'ammoniaque.
● **Attention aux vapeurs.** Ouvrez les fenêtres pour ventiler. Évitez de travailler près d'une flamme car certains produits chimiques pourraient s'enflammer.

● **Ne mélangez pas les produits.** Si un produit n'a pas été efficace sur une surface, rincez-le avant d'en passer un autre.
● **Attention à l'escalade.** Si vous nettoyez des endroits difficiles d'accès, utilisez un escabeau ou une échelle. Vous risquez un accident si vous montez sur une chaise ou une table.

LE MÉNAGE COURANT

L A MEILLEURE façon de tenir une maison consiste à l'entretenir peu mais souvent. Ne laissez pas la saleté s'accumuler. Nettoyez le salon une fois par semaine, mais essayez de récurer l'évier et le lavabo quotidiennement.

ENTRETENIR LE MATÉRIEL

ENTRETENEZ votre matériel sinon vous perdrez du temps à le remettre en état. Nettoyez toujours vos ustensiles après usage et rangez-les avec soin. Lavez très régulièrement les chiffons et jetez ceux qui sont trop sales pour être réutilisés.

RANGER SON MATÉRIEL

Fermez le sac avec un lien.

Conservez les tampons usagés dans de l'eau savonneuse.

Utilisez la moitié du tampon à la fois.

L'entretien des balais

Lavez les balais à l'eau savonneuse. Rangez-les à l'envers pour éviter de casser les poils (confectionnez un support avec deux bobines de fil).

Les balais éponges

Rincez-les bien après usage (ne les lavez pas). Rangez la tête du balai dans un sac en plastique pour que l'éponge ne se dessèche et ne se déforme pas.

Les tampons métalliques

Conservez-les dans de l'eau savonneuse ou du papier aluminium pour qu'ils ne rouillent pas. Vous pouvez les couper en deux avant usage.

CHIFFONS ET ÉPONGES

● Nettoyage et rangement. Secouez les chiffons à poussière dehors. Faites tremper les éponges visqueuses dans de l'eau vinaigrée. Rangez les chiffons dans des sacs plastique.

PEAUX DE CHAMOIS

● Soins de base. Lavez-les dans de l'eau chaude savonneuse et rincez-les soigneusement. Faites-les sécher loin d'une source de chaleur pour qu'elles conservent leurs huiles naturelles.

BROSSES

● Utilisation des brosses à dents. Les brosses à dents usagées sont très utiles pour nettoyer les incrustations métalliques, les joints, le tour des robinets et les recoins difficiles d'accès.

LES ASPIRATEURS

Utilisez votre aspirateur aussi souvent que possible. Les accessoires qui le complètent peuvent servir à nettoyer les rideaux, les meubles et les sols. Vérifiez les brosses et enrouleurs avant de commencer car, s'ils sont bouchés, votre aspirateur ne fonctionnera pas correctement. Les petits aspirateurs manuels sont parfaits pour nettoyer la voiture et ramasser ce qui est renversé dans la maison.

● Les aspirateurs verticaux. Pratiques pour nettoyer de grandes surfaces mais peu efficaces dans les recoins.
● Les aspirateurs traîneaux. Pratiques pour les endroits difficiles comme les escaliers ou sous les meubles, ils peuvent être encombrants à l'usage.
● Les aspirateurs à eau et poussière. Ils servent à faire le ménage courant mais aspirent également l'eau.

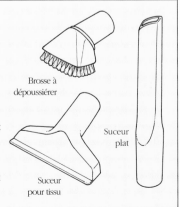

Brosse à dépoussiérer

Suceur plat

Suceur pour tissu

MÉTHODES ET PROGRAMMES

Il est conseillé d'établir un programme de nettoyage afin qu'aucun endroit ne puisse être négligé. Les conseils ci-dessous vous aideront à nettoyer chaque pièce avec efficacité et à faire que votre maison paraisse bien tenue, même si elle n'est pas aussi propre qu'elle pourrait l'être.

MÉTHODES DE NETTOYAGE

Prenez un chiffon propre dans chaque main. *Essuyez dans le sens du bois.*

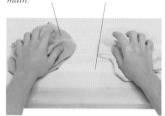

L'époussetage à deux mains
En utilisant deux chiffons – un dans chaque main –, il vous faudra moitié moins de temps et d'énergie pour nettoyer une pièce.

La technique des deux seaux
Utilisez deux seaux : l'un rempli d'eau et de détergent pour laver, l'autre, rempli d'eau, pour rincer la serpillière.

ASTUCE GAIN DE TEMPS

Un nettoyage éclair
Si des visiteurs s'annoncent et que vous ne les attendiez pas, donnez le change en nettoyant l'entrée, en rangeant les objets qui traînent. Redressez les coussins, remettez en place fauteuils et tapis. Pulvérisez un désodorisant et tamisez l'éclairage ou allumez des bougies.

UN CHIFFON EFFICACE

Placez-le dans de la paraffine et du vinaigre.

Portez des gants pour protéger vos mains.

1 Si un chiffon soulève la poussière, faites-le tremper (propre) dans un volume égal de paraffine et de vinaigre.

2 Retirez le chiffon lorsqu'il est imbibé et conservez-le dans un bocal en verre en attendant de vous en servir.

PROGRAMME DE NETTOYAGE
● **Nettoyages quotidiens.** Cuisines et salles de bains devraient être nettoyées tous les jours (voir p. 24-30).
● **Nettoyages hebdomadaires.** À faire dans les chambres et les salons. Aérez et rangez la pièce. En partant d'un côté de la porte, dépoussiérez tous les objets et les surfaces, en faisant le tour de la pièce. Commencez par épousseter les objets en hauteur car la poussière peut se déposer sur ce qui est en dessous. Passez l'aspirateur ou le balai.
● **Nettoyages occasionnels.** Plusieurs fois par an, dans chaque pièce, lavez les rideaux, shampouinez moquettes et tissus, lessivez murs et fenêtres. Rangez les placards et jetez ou donnez les objets que vous n'utilisez plus.

PIÈCES	FRÉQUENCE DE NETTOYAGE
SALLES DE BAINS ET CUISINES	Nettoyage quotidien nécessaire pour une bonne hygiène.
CHAMBRES	Aérez les lits tous les matins et nettoyez les chambres une fois par semaine.
SALONS	Nettoyage : une fois par semaine. Aspirateur : deux fois par semaine.
AUTRES PIÈCES	Passez l'aspirateur deux fois par semaine dans les couloirs.

LES SOLS

PLACEZ un paillasson devant les portes donnant sur l'extérieur afin de ne pas ramener de terre dans la maison. Si vous balayez ou passez l'aspirateur régulièrement, vous aurez moins souvent besoin d'effectuer un gros nettoyage.

NETTOYER LES SOLS DURS

LES SOLS durs paraissent souvent sales. Il est conseillé de les laver ou de passer l'aspirateur régulièrement, dans l'entrée, la cuisine et la salle de bains. Les parquets doivent être cirés; les sols en marbre, en linoléum et en carrelage doivent être nettoyés à fond de temps en temps.

BALAYER

Retirer la poussière
Balayez ou passez l'aspirateur deux fois par semaine, en faisant attention aux recoins où la saleté tend à s'accumuler.

LAVER

Un lavage efficace
Lavez les sols carrelés ou vitrifiés une fois par semaine.
N'employez pas de détergent sur les sols en ardoise ou en pierre.

RÉCURER

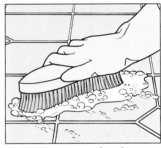

Nettoyer en profondeur
Frottez tous les sols en pierre, en ciment et en carrelage avec du détergent et une brosse en chiendent pour retirer la saleté.

FAIRE BRILLER LES SOLS

FAITES briller vos sols et votre maison paraîtra bien entretenue. Utilisez le produit adapté au revêtement et n'oubliez pas que la cire s'accu-mule et doit être décapée de temps en temps avec un détergent, de l'ammoniaque ou un décapant vendu dans le commerce.

DIFFÉRENTES SORTES D'ENCAUSTIQUES

LES CIRES SOLIDES
Ces cires conviennent pour le vinyle, le bois ou le liège. Elles doivent être appliquées à la main, mais les sols restent brillants longtemps.

LES CIRES LIQUIDES
Elles conviennent également aux sols en vinyle, en bois et en liège. Elles sont d'un usage plus facile, mais ne durent pas aussi longtemps.

LES ENCAUSTIQUES À L'EAU
Ces cires contiennent de la silicone et conviennent à tous les sols sauf le vinyle, le bois non vitrifié et le liège. D'application facile, elles durent longtemps.

Fixez un chiffon autour du balai.

Une cireuse improvisée
Pour appliquer et faire briller la cire, utilisez un balai entouré d'un chiffon à poussière. Avant d'appliquer la cire pour la première fois, nettoyez le sol soigneusement.

DIFFÉRENTS TYPES DE SOLS

Les sols durs sont résistants et leur entretien varie en fonction du revêtement. Balayez les sols durs quotidiennement et nettoyez-les en fonction de leur qualité. Ne laissez pas la saleté s'accumuler, ce qui vous obligerait à les nettoyer à genoux, une brosse à la main.

QUALITÉ	ENTRETIEN
LE VINYLE Revêtement facile d'entretien qui dure longtemps s'il est correctement entretenu.	● Balayez régulièrement. Lavez-le avec un mélange d'eau chaude et de nettoyant ménager. Rincez à l'eau claire. Appliquez une encaustique à l'eau, mais ne la laissez pas s'accumuler. ● N'utilisez jamais de cires à base de solvant. Retirez les taches tenaces avec un petit peu d'encaustique à l'eau sur un chiffon humide.
LE LINOLÉUM C'est un revêtement résistant, mais veillez à ne pas le détremper car cela pourrait l'abîmer.	● Nettoyez ces sols avec une serpillière humide et du produit ménager très dilué. Utilisez une encaustique à l'eau – qui ne laissera pas d'auréoles – dans la cuisine et la salle de bains, et une encaustique à base de cire d'abeille dans les autres pièces de la maison. ● Retirez les éraflures avec une paille de fer trempée dans de la térébenthine ou du white-spirit.
LE PARQUET L'entretien diffère selon que le parquet est vitrifié ou non.	● Balayez les parquets non vitrifiés pour retirer la poussière. Pour ôter les taches collantes, utilisez un chiffon humide. ● Nettoyez les parquets vitrifiés avec une serpillière humide et bien essorée. Pour décaper la cire, utilisez un chiffon imbibé de white-spirit. Pour faire briller les parquets, appliquez de la cire ou de l'encaustique à l'eau.
LE LIÈGE Il doit être balayé souvent, sinon la poussière et l'encaustique ont tendance à s'accumuler.	● Lavez régulièrement avec un mélange d'eau tiède et de nettoyant ménager et appliquez de l'encaustique de temps à autre. Essayez d'éviter l'accumulation d'encaustique le long des murs car ces dépôts collants attirent la poussière. ● Si vous posez un revêtement en liège, scellez les bords car sinon l'eau pourrait s'infiltrer.
LE CARRELAGE Cette surface est très dure : attention, tout ce que vous laisserez tomber dessus se cassera.	● Lavez les carrelages avec un nettoyant ménager à l'aide d'une serpillière ou d'un balai éponge, puis essuyez-les avec une peau de chamois. Attention : le carrelage mouillé est très glissant. ● Ne mettez pas d'encaustique sur un sol en carrelage car cela le rendrait glissant. Nettoyez les joints avec une brosse à dents trempée dans du détergent.
LES TOMETTES Très joli, ce revêtement a l'inconvénient d'être poreux. Frottez les tomettes décolorées avec du white-spirit puis de la cire teintée.	● Les tomettes vitrifiées doivent être fréquemment lavées avec de l'eau mélangée à un nettoyant ménager. Pour nettoyer des tomettes non vitrifiées, utilisez une brosse. Rincez soigneusement. Appliquez une encaustique liquide ou solide. ● Appliquez une couche d'huile de lin sur des tomettes neuves et ne les lavez pas pendant deux semaines.

TRAITEMENTS PARTICULIERS

ÉVITEZ de faire des éraflures et des rayures sur les revêtements durs car ces marques sont souvent difficiles à effacer. Cirez le dessous des rocking-chairs pour qu'ils ne rayent pas le sol et placez des bouts de moquette sous les meubles pour les déplacer.

FAIRE DISPARAÎTRE UNE TACHE SUR DU PARQUET

● **Tache d'encre.** Appliquez un peu d'eau de Javel pure à l'aide d'un Coton-Tige. Tamponnez rapidement avec du papier absorbant et répétez l'opération si nécessaire.

● **Cire de bougie.** Faites durcir la cire avec un glaçon, puis grattez-la à l'aide d'un couteau émoussé. Appliquez un peu de cire liquide, puis faites briller à l'aide d'un chiffon doux.

FAIRE DISPARAÎTRE LES RAYURES SUR DU PARQUET

Frottez doucement la rayure.

1 Frottez la rayure à l'aide d'une paille de fer très fine sans trop dépasser. Portez des gants lorsque vous utilisez une paille de fer.

2 Mélangez un peu de cirage marron à de la cire. Appliquez ce mélange sur l'endroit décapé. Frottez afin que ce mélange se fonde avec le parquet.

RÉPARER LES SOLS

● **Le vinyle et le liège.** Retirez les traces de brûlure avec du papier de verre fin. Si une trace de brûlure se voit, découpez une partie du revêtement au cutter et remplacez-la par un nouveau morceau.

● **Le linoléum.** Recouvrez les accrocs avec de l'adhésif transparent et passez une couche de vernis transparent à base de polyuréthanne.

● **Le carrelage.** Rebouchez les trous avec du reboucheur pour murs ou bois. Mettez-en une couche épaisse et, une fois sec, retirez l'excédent avec du papier de verre. Appliquez du cirage ou de la peinture pour teinter, puis une couche de vernis.

● **Le parquet.** Si des infiltrations d'eau montent par le sol, démontez le parquet et peignez le béton avec un produit imperméabilisant.

LES TOMETTES

● **Raviver les couleurs.** Retirez le dépôt de cire, s'il y en a un, à l'aide d'une paille de fer et de white-spirit. Lavez, rincez, laissez sécher puis appliquez une cire teintée. Polissez pour que la cire ne se dépose pas sur les chaussures.

Traiter les taches blanches
Elles sont provoquées par la chaux contenue dans le ciment et disparaîtront au bout d'un moment. Vous pouvez néanmoins appliquer un mélange de 60 ml de vinaigre pour 5 litres d'eau. Ne pas rincer.

ASTUCE À L'ANCIENNE

Ne pas faire voler la poussière
Pour éviter que la poussière ne s'envole lorsque vous balayez, parsemez le parquet de feuilles de thé humides qui sont également très efficaces lorsque l'on retire les cendres de la cheminée. C'est utile pour les personnes allergiques à la poussière.

LE VINYLE ET LE LINOLÉUM

● **Les taches de peinture.**
Peinture à l'eau : retirez les taches avec un chiffon humide. Peinture à l'huile : utilisez une paille de fer avec une cire solide. Peinture sèche : appliquez de l'huile de lin bouillante, laissez agir, puis essuyez.

Portez des gants quand vous utilisez des produits chimiques.

Les éraflures sur le vinyle
Faites disparaître éraflures et marques de talon sur les sols en vinyle avec un chiffon imbibé de white-spirit (ou de térébenthine) ou avec une gomme ou un chiffon imbibé d'encaustique à l'eau.

LES REVÊTEMENTS DE SOLS

MOQUETTES et tapis sont parmi les investissements les plus coûteux de la décoration de la maison. Il faut donc les entretenir avec soin afin de les faire durer. Pour que votre moquette reste belle le plus longtemps possible, suivez les conseils d'entretien du fabricant.

NETTOYER LES MOQUETTES

● **Passer l'aspirateur.** Passez régulièrement l'aspirateur pour retirer la poussière et la saleté et préserver les poils de la moquette. Il faut, dans l'idéal, passer l'aspirateur huit fois au même endroit. Utilisez tous les accessoires pour bien nettoyer dans les recoins et sous les meubles.

● **Shampouiner.** Nettoyez les taches à la main avec du shampooing à moquette. Lorsque toute la moquette est sale, shampouinez-la avec une machine ou faites venir un professionnel. Ne retirez jamais une moquette pour la nettoyer car elle pourrait rétrécir et vous seriez obligé de la remplacer.

ASTUCE ÉCOLOGIQUE

Shampooing sec
Pour rafraîchir votre moquette, saupoudrez-la de bicarbonate de soude. Laissez agir 15 mn, puis passez l'aspirateur. Non seulement votre moquette sera propre, mais vous aurez aussi éliminé les parasites et neutralisé les odeurs.

L'EMPREINTE DES MEUBLES SUR LA MOQUETTE

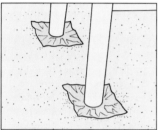

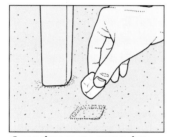

Sur une moquette humide
Si la moquette n'est pas sèche et que vous devez remettre des meubles à leur place, disposez des morceaux de papier aluminium sous leurs pieds pour éviter qu'ils ne laissent des marques.

Supprimer une empreinte
Pour supprimer efficacement la marque d'un meuble sur une moquette, placez un glaçon dans l'empreinte et laissez-le fondre. Laissez sécher, puis passez l'aspirateur.

TAPIS ET CARPETTES

● **Nettoyage.** Battez les tapis dehors. Passez l'aspirateur sur les tapis en fibres végétales (alfa, sisal, fibres de coco); s'ils sont sales, brossez-les avec de l'eau salée, rincez-les et laissez-les sécher loin d'une source de chaleur.

LES PARASITES ET LES ODEURS

Moquettes et tapis abritent des parasites, tels que les anthrènes, et retiennent les odeurs de cigarette, friture et animaux.

● **Les anthrènes des tapis.** L'infestation par les anthrènes est révélée par la présence d'exuvies sur la moquette. Détruisez-les en saupoudrant du borax le long des bords des moquettes et, avant de poser une moquette neuve, sur la thibaude.

● **La fumée de cigarette.** Pour éviter les odeurs, placez un récipient rempli d'eau dans un endroit discret ou allumez des bougies si vous recevez des fumeurs. Saupoudrez le fond des cendriers de bicarbonate de soude pour éviter que les cigarettes mal éteintes ne se consument.

● **Les mauvaises odeurs.** Laissez un petit récipient rempli de vinaigre dans une pièce : vous éviterez les odeurs de renfermé, même si la maison reste inoccupée longtemps. Vous pouvez également ajouter du vinaigre dans l'eau des humidificateurs pour que l'air reste frais.

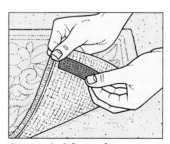

Des tapis à leur place
Pour éviter que les tapis ne se déplacent, collez des morceaux d'adhésif double face près des bords. Pour les empêcher de glisser sur la moquette, utilisez des morceaux de Velcro.

LES MURS ET LES PLAFONDS

À MOINS de vivre dans une région très polluée ou avec de gros fumeurs, vous n'aurez pas besoin de lessiver les plafonds et les murs plus d'une fois par an. N'essayez pas de nettoyer plus d'une pièce à la fois car cette tâche est fatigante.

LES REVÊTEMENTS MURAUX

DÉPOUSSIÉREZ les papiers peints non lavables pour vraiment éviter que la saleté s'accumule. N'utilisez jamais d'eau car le papier se décollerait.

Les papiers peints lavables peuvent être nettoyés avec une éponge et du produit à vaisselle. Travaillez de bas en haut. Rincez à l'eau tiède.

NETTOYER DU PAPIER PEINT NON LAVABLE

NETTOYER DU VINYLE

Retirer les taches
Frottez les taches avec de la mie de pain ou une gomme. Frottez doucement afin de ne pas abîmer le papier – il vous faudra peut-être faire plusieurs tentatives pour parvenir au résultat souhaité.

Retirer les taches de graisse
Appliquez un fer à repasser tiède sur du papier kraft pour absorber la graisse. Recommencez en déplaçant le papier jusqu'à ce que toute la graisse soit absorbée, puis appliquez un solvant pour graisses.

Soins de base
Lavez le vinyle de temps en temps, à l'aide d'une éponge et d'un peu de détergent dilué dans de l'eau. Nettoyez la surface de bas en haut et frottez doucement pour ne pas abîmer le revêtement.

COLLER UNE PIÈCE

1 Lorsque la tache est grosse, il est parfois préférable de coller une pièce. Déchirez un morceau de papier assorti pour que les bords soient irréguliers (la pièce se remarquera moins que si vous découpez des bords bien droits).

2 Collez la pièce à l'endroit choisi avec de la colle à papier peint. Faites correspondre les motifs. Si vous collez une pièce sur du vieux papier peint, laissez-la au soleil quelques jours pour que la couleur ternisse.

REVÊTEMENTS SPÉCIAUX

● **Les sparteries.** Nettoyez-les avec douceur car les fibres se détachent très facilement. Il suffit de les dépoussiérer – à l'aide d'un aspirateur muni d'une brosse douce. Ne poussez jamais les meubles contre les sparteries car les fibres pourraient se détacher en laissant des marques.

● **La toile de jute.** Dépoussiérez-la régulièrement avec votre aspirateur. Ne la mouillez pas car les couleurs ne résistent généralement pas à l'eau. Enlevez les taches à l'aide de mie de pain.

LES SURFACES PEINTES

LES PEINTURES des murs et des plafonds restent en bon état si elles sont régulièrement nettoyées. Toutefois, les dépôts de nicotine peuvent être difficiles à faire partir. Dans ce cas, il peut être préférable de refaire les peintures plutôt que d'essayer de frotter les taches.

LES PLAFONDS

● **Nettoyage.** Mieux vaut une nouvelle couche de peinture qu'un lessivage. Dépoussiérez les plafonds grâce à l'instrument décrit ci-dessous, à une tête de loup ou encore à l'accessoire de votre aspirateur.

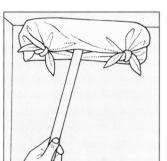

Un dépoussiéreur improvisé
Fixez un chiffon propre autour de la tête d'un balai et nettoyez régulièrement les plafonds avec cet outil. N'oubliez pas de le secouer de temps en temps.

LES MURS, PORTES ET PLINTHES

● **Nettoyer les murs.** Utilisez un mélange d'eau tiède et de détergent. N'interrompez jamais votre travail car cela laisserait une marque difficile à supprimer. Lessivez un mur entier à la fois.

La méthode de travail
Commencez toujours par le bas du mur, bien que cela semble donner un surcroît de travail. Il est plus simple d'essuyer une trace sur un mur propre que sur un mur sale.

● **Murs très sales.** Lessivez-les avec de la lessive Saint-Marc (suivez les instructions inscrites sur la boîte) avant d'utiliser un autre produit.
● **Portes et plinthes.** Lessivez-les avec du produit à vaisselle dilué dans l'eau (et non avec un détergent qui pourrait abîmer la couleur). Rincez à l'eau et séchez en tamponnant.

LES TACHES SUR LES MURS

● **Effacer les taches.** Procédez doucement pour ne pas abîmer la peinture. Effacez les marques de doigts et de crayons à papier avec une gomme. Lavez les taches de nourriture avec un produit ménager non abrasif. Si un meuble a heurté un mur et laissé une marque, utilisez une gomme puis un produit ménager.

AUTRES REVÊTEMENTS MURAUX

LES JOINTS entre les carreaux s'encrassent fréquemment. Les murs en lambris doivent être régulièrement dépoussiérés (avec votre aspirateur) et encaustiqués une fois par an. Les taches sur la brique nue étant généralement tenaces, dépoussiérez souvent les murs en brique.

LES MURS CARRELÉS

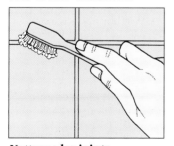

Nettoyer les joints
Utilisez une brosse à dents (usagée mais propre) trempée dans l'eau de Javel. S'ils sont trop sales, il est préférable de remplacer les joints.

LES MURS LAMBRISSÉS

Retirer l'encaustique
Si des dépôts d'encaustique se sont accumulés, retirez-les avec une fine paille de fer et du white-spirit. Frottez avec douceur mais fermement, dans le sens du bois.

LES MURS EN BRIQUES

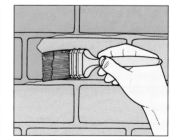

Vernir les murs en briques
Appliquez un vernis sur la brique brute ; ainsi, un chiffon humide suffira pour la nettoyer. Utilisez un pinceau doux et assurez-vous que le mur est bien propre.

LES FENÊTRES

Lorsque les carreaux sont sales, une maison a piètre allure. Il convient donc de laver le côté extérieur des vitres aussi souvent que nécessaire, selon l'endroit où vous habitez. N'oubliez pas de dépoussiérer les carreaux lorsque vous faites le ménage. Utilisez une brosse douce en acrylique.

LAVER LES FENÊTRES

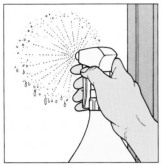

Produit fait « maison »
Créez votre produit pour les vitres en mélangeant du vinaigre et de l'eau dans un vaporisateur. Le vinaigre détruit la graisse et permet de faire briller.

SÉCHER LES VITRES

Avec du journal
Essuyez les vitres qui viennent d'être lavées avec du papier journal froissé. Cela remplace une peau de chamois et l'encre fera briller les carreaux.

ASTUCE GAIN DE TEMPS

Protégez vos rideaux
Pour éviter de décrocher les rideaux lorsque vous lavez les vitres, passez-les dans un cintre.

LAVER SANS LAISSER DE TRACES

● Le temps idéal pour laver les carreaux. Lavez les vitres quand il fait gris, lorsqu'elles sont humides et que les traces de doigts et les taches sont bien visibles. Par beau temps les carreaux sèchent trop vite, ce qui laisse des traces.

● Traquer les traces. Lorsque vous nettoyez l'extérieur puis l'intérieur des vitres, frottez à l'horizontale d'un côté et à la verticale de l'autre. Vous pourrez facilement voir de quel côté se trouve la trace qui vous a échappée.

LES MIROIRS

Lorsque vous nettoyez un miroir, évitez d'utiliser de l'eau qui pourrait s'infiltrer derrière la glace et abîmer le tain. Utilisez plutôt un produit spécial vendu dans le commerce et polissez bien.

LES INSTALLATIONS ÉLECTRIQUES

Nettoyez les prises et les interrupteurs avec un chiffon imprégné d'alcool à brûler. Pour les parties métalliques, utilisez le produit approprié. Les ampoules électriques doivent être essuyées régulièrement car elles peuvent perdre jusqu'à 50 % de leur puissance lorsqu'elles sont sales.

NETTOYER LES INSTALLATIONS

● Utiliser un patron. Pour ne pas mettre de produit sur le mur pendant, fabriquez un patron qui s'emboîte tout autour et tenez-le en place pendant que vous nettoyez.

ATTENTION
Coupez le courant avant de nettoyer des installations électriques. Ne nettoyez pas les ampoules dans leur douille.

NETTOYER LES LUMINAIRES

● Les ampoules. Avant de retirer une ampoule pour la nettoyer, coupez le courant. Séchez-la bien avant de la remettre en place. N'utilisez jamais d'eau sur une ampoule qui est dans sa douille.

● Les ampoules parfumées. À l'aide d'un chiffon, appliquez de l'extrait de parfum sur le haut des ampoules. Quand vous allumerez la lumière, l'odeur se diffusera dans la pièce.

Faites tourner l'ampoule.

Nettoyer les ampoules
Tenez l'ampoule par la base et essuyez-la soigneusement dans un chiffon humide bien essoré.

LES RADIATEURS

EN hiver, nettoyez les radiateurs une fois par semaine ; lorsqu'ils ne sont pas en service, nettoyez-les moins souvent. Nettoyez-les avec du produit à vaisselle dilué dans l'eau et utilisez votre aspirateur ou une brosse à long manche pour nettoyer derrière.

SOINS ET ENTRETIEN

● Radiateurs et bouches d'aération. Vérifiez souvent qu'ils ne sont pas bouchés. Retirez la saleté accumulée avec un goupillon.

● Protéger le sol. Disposez un journal sous le radiateur pour que la poussière et le produit nettoyant ne salissent pas le sol.

● Les traces au-dessus des radiateurs. Évitez les traces sur les murs en installant des étagères juste au-dessus des radiateurs, ce qui aura aussi l'avantage de diriger l'air chaud vers l'intérieur de la pièce.

NETTOYER DERRIÈRE LES RADIATEURS

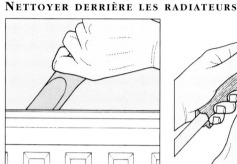

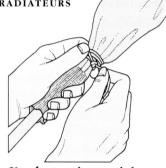

Avec l'aspirateur
Utilisez le suceur plat de votre aspirateur pour aspirer la poussière qui se trouve derrière le radiateur.

Une brosse improvisée
Fixez une éponge recouverte d'une chaussette propre sur le manche d'un balai et nettoyez derrière les radiateurs.

LA CHEMINÉE

LES FEUX dans la cheminée sont très agréables, mais il est nécessaire de bien nettoyer l'âtre car la suie tend à s'incruster. Vous trouverez p. 54 des conseils pour faire disparaître les taches de suie. Nettoyez à fond la cheminée une fois par an lorsque la saison des flambées est terminée.

NETTOYER LA GRILLE DU FOYER

● Retirer les cendres. Cendres de charbon : une fois par semaine. Laissez les cendres de bois dans le foyer (avec elles, le feu prend plus vite).

PARTIES MÉTALLIQUES

● Polissage. Utilisez un produit nettoyant ou du cirage noir résistant à la chaleur (Zébraline).

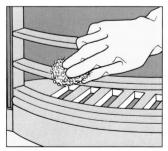

Appliquer le cirage
Étalez le cirage à l'aide d'une paille de fer et faites briller avec un chiffon doux. Portez des gants.

HUMIDIFIER LA CENDRE

● Empêcher la cendre de s'envoler. Disposez dessus des feuilles de thé humides lorsque vous nettoyez le foyer.

NETTOYER AUTOUR DU FOYER

● La brique. Brossez avec une brosse en chiendent et de l'eau claire. Appliquez un peu de vinaigre avec une éponge sur les taches de brûlure et rincez.

● Le carrelage. Lavez-le avec un produit ménager et rincez. Pour les taches de suie, utilisez un nettoyant ménager non abrasif (voir p. 54).

● Le marbre. Nettoyez avec une éponge et du savon en paillettes. Rincez et séchez avec une serviette-éponge. Si c'est du marbre poli, utilisez un produit approprié. On trouve des produits dans le commerce pour réparer le marbre abîmé. Reportez-vous p. 81.

JETER LES CENDRES

● Les braises chaudes. Utilisez un récipient métallique pour transporter les cendres car il pourrait rester des braises qui traverseraient le plastique.

ASTUCE À L'ANCIENNE

Parfumer le feu
Pour parfumer la pièce, jetez des écorces séchées de citrons ou des pommes de pin dans le feu.

LE MOBILIER

LA PLUPART des meubles peuvent être dépoussiérés grâce à l'aspirateur et à ses accessoires. Un nettoyage plus poussé sera nécessaire occasionnellement, mais il convient de traiter les taches dès qu'elles surviennent (voir p. 32-55).

LES MEUBLES EN BOIS

BIEN entretenus, les meubles en bois peuvent durer des années, voire des siècles. Époussetez-les fréquemment, en frottant toujours dans le sens des fibres. Veillez à ne pas mouiller le bois non verni car il gonflerait. Reportez-vous p. 71-73 pour plus de conseils sur l'entretien du bois.

ÉPOUSSETER LE BOIS

Le bois sculpté
Dépoussiérez avec un plumeau synthétique ou un pinceau. Avant, frottez le plumeau pour accroître le phénomène d'électricité statique.

LES MEUBLES ORDINAIRES

● **Soins de base.** Nettoyez le bois avec un chiffon humide imprégné de détergent dilué. Rincez et faites briller. De temps en temps, utilisez une cire en aérosol.
● **Les meubles en teck.** Il suffit de les épousseter. Une ou deux fois par an, appliquez un produit spécial pour le teck.
● **Le bois peint.** Sauf s'il s'agit d'un bois fragile ou ancien, nettoyez-le avec un peu d'eau savonneuse, rincez à l'eau claire et laissez sécher. Frottez les taches avec du produit ménager pur.

LES MEUBLES DE VALEUR

● **Les antiquités.** Ne les laissez pas près d'une source de chaleur directe ou au soleil. Époussetez-les régulièrement. Retirez les traces collantes avec un peu d'eau vinaigrée. Cirez-les à la cire d'abeille ou de la patine d'antiquaire une ou deux fois par an (voir p. 71).
● **Les meubles en bois vernis.** Faites-les briller en les frottant avec un chiffon doux dans le sens du bois. Retirez les taches collantes et les marques de doigts avec du white-spirit. Si le vernis est abîmé, faites appel à un professionnel.

LES MEUBLES FABRIQUÉS DANS D'AUTRES MATÉRIAUX

LES MEUBLES en osier et en rotin doivent être dépoussiérés avec une brosse ou un aspirateur. Les meubles en marbre ou en métal demandent plus de soin. Les meubles en plastique sont faciles à entretenir. Il suffit de les laver avec un peu de détergent et de les rincer à l'eau claire.

LES MEUBLES EN MARBRE

● **Soins de base.** Dépoussiérez-les avec une brosse douce ou un chiffon. Lavez-les avec un peu d'eau savonneuse, rincez, puis faites briller. N'utilisez jamais de cire sur le marbre blanc. Voir. p. 81 comment retirer les taches sur le marbre.

LES MEUBLES EN OSIER

● **Nettoyage.** Utilisez un sèche-cheveux pour retirer la poussière. Brossez-les avec une brosse à ongles trempées dans du produit à vaisselle dilué. Rincez puis séchez.

LES MEUBLES EN ROTIN

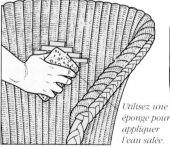

Utilisez une éponge pour appliquer l'eau salée.

Nettoyer en profondeur
Brossez-les avec du savon en paillettes dilué dans de l'eau. Rincez à l'eau salée pour que le rotin conserve sa rigidité.

LES MEUBLES EN MÉTAL

Éliminer la rouille
Utilisez une brosse métallique rigide. Passez une couche de peinture antirouille sur les meubles métalliques qui restent à l'extérieur.

LES MEUBLES CAPITONNÉS

ÉPOUSSIÉREZ les meubles capitonnés avec l'accessoire de votre aspirateur. Auparavant, passez la main le long des coussins du fauteuil pour vérifier que des objets tels que des aiguilles ne s'y sont pas glissés. Vous trouverez des conseils sur l'entretien du cuir et la réparation des meubles capitonnés p. 82.

ENTRETIEN COURANT
● **Housses.** Lavez-les en fonction de la nature du tissu. Remettez-les en place encore humides et repassez-les avec un fer tiède. Attention : les housses en chintz risquent de perdre leur aspect satiné.
● **Les meubles capitonnés.** Vous pouvez les nettoyer avec un produit approprié (en suivant bien les conseils d'utilisation) ou faire appel à un professionnel. Ne détrempez pas le tissu lorsque vous essayez de retirer une tache.

RETIRER LES PELUCHES

À l'aide de ruban adhésif
Enroulez du ruban adhésif autour de vos doigts (avec la partie adhésive à l'extérieur) et passez-les sur le tissu.

LE CUIR ET LE VINYLE
● **Entretien du cuir.** Époussetez-le fréquemment. Appliquez une crème d'entretien.
● **Cuir taché.** Frottez-le avec un chiffon imprégné d'eau et de savon en paillettes bien essoré. Ne rincez pas, laissez sécher puis faites briller.
● **Les revêtements en vinyle.** Époussetez régulièrement avec un chiffon humide. Utilisez un mélange d'eau et de savon en paillettes pour nettoyer le vinyle sale.

LES RIDEAUX ET LES STORES

LES RIDEAUX et les stores onéreux doivent être nettoyés à sec par des professionnels ; ils seront mesurés avant d'être décrochés afin de pouvoir vérifier qu'ils n'ont pas rétréci. Vous trouverez p. 83 des conseils supplémentaires relatifs aux soins à apporter aux rideaux.

LES RIDEAUX
● **Le lavage.** Les rideaux doublés doivent être nettoyés à sec car les différents tissus qui les composent peuvent rétrécir à des degrés variés si vous les lavez vous-même. Les très grands rideaux doivent être lavés en baignoire car, trop lourds pour une machine à laver, ils pourraient l'abîmer.

LES STORES
● **Les stores à enrouleur.** Dépoussiérez-les avec l'accessoire approprié de votre aspirateur. S'ils sont lavables, passez une éponge imprégnée de produit à vaisselle, puis rincez-les avec un chiffon humide. Ils resteront propres si vous pulvérisez (dehors) un produit spécial rigidifiant.

● **Les stores en tissu.** Passez l'aspirateur régulièrement sur le tissu. Lavez-les de temps en temps ou donnez-les à nettoyer.

IDÉE LUMINEUSE

Laisser des repères
Lorsque vous retirez les crochets d'un rideau, marquez leur emplacement avec du vernis à ongles. Vous ne chercherez plus le bon espacement des crochets.

Soins de base
Dépoussiérez-les avec l'accessoire approprié de votre aspirateur. Montez sur un escabeau pour atteindre le haut des rideaux.

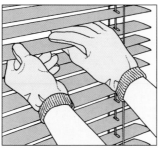

Les stores vénitiens
Époussetez-les en glissant vos mains gantées de coton entre chaque lamelle. Lavez-les dans la baignoire (sauf le mécanisme).

LES SALLES DE BAINS

ELLES doivent être nettoyées quotidiennement. Encouragez les membres de votre famille à rincer lavabos et baignoires après usage. La propreté est primordiale dans la salle de bains, tant sur le plan de l'esthétique que de l'hygiène.

LE NÉCESSAIRE DE NETTOYAGE DE LA SALLE DE BAINS

Rangez le matériel de nettoyage à portée de main afin que chacun puisse s'en servir. Rincez les éponges, les chiffons et les brosses à W.-C. après chaque utilisation. Si une éponge devient visqueuse, faites-la tremper dans de l'eau vinaigrée. Veillez à tirer la chasse d'eau après avoir utilisé un nettoyant W.-C. car, en cas d'éclaboussure, les produits chimiques pourraient vous irriter la peau.

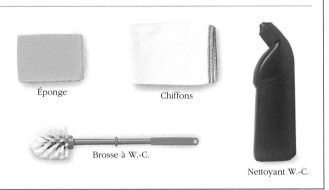

Éponge

Chiffons

Brosse à W.-C.

Nettoyant W.-C.

BAIGNOIRES, DOUCHES ET LAVABOS

UN NETTOYANT simple convient aussi bien pour laver baignoires, douches et lavabos que les produits spécialisés. Essuyez l'eau après avoir utilisé la baignoire ou le lavabo afin qu'ils restent impeccables. Évitez la condensation en faisant couler l'eau froide dans la baignoire avant l'eau chaude.

LES BAIGNOIRES ACRYLIQUE

Faire disparaître les rayures
Frottez-les avec du nettoyant pour métaux. Si les rayures sont profondes, frottez-les d'abord avec du papier de verre ultra fin.

LES LAVABOS
● **Les évacuations.** Nettoyez le trou d'évacuation et le trop-plein avec un goupillon et versez un peu d'eau de Javel dedans une fois par semaine.

AUTRES MATÉRIAUX
● **En émail et en porcelaine.** Nettoyez-les avec un produit non abrasif. Frottez les taches tenaces avec de la térébenthine ou du white-spirit. Rincez avec de l'eau chaude savonneuse.
● **En fibre de verre.** Cette surface doit être traitée avec douceur car la couleur n'est qu'en surface. Utilisez du roduit à vaisselle dilué – évitez les nettoyants abrasifs et décapants.

LES DOUCHES
● **Les portes de douche.** Retirez les dépôts de calcaire avec du vinaigre blanc. Laissez agir 30 mn, puis rincez.
● **Les rideaux.** Pour éliminer les moisissures, faites tremper le rideau dans de l'eau de Javel diluée, rincez, puis lavez-le (main ou machine). Retirez les dépôts de savon en le laissant tremper dans de l'eau additionnée d'un peu d'adoucissant.

LES TACHES SUR LES BAIGNOIRES ET LES LAVABOS

● **Les taches de vert-de-gris.** Elles sont dues aux fuites des robinets. Utilisez un produit pour les surfaces émaillées.
● **Les traces de rouille.** Utilisez un produit pour les sanitaires contenant de l'anticalcaire vendu dans le commerce.

● **Les traces de calcaire.** Utilisez un produit adapté à la surface que vous devez nettoyer.
● **Les dépôts.** Frottez les traces de saleté incrustées avec du white-spirit, puis lavez la baignoire avec du prduit à vaisselle.

WESTIN
HOTELS & RESORTS

5 mL / Entre d'eau

eau de Javel
(pour désinfecter)

Polishing your act

BY STEFANIE GABRYCH FRASER

Collecting antique furniture is one of my passions that started when I was a university student. Back then, antiques were cheap and plentiful and I managed to acquire a number of pieces that I still have.

At the time I was collecting, most antiques were stripped of their painted finishes and, as a result, the stripped wood needed care to prevent damage.

I grew up in a home where most cleaning products were homemade so, instead of going out to buy commercial polishes for my furniture, I simply whipped up batches of my mother's beeswax polish.

Today, I still make my own polish. It's easy to do and works a treat on all wood surfaces. Used regularly, it will nourish your wooden furniture and give it a wonderfully deep lustre.

To make the polish, all you need is natural beeswax, a little pure turpentine and the light scent of your favourite essential oil. I like to use lavender for the furniture in the bedrooms and lemon for the rest of the house.

There are two ways to make the polish. One involves using your stove and takes less than 30 minutes to make while the second method takes a few days but involves no heat.

Both methods produce a rich, creamy polish that you can scent with essential oil.

If there's a project you'd like to demonstrate, or learn about, please call Sheila Brady at 596-3709.

How to do it

Where to buy supplies

Arbour Environment Shoppe, 800 Bank St., carries 100-per-cent pure beeswax. Small, medium and large metal containers with lids are available at the J. D. Adam Kitchen Co., 795 Bank St. Pure turpentine is available at art supply and hardware stores. You can get essential oils at health food stores, The Body Shop, and most drug stores. But be sure that what you buy is 100-per-cent pure.

Method A: Stove Method
Ingredients and materials
- 75 g (3 ounces) beeswax
- 200 ml ($1/3$ pint) spirits of gum turpentine
- 100-per-cent pure essential oil
- Wooden spoon for stirring
- Glass, metal or ceramic bowl

- Shallow metal, ceramic or glass container

Instructions

1. Place beeswax into a bowl and set it over simmering water until the wax melts.
2. Add turpentine and stir thoroughly.
3. Add 30 drops of essential oil and stir.
4. Pour into a pretty container and allow cooling and solidifying before using.

Method B: Non-heating Method
Ingredients and materials
- 75 gm (3 oz) natural beeswax
- 200 ml ($1/3$ pint) pure spirits of gum turpentine
- 100-per-cent pure essential oil
- Coarse grater
- Wooden spoon for stirring
- Large screw-top glass jar

with lid
- Shallow metal or glass container

Instructions

1. Grate the beeswax into the screw top glass jar.
2. Pour the turpentine over the grated beeswax and replace the lid.
3. Leave in sunny spot for a few days, stirring the mixture daily until the wax has softened and blended with the turpentine to form a smooth cream.
4. Add 30 drops of essential oil to scent, stir to mix, and then decant into a pretty metal, glass or ceramic container.

To Apply Polish

Apply your polish using a soft cloth, then leave for a few minutes before buffing to a soft sheen.

residential ...nds for
ple strolling ...
...st that's Canada's expected
most was way be-

Ople strolling ...
stop to admire a ...
of a true gardener's paradise.

Sometimes they even step in-
side the arbour entrance to get
a closer look. They like to in-
spect the well-manicured
flower beds interspersed with
an endless variety of shady
trees, flowering shrubs and bor-
der plants, ornamental stones
and fountains. Lately, they are
even more intrigued by the gen-
tle, soothing sound of water
trickling over limestone rocks
into a fish-filled lily pond. The
water garden, it seems, attracts
people as well as the birds and
butterflies.

Fortunately, Shirley and

How to plan a water ga

See POND on page I2

By JANE WHITING

Starting a water garden or
new garden, like staring at a
blank page, can be an over-
whelming prospect. Where do
you begin?

Usually this question is best
answered by the experts.

Landscaper Jonathan Hoff-
man admits that he has a pref-
erence for new homes because
it is easier to go in and start
from scratch to plan things out
in phases, without having to re-
do existing areas or work
around them.

"The priority for new homes
is landscaping the front entrance, then planning a land-

scaped patio and constructing
trellis work for privacy or to
soften the lines of new fencing.
A garden is always evolving,
and as things grow and develop
you need to reorganize and re-
seed plants regularly. I always
leave a care package for owners
to maintain the landscaping
and planting themselves, or
they can arrange for me to
come back as necessary."

Planning a water garden is
more complex and specialist
help is essential. Paradise Waterfalls on Preston Street de-
signs, installs and supplies a variety of water features, pro-
vides advice on construction
and aquatic biology, and offers

Teaming up with Jonathan
Hoffman, a young, creative de-
sign and construction landscaper who specializes in stone
work, made her wish come true.

"In addition to an affordable
cost factor, the major difference
with Jonathan is that he worked
with us, not for us, and listened
to our ideas to integrate curves
into the pond and landscaping
to blend in a continuous flow
with the garden."

a lending library of books and
videos.

Norm Donaldson, a consul-
tant with Paradise Waterfalls,
says improved technology and
availability of resources have
made building a water garden
easier than ever.

"The location of the pond is
critical to get the best visual
benefit from it and to allow the
right amount of light and sun.
Obtaining a natural, decorative
effect is important to avoid a
pond looking like a big hole in
the ground. Then you have to
decide how to achieve three essential pond elements — water
movement, water filtration and
water coverage."

Achieving the ... ecologi-
cal balance in the pond is important not only for the gold-
fish but also to the Parés, who
follow the three Rs of green
gardening. They reused the
pond dirt to build the rock garden behind the waterfall, recy-
cle rain water for the garden
and pond, and reduce garden
waste in a shredder and com-
poster to produce a cubic yard
of compost each year.

Garden ...
any size t...
from $500...
and are n...
or as cos...
swimming...
says. In...
ecosystem...
to a lake...
cleaner a...
for swim...
add an ult...

"One of...
by 35-foo...
tease him...
laughs Mr...

Whethe...
garden p...
water gar...
suggests

LES ÉLÉMENTS MÉTALLIQUES

NE LAISSEZ pas la saleté s'accumuler sur les robinets. Retirez les taches de graisse sur les robinets en chrome avec du produit à vaisselle et les taches plus importantes avec du nettoyant pour métaux ; faites briller les robinets chromés anciens en les frottant avec du produit pour chrome de voiture.

NETTOYER LES ROBINETS
● **Retirer le calcaire.** Frottez les endroits envahis avec un demi-citron jusqu'à ce que le calcaire disparaisse. Rincez longuement, puis séchez avec un chiffon.

● **Les robinets plaqués or.** Essuyez-les après usage avec un chiffon à peine humide. Ne frottez pas. N'utilisez jamais de nettoyant pour métaux.

LES POMMES DE DOUCHE
● **Nettoyage.** Dévissez-les et passez-les sous l'eau pour ôter le calcaire. Appliquez du vinaigre sur les dépôts incrustés.

Immergez la pomme de douche.

Dissoudre le calcaire
Fixez un sac en plastique rempli de vinaigre ou d'anticalcaire sur le robinet. Laissez-le agir jusqu'à dissolution du calcaire. Rincez.

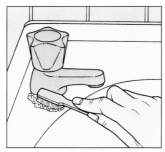

Nettoyer la base des robinets
Utilisez une vieille brosse à dents propre trempée dans le produit nettoyant pour décoller les dépôts qui s'accumulent.

Pomme de douche bouchée
Laissez-la tremper dans du vinaigre chaud ou dans un anticalcaire. Utilisez une brosse à dents ou une aiguille pour désobstruer les trous.

LES W.-C.

BROSSEZ soigneusement la cuvette des W.-C. tous les jours. Nettoyez le siège, la citerne et l'extérieur de la cuvette une fois par semaine et lavez la cuvette avec un produit W.-C. N'utilisez pas trop d'eau de Javel dans les W.-C. : elle peut, si elle y reste trop longtemps, abîmer l'émail.

GROS NETTOYAGE
● **W.-C. encrassés.** Fixez un chiffon sur la tête de la brosse à W.-C. et évacuez toute l'eau de la cuvette. Écopez ce qui reste, puis nettoyez la cuvette avec de l'eau de Javel. Tirez la chasse immédiatement.

● **Les surfaces abîmées.** Faites disparaître les dépôts de calcaire avec un mélange de borax et de vinaigre blanc. Laissez agir. Les cuvettes rayées retiennent les microbes et doivent donc être remplacées.

ASTUCE À L'ANCIENNE

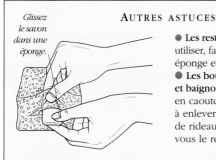

Glissez le savon dans une éponge.

AUTRES ASTUCES
● **Les restes de savon.** Pour les utiliser, faites une fente dans une éponge et glissez-les dedans.
● **Les bouchons des lavabos et baignoires.** Si un bouchon en caoutchouc est difficile à enlever, glissez un anneau de rideau sur le dessus – et vous le retirerez facilement.

Les odeurs de salle de bains
Pour faire disparaître une mauvaise odeur dans la salle de bains, grattez une allumette. La flamme détruira les émanations.

LES CUISINES

Les cuisines doivent être nettoyées quotidiennement, le manque d'hygiène pouvant provoquer des intoxications. Ne laissez pas vos animaux approcher des plans de travail sur lesquels vous préparez les repas – ou travaillez sur des planches à découper.

LE MATÉRIEL POUR NETTOYER LA CUISINE

Rangez ce matériel près de l'évier. Ne le laissez pas s'encrasser. Lavez les tampons métalliques et les tampons à récurer après chaque utilisation et jetez les lavettes lorsqu'elles sont sales ou usées.
Une brosse à récurer est plus efficace qu'une éponge, en particulier pour gratter les casseroles et les plats.

Tampons métalliques

Brosse à récurer

Tampons à récurer

Lavette

Produit à vaisselle

LES ÉVIERS ET LES PLANS DE TRAVAIL

L'ÉVIER et les plans de travail doivent être parfaitement propres. Nettoyez les plans de travail stratifiés avec un chiffon humide trempé dans du bicarbonate de soude ou un nettoyant crème. Évitez les produits très abrasifs ou contenant de l'eau de Javel car ils peuvent être source d'empoisonnement.

LES ÉVIERS EN PORCELAINE
● Nettoyage facile. Remplissez l'évier d'eau chaude et ajoutez quelques gouttes de Javel. Retirez la bonde et posez-la à l'envers sur l'évacuation. L'eau s'écoulera et votre évier sera propre. Rincez bien. N'oubliez pas de porter des gants.

LES ÉVIERS EN INOX
● Pour leur rendre leur éclat. Nettoyez-les tous les jours avec du produit à vaisselle. Faites disparaître les taches d'eau avec de l'alcool à 90° ou du vinaigre blanc. Faites-les briller en les frottant avec de l'eau de Seltz ou un produit pour l'Inox. Rincez.

LES SURFACES DE LA CUISINE

● **Les placards de cuisine.** Plusieurs fois par an, videz les placards et jetez les produits périmés. Lavez l'intérieur avec de l'eau et du détergent, puis rincez. Essuyez le dessous de chaque objet avant de le ranger.
● **Les tables de cuisine en bois** servant à prendre les repas ou à les préparer doivent être récurées régulièrement pour éliminer la graisse et les microbes. Pour nettoyer les tables en bois verni, essuyez-les avec une éponge humide.

Des éviers blancs étincelants
Disposez, sur le fond de l'évier, des feuilles de papier absorbant imprégnées d'eau de Javel diluée. Laissez agir 5 mn puis retirez le papier (en portant des gants). Rincez soigneusement l'évier.

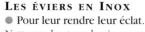

Retirer le calcaire
Le calcaire tend à se déposer autour du trou d'évacuation, surtout dans les régions où l'eau est très calcaire. Frottez les dépôts avec un demi-citron ou utilisez un anticalcaire du commerce.

LES CUISINIÈRES

Nettoyez les parois de la cuisinière avec une éponge humide. Retirez les traces de nourriture avec du produit à vaisselle ou un nettoyant ménager.

Si vous faites cuire au four un plat qui risque de déborder, posez-le sur une plaque de cuisson. Celle-ci sera beaucoup plus facile à laver.

NETTOYER LE FOUR

● **Entretien courant.** Essuyez-le – tant qu'il est chaud – avec un chiffon humide imprégné de bicarbonate de soude. Quand le four est froid, utilisez un détergent abrasif pour éliminer les éclaboussures sur la vitre.
● **Fours sales.** Nettoyez-les avec un produit pour four (sauf s'il s'agit d'un four autonettoyant). Si vous renversez quelque chose, essuyez immédiatement les éclaboussures.

LES FOURS MICRO-ONDES

● **Entretien courant.** Essuyez-le après chaque utilisation. Si l'intérieur a pris une odeur, faites chauffer un récipient avec de l'eau additionnée de jus de citron pendant 1 mn à pleine puissance, puis essuyez.

LES BRÛLEURS

● **Nettoyage.** Passez-y l'éponge dès que vous avez terminé de faire la cuisine. Pour faire partir les taches de brûlé, recouvrez-les d'un chiffon imprégné de produit à vaisselle, laissez agir quelques heures, puis essuyez.

Éviter les dépôts brûlés
Si vous versez du sel sur les aliments qui ont débordé, ils ne brûleront pas ; cette astuce est aussi valable à l'intérieur du four.

LES ACCESSOIRES

● **Les grilles et les plaques.** Les grilles peuvent être lavées au lave-vaisselle. Vous pouvez aussi les placer dans la baignoire et les faire tremper dans de l'eau additionnée de détergent. Protégez la surface de la baignoire à l'aide de vieilles serviettes.
● **La lèchefrite.** Nettoyez-la après chaque utilisation car les dépôts de graisse peuvent s'enflammer.

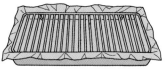

Protéger les lèchefrites
Placez une feuille de papier aluminium à l'intérieur de la lèchefrite. Ainsi, au lieu de la laver, vous n'aurez qu'à retirer la feuille.

LES RÉFRIGÉRATEURS ET LES CONGÉLATEURS

Nettoyez l'intérieur de votre réfrigérateur et de votre congélateur avec du bicarbonate de soude – le produit à vaisselle peut abîmer les aliments. Si

vous devez dégivrer votre congélateur, mettez les aliments dans une glacière ou demandez à un voisin de vous faire de la place dans son congélateur.

NETTOYER ET DÉGIVRER

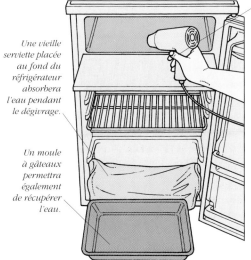

Une vieille serviette placée au fond du réfrigérateur absorbera l'eau pendant le dégivrage.

Un moule à gâteaux permettra également de récupérer l'eau.

Utilisez un sèche-cheveux pour activer le dégivrage. Mais ne l'approchez pas trop.

Nettoyer le réfrigérateur
Tous les quelques mois, retirez les aliments du réfrigérateur, débranchez-le et nettoyez-le. Dégivrez le congélateur en même temps si nécessaire.

LES ODEURS

● **Désodoriser le réfrigérateur.** Si vous devez laisser votre réfrigérateur éteint, placez à l'intérieur un saladier rempli de litière pour chat ou de charbon de bois.
● **Odeurs persistantes.** Diluez un bouchon du produit servant à stériliser les biberons dans un litre d'eau et nettoyez toutes les parties non métalliques.

LAVER LA VAISSELLE

Si vous devez laver la vaisselle à la main, la règle d'or est de la laver tout de suite après le repas (ceux qui possèdent un lave-vaisselle ont plus de marge). Lorsque vous ne pouvez pas le faire, mettez la vaisselle à tremper. Au cours de la vaisselle, changez l'eau dès qu'elle semble sale ou grasse.

CONSEILS GÉNÉRAUX
● **Odeurs sur les mains.** Ne plongez pas directement vos mains dans l'eau chaude car cela fixerait l'odeur. Frottez-les d'abord avec du vinaigre.
● **Porcelaine tachée.** Frottez la porcelaine présentant des traces de cigarettes ou les tasses tachées par le thé et le café avec un chiffon humide et du bicarbonate de soude.

L'ORDRE DE LAVAGE
● **Les verres.** Lavez-les en premier. Rincez les verres ayant reçu du lait ou de l'alcool dans de l'eau froide avant de les laver. Fixez une protection en caoutchouc sur le robinet pour éviter d'ébrécher.
● **Les couverts.** Lavez-les après les verres. Ne laissez pas longtemps dans l'eau les couverts comportant des éléments amovibles (bois...).

● **Les assiettes.** Lavez-les après les couverts. N'utilisez pas d'eau chaude sur les œufs, le lait ou les féculents car ils seraient alors plus difficiles à retirer.
● **Les casseroles.** Lavez-les en dernier. Mettez-les à tremper pendant que vous lavez le reste. Suivez la méthode ci-contre pour nettoyer les casseroles brûlées.

LAVER LES VERRES À LA MAIN

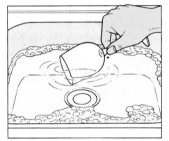

Éviter de les fêler
Pour pouvoir éviter de fêler les verres dans l'eau chaude, glissez-les dans l'eau par le côté et non par le bas. Afin de vérifier la température de l'eau, trempez-y votre main avant d'enfiler vos gants.

Le cristal et la porcelaine fine
Placez une serviette au fond de l'évier, elle amortira les chocs. Vous pouvez aussi utiliser une bassine en plastique pour éviter que les objets ne se cognent contre les parois de l'évier, beaucoup plus dures.

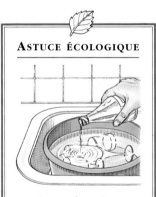

ASTUCE ÉCOLOGIQUE

Couper la graisse
Ajoutez un peu de vinaigre à l'eau de rinçage. Cela fera disparaître la graisse et laissera la vaisselle étincelante.

LES LAVE-VAISSELLE

Ils constituent le nec plus ultra des équipements de la cuisine. Utilisez toujours le détergent approprié aux doses conseillées – l'excès de détergent empêche la machine de laver correctement. Vérifiez régulièrement les tuyaux d'arrivée et de sortie d'eau et n'oubliez pas de nettoyer le filtre.

ENTRETIEN COURANT
● **Nettoyage.** Essuyez régulièrement l'extérieur de votre lave-vaisselle et nettoyez l'intérieur à l'aide d'un détergent.
● **Choisir le bon cycle.** Essayez tous les cycles de votre lave-vaisselle. Un cycle court pourrait convenir tout aussi bien qu'un cycle plus long.

LAVER SANS ABÎMER
● **Interdits de lave-vaisselle.** Ne mettez jamais au lave-vaisselle le cristal de qualité, la porcelaine fine ou ancienne, les objets en porcelaine comportant un filet métallique – lavez-les à la main.
● **Les couverts.** Ne mélangez pas les couverts en acier inoxydable et l'argenterie – l'argenterie pourrait être piquetée ou tachée.

LES PROBLÈMES DE LAVAGE
● **Vaisselle mal lavée.** Il se peut que vous ayez trop chargé votre lave-vaisselle, que vous n'ayez pas mis suffisamment de détergent, ou que vous ayez utilisé le mauvais cycle.
● **Dépôts blancs sur les verres.** Ils sont dus au calcaire. Utilisez plus de détergent, vérifiez le niveau du sel et du produit de rinçage.

LES CASSEROLES

LES CASSEROLES sont plus faciles à laver si elles ont d'abord trempé. Les revêtements antiadhésifs doivent être simplement essuyés avec du papier absorbant. Pour faire disparaître une odeur persistante d'une casserole, remplissez-la d'eau, ajoutez 30 ml de vinaigre blanc et portez à ébullition.

EN ALUMINIUM

N'utilisez que les épluchures des pommes.

Enlever les ternissures
Faites bouillir des acides naturels dans les casseroles ternies (oignon, jus de citron, rhubarbe ou épluchures de pommes). Ne laissez pas les casseroles en aluminium (ou en inox) tremper trop longtemps et ne laissez pas d'aliments dedans.

EN CUIVRE

Trempez le citron dans du sel pour le rendre abrasif.

Les faire briller
Frottez l'extérieur des casseroles en cuivre avec un demi-citron trempé dans du sel. Vous pouvez également remplir un vaporisateur de vinaigre, ajouter 45 g de sel et vaporiser ce mélange sur les casseroles. Laissez agir, puis faites briller.

EN FONTE

● **Nettoyage.** Séchez bien les récipients après les avoir lavés pour éviter le développement de la rouille. Passez un peu d'huile à l'intérieur pour les entretenir. Nettoyez l'extérieur avec du nettoyant pour fours.

LES CASSEROLES BRÛLÉES

● **Les faire tremper.** Remplissez la casserole brûlée avec un mélange d'eau et de détergent. Laissez tremper quelques heures, puis portez à ébullition et retirez le plus possible de dépôt. Il est parfois nécessaire de recommencer plusieurs fois.
● **Dépôt de brûlé épais.** Laissez sécher le dépôt puis retirez-en le maximum à la main. Procédez ensuite comme ci-dessus.

LE MATÉRIEL ET LES ACCESSOIRES

ENTRETENEZ vos accessoires de cuisine et ils dureront des années. Ne rangez pas votre matériel avant de l'avoir parfaitement nettoyé. Si un accessoire a besoin d'un gros nettoyage pour bien fonctionner, prenez le temps de le faire. Lavez et séchez les objets en bois immédiatement après usage.

LES NETTOYAGES DIFFICILES

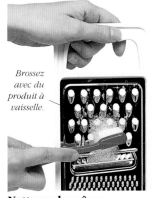

Brossez avec du produit à vaisselle.

Nettoyer les râpes
Brossez-les avec une brosse à dents usagée. Stérilisez quelques vieilles brosses à dents et gardez-les dans votre nécessaire de nettoyage pour la cuisine.

LE PETIT MATÉRIEL

● **Le mixer.** Rincez le bol dès que vous l'avez utilisé. Versez-y un peu d'eau et de produit à vaisselle et mettez-le en route. Recommencez avec de l'eau claire pour le rincer.
● **Les multi robots.** Ils sont constitués de plusieurs parties qui peuvent être lavées au lave-vaisselle ; toutefois certaines d'entre elles doivent être placées dans le tiroir du haut. Reportez-vous au manuel d'utilisation en cas de doute.
● **Les cafetières électriques.** Nettoyez-les en faisant passer du vinaigre comme si vous faisiez du café. Comptez deux rinçages à l'eau claire pour retirer le vinaigre et son odeur.

LES ARTICLES EN BOIS

Frottez avec un demi-citron.

● **Planche à découper.** Après avoir découpé de l'ail ou du poisson, supprimez l'odeur en frottant la planche avec un demi-citron.
● **Rouleau à pâtisserie.** Saupoudrez-le de sel, puis frottez-le pour faire tomber tous les morceaux de pâte ; lavez, rincez et séchez-le.
● **Boîte à pain.** Pour éviter les moisissures, passez sur la boîte à pain un chiffon imprégné de vinaigre blanc. Laissez-la ouverte pour qu'elle sèche.

LES ORDURES MÉNAGÈRES

Il ne faut pas laisser de déchets dans une cuisine pour des raisons d'hygiène et d'esthétique. Si vous laissez traîner les ordures, certaines mauvaises odeurs se développeront, surtout s'il fait chaud. Pour jeter de la graisse, congelez-la dans une boîte de conserve vide, puis jetez-la à la poubelle.

LES BROYEURS

Entretien

Pour éviter que les broyeurs ne dégagent de mauvaises odeurs, jetez dedans des écorces d'agrumes. Versez de temps à autre de l'eau chaude et une poignée de bicarbonate de soude pour détruire les dépôts.

RECYCLER LES DÉCHETS

● **Les boîtes en plastique.**
Conservez les emballages de margarine et de fromage blanc – ils peuvent servir à congeler des aliments et sont bien pratiques pour préparer de la colle ou nettoyer les pinceaux.
● **Les sacs en plastique.**
Ils peuvent remplacer les sacs-poubelle.

Nettoyez l'aluminium avec un chiffon humide.

Réutiliser l'aluminium

Le papier aluminium, s'il n'est pas trop fin, est rarement abîmé après une seule utilisation. Essuyez-le avec un chiffon humide. S'il est très sale, trempez-le dans de l'eau savonneuse très chaude. Une fois propre, défripez-le avec un chiffon.

L'ÉVACUATION DE L'ÉVIER

● **Nettoyage hebdomadaire.**
Versez un bouchon de cristaux de soude et de l'eau bouillante dans l'évacuation.
● **La graisse.** Si vous versez accidentellement de la graisse dans l'évier, versez de l'eau bouillante et recommencez jusqu'à ce que le bouchon disparaisse. Vous pouvez jeter de la graisse dans une évacuation extérieure, mais versez à la suite de l'eau bouillante et des cristaux de soude.
● **Bouche évier.** Si votre bouchon d'évier en caoutchouc tend à se déplacer, passez un grattoir en fer sur les bords pour le rendre moins lisse.

UNE CUISINE PARFUMÉE

Bâtons de cannelle.

● **Odeur de pâtisserie.** Faites cuire du sucre roux et de la cannelle à tout petit feu et votre cuisine sentira bon comme si vous aviez fait de la pâtisserie.
● **Les clous de girofle.** Pour donner une odeur agréable et humidifier l'atmosphère, faites bouillir à petit feu des clous de girofle dans de l'eau.

COMBATTRE LES PARASITES ET LES ODEURS

COMBATTRE LES FOURMIS

● **Des placards sans fourmis.**
Accrochez des brins de rue ou de tanaisie dans vos placards pour éloigner les fourmis des aliments.
● **Ne pas laisser entrer les fourmis.**
Si vous avez repéré par où elles entrent, saupoudrez de la menthe séchée, de la poudre de piment ou du borax le long de leur parcours. Plantez de la menthe près des fenêtres et des portes.

● **Les fourmilières.** Mélangez la même quantité de borax et de sucre glace. Saupoudrez ce mélange sur un morceau de bois que vous disposerez près de la fourmilière. Les fourmis seront attirées par le sucre puis seront empoisonnées par le borax.

LES AUTRES INSECTES

● **Les cafards.** Disposez dans des soucoupes farine, cacao et borax en quantités égales ou un mélange de bicarbonate de soude et de sucre glace. Ne les laissez pas à la portée des enfants et des animaux familiers.

LES ODEURS DE CUISINE

● **L'odeur de brûlé.** Faites bouillir quelques rondelles de citron dans une casserole pour dissiper les odeurs de brûlé.
● **Les odeurs de friture.** Disposez un récipient rempli de vinaigre blanc à proximité pendant que vous faites de la friture car il favorise la dissipation des odeurs.

TABLEAU RÉCAPITULATIF

CE TABLEAU présente des indications générales pour nettoyer les différentes surfaces de la maison. Si vous souhaitez des conseils plus détaillés sur la façon d'entretenir tel ou tel objet ou d'effectuer des petites réparations, reportez-vous aux pages 70 à 87.

SURFACE	MÉTHODE DE BASE	INDICATIONS SPÉCIALES
CARRELAGE	Lavez-le avec un nettoyant ménager et rincez pour retirer les traces de résidus. Nettoyez les joints avec de l'eau de Javel diluée.	Retirez les éclaboussures de savon avec un mélange d'un volume de vinaigre pour quatre volumes d'eau. Rincez.
BRIQUE	Brossez-la avec de l'eau additionnée de produit à vaisselle en veillant à ne pas trop mouiller la brique car elle est poreuse. Rincez et séchez.	Passez du vinaigre sur les marques de brûlé avec une éponge, puis rincez. Voir p. 54 pour les taches de suie sur la brique.
BÉTON	Faites dissoudre 1/4 de l de cristaux de soude dans un seau d'eau chaude et lavez. Balayez souvent les sols en béton.	Voir p. 158 pour traiter les taches d'huile sur les sols de garages.
CUIR	Frottez un chiffon humide sur un savon à la glycérine, puis passez-le sur le cuir. Entretenez-le de temps en temps.	Voir p. 23 et 82 pour le nettoyage et l'entretien des meubles en cuir.
VERRE	Sur les surfaces en verre, utilisez un produit à vitres. N'en mettez pas sur la moquette, car cela la tacherait.	Essayez de ne pas toucher le verre pour ne pas laisser d'empreintes. Le vinaigre est efficace contre les traces de graisse.
MARBRE	Nettoyez-le avec une éponge et du savon en paillettes dilué dans de l'eau. Employez un produit spécialisé si besoin.	Voir p. 22 pour l'entretien des meubles en marbre et p. 81 pour retirer les taches inesthétiques sur le marbre.
ARDOISE	Elle se nettoie à l'eau additionnée de produit à vaisselle. Rincez avec un chiffon humide puis faites briller.	Utilisez un nettoyant lustrant pour marbre sur l'ardoise lisse et du produit à vaisselle pour l'ardoise rugueuse.
PLASTIQUE	Nettoyez-le avec une éponge imprégnée de produit à vaisselle. Utilisez un aérosol pour le protéger de la poussière.	Faites tremper les boîtes qui ont pris une odeur dans un mélange d'eau chaude et de bicarbonate de soude.
ACIER INOXYDABLE	Lavez et séchez les objets en Inox après usage. Polissez-les occasionnellement. Voir p. 26 et 76 pour d'autres conseils.	Laissez l'acier inoxydable le moins longtemps possible dans l'eau car il a tendance à se ternir et à se piquer.
ARGENTERIE	Nettoyez l'argenterie régulièrement. Rangez les objets dans du papier de soie ou des sacs en feutrine. Voir p. 74-75.	Ne mélangez jamais les couverts en Inox et en argent dans le lave-vaisselle. L'œuf tache l'argenterie.
BOIS	Dépoussiérez, balayez et lavez-le régulièrement; cirez-le parfois. Ne mettez pas d'eau sur le bois non verni.	Voir p. 14 -16 pour le parquet, p. 22 pour les meubles en bois et p. 71-73 pour l'entretien du bois.

LE DÉTACHAGE

LE SECRET pour enlever les taches, c'est de les traiter au plus vite. Les taches qui ont eu le temps de pénétrer dans le tissu et de sécher sont beaucoup plus difficiles à retirer ; il est parfois même impossible de les faire disparaître. Gardez à portée de main une boîte contenant tous les ustensiles et les produits de détachage nécessaires, ce qui vous permettra d'intervenir au plus vite. Ce chapitre présente le matériel et les principes de base du détachage ainsi que les traitements efficaces contre les taches les plus courantes.

LE MATÉRIEL DE DÉTACHAGE

Voici ce dont vous aurez besoin. Associés aux produits et aux solvants présentés ci-contre, ils vous permettront de lutter contre les taches. Pensez à remplacer les produits au fur et à mesure.

● **Pour absorber la graisse.** Appliquez du papier kraft ou du buvard, avec un fer à repasser.

● **Pour éponger les taches.** Utilisez des articles jetables tels que le papier absorbant. N'utilisez pas un tissu de couleur.

● **Pour appliquer les produits.** Prenez du coton hydrophile ou du tissu blanc, pas de couleur car il pourrait déteindre sur le tissu.

● **Pour diluer les taches.** Tamponnez les taches avec de l'eau et une éponge ; sur la moquette vous pouvez projeter de l'eau sur la tache avec un siphon à eau de Seltz.

● **Pour gratter les dépôts.** Utilisez une cuillère ou une règle métallique.

● **Pour protéger vos mains.** Portez des gants en caoutchouc lorsque vous utilisez des détachants ou des solvants puissants, en particulier s'il s'agit d'ammoniaque ou d'eau de Javel.

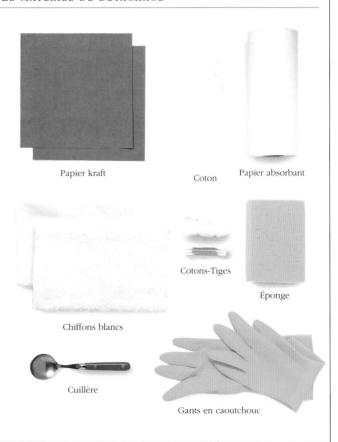

Papier kraft

Coton

Papier absorbant

Cotons-Tiges

Éponge

Chiffons blancs

Cuillère

Gants en caoutchouc

DÉTACHANTS ET SOLVANTS

Les détachants et solvants ci-contre sont efficaces contre la plupart des taches ménagères. Conservez dans votre nécessaire de détachage les produits que vous employez le plus souvent. L'ammoniaque, l'alcool à brûler, l'essence de térébenthine, le borax, l'eau oxygénée, le white-spirit et l'acétone sont toxiques. Le citron, l'huile d'eucalyptus, la glycérine et le vinaigre sont des détachants naturels. Le shampooing à moquette, la lessive et le talc sont utiles pour traiter les taches sur la moquette, les vêtements et les meubles.

FORMULES DE DILUTION
● L'ammoniaque. Ajoutez 5 ml à 500 ml d'eau froide.
● Le borax. Ajoutez 15 g à 500 ml d'eau chaude.
● L'eau oxygénée. Diluez un volume pour 6 d'eau froide.
● La glycérine. Diluez un volume dans un volume d'eau chaude.

Alcool à brûler

Essence de térébenthine

Shampooing à moquette

Ammoniaque

Borax

Lessive aux enzymes

Talc

Citron

Huile d'eucalyptus

Eau oxygénée

Glycérine

White-spirit

Produit à vaisselle

Acétone

Vinaigre blanc

LES DÉTACHANTS DU COMMERCE

Les produits avant-lavage que l'on trouve dans le commerce (sous forme de liquide ou d'aérosols, par exemple), les détachants et les solvants sont efficaces pour retirer les taches sur le tissu et la moquette. Vous pouvez également trouver des solvants des graisses destinés aux taches de graisse et d'huile, et des produits spécialement conçus pour les moquettes.

Stick avant-lavage

Détachant mousse

Détachant en aérosol

Détachant en vaporisateur

Solvants

ÉLIMINER LES TACHES

Traitez les taches immédiatement, mais essayez d'abord votre produit sur une partie non visible. Pour éviter d'élargir une tache, tamponnez-la et toujours de l'extérieur vers le centre. N'utilisez jamais d'eau chaude car elle fixe les taches.

NATURE DES TACHES

Les taches se répartissent en deux grandes catégories : les taches qui restent en surface et celles qui sont absorbées. Certaines substances, comme le sang et l'œuf, font les deux à la fois. Pour traiter ces taches combinées, traitez d'abord le dépôt en surface, puis ce qui a été absorbé.

LES TACHES EN SURFACE

Retirer le dépôt
Les taches qui restent en surface sont causées par des substances épaisses qui doivent être grattées. Agissez rapidement pour qu'elles pénètrent le moins possible.

LES TACHES ABSORBÉES

Éponger le liquide
Épongez immédiatement la tache avec du papier absorbant ou un chiffon blanc. Lavez en machine ou tamponnez avec une éponge pour éliminer le reste de la tache.

LES AUTRES TACHES

● Les taches d'origine inconnue. Faites tremper les vêtements lavables, puis lavez-les. Épongez les tissus non lavables avec de l'eau tiède. Si la tache persiste, appliquez une solution à base d'eau oxygénée (voir p. 33).
● Les taches desséchées. Pour ramollir les taches desséchées, utilisez une solution à base de glycérine (voir p. 33). Retirez ce produit avec une éponge avant d'en appliquer un autre qui pourrait mal réagir au contact de la glycérine.

LES SUPPORTS DIFFÉRENTS

Les taches doivent être traitées non seulement en fonction de leur nature, mais aussi en fonction du support sur lequel elles se trouvent. Les trois méthodes ci-dessous expliquent comment traiter les taches sur la moquette, sur du tissu non lavable et sur les vêtements.

LA MOQUETTE

Versez le shampooing sur une éponge.

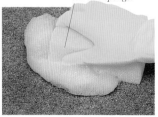

Shampouiner la moquette
Après avoir retiré les dépôts éventuels, traitez la tache avec du shampooing à moquette. Si vous obtenez ainsi une trace d'une propreté immaculée, shampouinez toute la moquette à la main ou avec une machine.

LES MEUBLES CAPITONNÉS

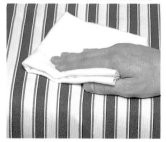

Absorber les taches
Grattez les dépôts et épongez bien la tache avec du papier absorbant. Saupoudrez de talc et laissez-le jusqu'à ce qu'il perde sa blancheur, ayant absorbé la tache. Essuyez avec un chiffon. Si la tache persiste, remettez du talc.

LES VÊTEMENTS

Tamponnez la tache, ne la frottez pas.

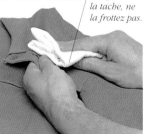

Éponger une tache
Traitez les taches sur les vêtements lavables immédiatement et toujours avant de laver le vêtement en machine. Tamponnez la tache avec de l'eau froide ou tiède et un chiffon, ou mettez le vêtement à tremper.

LES TACHES SUR LES TISSUS LAVABLES

S I VOUS lavez un vêtement taché en machine, vous risquez de rendre la tache indélébile. Traitez les taches avant le lavage à l'aide d'une des trois méthodes ci-dessous. Respectez les conseils donnés sur les étiquettes des vêtements et achetez les produits de détachage qui vous semblent utiles.

SOINS DE BASE

Rincer les taches
Rincez les taches sous l'eau froide ou tiède dès que possible. Vous pouvez également les tamponner avec une éponge. N'utilisez jamais d'eau chaude sur une tache car vous la fixeriez.

LES PRODUITS DE NETTOYAGE
● **Les lessives.** Elles sont plus ou moins puissantes et contiennent souvent des composés actifs contre les taches.
● **Les lessives aux enzymes.** Elles agissent efficacement sur les taches de protéines telles que les taches d'œuf, de sang, et de transpiration.
● **L'eau de Javel.** Elle a un effet blanchissant et doit donc être utilisée avec prudence sur les couleurs. Évitez tout contact avec la peau et les vêtements (voir aussi p. 58).
● **Le borax.** Ce produit relativement ancien est un excellent détachant. Utilisez-le dilué pour tamponner les taches ou faire tremper le vêtement taché (voir p. 33), ou saupoudrez-le directement sur les taches (voir p. 41).
● **D'autres produits utiles.** Les solvants et détachants avant-lavage aident à éliminer les taches (voir p. 33). Le savon en paillettes est très efficace contre les taches d'encre.

LES TACHES DE PROTÉINES

Faire tremper les vêtements
Faites tremper les taches de lait et de sang dans de l'eau additionnée de lessive aux enzymes. Ne laissez pas tremper les vêtements trop longtemps et immergez toujours le vêtement en entier.

LES TACHES REBELLES

Appliquer un solvant
Si la tache persiste, utilisez un solvant avant de laver le vêtement. Mettez un tissu blanc sous la tache pour éviter de la transférer sur une autre partie du vêtement, puis tamponnez.

LES TISSUS	MARCHE À SUIVRE
COULEURS	Procédez avec prudence pour éviter les auréoles décolorées. Si vous utilisez un produit blanchissant (borax), faites tremper tout le vêtement.
BLANC	Les tissus en fibres naturelles peuvent souvent être passés à l'eau de Javel, mais les tissus en synthétique et en fibres mélangées risquent de jaunir.
FIBRES NATURELLES	Il est généralement suffisant de rincer ou de faire tremper les vêtements tachés avant de les passer en machine pour que les taches disparaissent.
FIBRES SYNTHÉTIQUES	Elles sont facilement abîmées par certains produits chimiques, alors faites un essai sur une partie cachée.
TISSUS DÉLICATS	Traitez toujours ces tissus avec prudence. Évitez l'emploi de produits chimiques puissants sur les tissus fragiles.

LES TACHES ALIMENTAIRES

L A PLUPART des taches alimentaires peuvent être éliminées à l'aide des méthodes présentées pages 34 et 35, à condition d'agir vite. Les plus redoutables sont les taches de graisse, d'œuf et d'aliments contenant beaucoup de colorants.

LES TACHES D'HUILE, DE GRAS ET DE GRAISSE

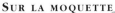

E lles ne sont pas dures à retirer des vêtements, mais peuvent être plus délicates à traiter sur la moquette et les meubles. Cravates et foulards reçoivent fréquemment des taches de graisse; pensez à appliquer un protecteur sur les vêtements non lavables neufs ou qui viennent d'être nettoyés.

SUR LA MOQUETTE

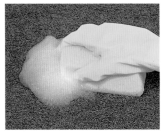

1 Placez un morceau de papier kraft sur la tache. Appliquez la pointe d'un fer à repasser chaud jusqu'à ce que la tache soit absorbée par le papier.

2 À l'aide d'une éponge, appliquez du shampooing à moquette sur la tache, en frottant doucement mais fermement quelques minutes.

3 Essuyez la mousse avec une éponge propre ou un chiffon. Si la tache reste visible ou réapparaît par la suite, recommencez le traitement.

SUR LES MEUBLES

Saupoudrez la tache de talc.

Brossez le talc avec un chiffon pour le retirer.

1 Recouvrez la tache d'une épaisse couche de talc et laissez agir jusqu'à ce que la tache soit un peu absorbée.

2 Au bout de 10 mn, retirez le talc à l'aide d'un chiffon. Si la tache paraît grasse, recommencez le traitement.

SUR LES VÊTEMENTS

● **Conseils de base.** Absorbez l'excès de graisse avec du papier absorbant. Tamponnez doucement, en veillant à ne pas étaler la tache. Les taches sur les tissus supportant d'être lavés à haute température disparaîtront au lavage.

● **Les tissus délicats.** Tamponnez-les avec un peu d'huile d'eucalyptus, puis lavez-les à la main ou en machine à basse température. Si le vêtement doit impérativement être nettoyé à sec, tamponnez la tache avec de l'eau tiède.

LA GRAISSE SUR LES CHAUSSURES

Colle à rustine.

● **Les chaussures en cuir.** Appliquez sur la tache un peu de colle à rustine. Laissez agir toute la nuit, puis retirez-la et cirez les chaussures. La graisse ne pénétrant pas dans le cuir des chaussures bien cirées, il suffit de les essuyer avec du papier absorbant.

● **Les chaussures en daim.** Absorbez bien la tache avec du papier, puis frottez avec une gomme spéciale daim. Pour les taches importantes, utilisez un peu d'essence à briquet sur un morceau de coton. Faites d'abord un essai.

LES AUTRES TACHES DE GRAISSE

Certains aliments gras peuvent laisser une auréole. Commencez par traiter la tache de graisse avant d'essayer de faire partir les traces de couleur s'il en reste. Les substances comme les huiles de moteur, les pommades et les lotions doivent également être traitées comme de la graisse.

LES TACHES DE MAYONNAISE
● **Sur les tissus lavables.** Tamponnez avec de l'eau chaude; faites tremper dans de l'eau et lessive aux enzymes; lavez en machine.
● **Sur les tissus non lavables.** Essuyez avec un chiffon humide, puis utilisez un solvant en aérosol.

LES TACHES DE GLACE
● **Sur les tissus lavables.** Essuyez la tache avec un chiffon humide puis faites tremper dans de l'eau additionnée de lessive.
● **Sur les tissus non lavables.** Épongez avec un chiffon imprégné d'eau chaude. Utilisez un solvant.

LES TACHES DE SAUCE
● **Sur les tissus lavables.** Laissez tremper dans de l'eau tiède toute une nuit, puis lavez-les selon les conseils du fabricant.
● **Sur les tissus non-lavables.** Utilisez un détachant en aérosol.

La mayonnaise sur la moquette
Ramassez-en le maxumum avec une cuillère et épongez. Si la tache n'est pas trop importante, utilisez un détachant, sinon appliquez le traitement ci-contre.

La glace sur la moquette
Ramassez le dépôt en surface et essuyez avec un chiffon humide. Nettoyez avec du shampooing à moquette. Si la tache persiste, utilisez un détachant ou un solvant.

La sauce sur la moquette
Ramassez le maximum avec une cuillère ou épongez avec du papier absorbant. Utilisez un détachant liquide puis du shampooing à moquette.

LES TACHES D'ŒUFS

LES TACHES d'œufs sont compliquées à traiter. La moindre goutte d'eau les fixe et forme un dépôt bien plus difficile à faire disparaître que la tache fraîche. Si vous ne pouvez pas traiter une tache d'œuf immédiatement, recouvrez-la avec un chiffon humide pour éviter qu'elle sèche.

SUR LES MEUBLES

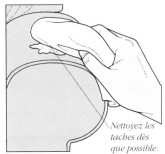

Nettoyez les taches dès que possible.

Retirez le dépôt
Si vous n'avez renversé que du blanc ou si vous avez réussi à retirer le jaune, épongez-le avec de l'eau froide salée. S'il s'agit uniquement de jaune d'œuf, tamponnez avec du produit à vaisselle dilué.

SUR LA MOQUETTE
● **Traitement de base.** Ramassez le dépôt, puis traitez la tache avec un détachant liquide. S'il reste une trace, utilisez du shampooing à moquette.

SUR LES VÊTEMENTS
● **Tissus lavables.** Épongez avec de l'eau froide salée. Une fois la tache partie, rincez bien à l'eau claire. Si nécessaire, faites tremper dans de l'eau avec un détergent approprié au tissu.
● **Tissus non lavables.** À l'aide d'une éponge, tamponnez avec de l'eau salée, puis avec de l'eau claire; séchez le tissu avec du papier absorbant. Au besoin, utilisez un détachant en aérosol.

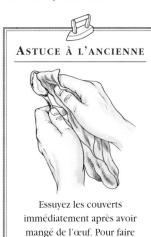

ASTUCE À L'ANCIENNE

Essuyez les couverts immédiatement après avoir mangé de l'œuf. Pour faire disparaître les traces noires, frottez-les avec du sel à l'aide d'un chiffon humide.

LES TACHES D'ALIMENTS COLORÉS

Lorsque l'on traite une tache, la couleur est la dernière étape du nettoyage. Après avoir retiré les dépôts, puis les traces de graisse, il faut, pour finir, tenter de retrouver la couleur initiale. Vous trouverez ci-dessous comment traiter les taches alimentaires réputées difficiles.

ALIMENTS	SUR LES TISSUS LAVABLES	SUR LES AUTRES SURFACES
LA SAUCE TOMATE Traitez les taches de sauce tomate et toutes les taches de sauce cuisinée de la même façon.	Passez les taches fraîches sous l'eau courante froide et frottez le tissu entre vos doigts. Appliquez un détachant avant-lavage, puis passez à la machine en suivant les conseils du fabricant.	Sur la moquette, épongez avec de l'eau chaude. Séchez avec du papier absorbant, appliquez du shampooing à moquette puis essuyez-le. Une fois sec, utilisez un détachant en aérosol. Même chose, sauf shampooing, pour les tissus non-lavables.
LA MOUTARDE Les taches de graines se retirent avec une brosse. Les taches de moutarde en pot sont difficiles à faire partir.	Frottez les taches entre vos doigts avec de la lessive diluée dans de l'eau, puis tamponnez avec une solution d'ammoniaque (voir p. 33). Sur les taches anciennes, appliquez une solution de glycérine (voir p. 33) et laissez agir au moins une heure.	Tamponnez la moquette et les meubles avec de la lessive diluée dans de l'eau puis une solution d'ammoniaque (voir p. 33). Terminez en rinçant à l'eau claire avec une éponge. Pour les taches tenaces, faites appel à un professionnel.
LES CONFITURES ET GELÉES Elles laissent des dépôts épais et collants qu'il faut ramasser à la cuillère puis essuyer avec un chiffon humide.	Le lavage en machine est souvent efficace contre les taches. Laissez tremper les taches anciennes pendant une demi-heure dans une solution de borax (voir p. 33).	Nettoyez les meubles avec une éponge et de l'eau additionnée de produit à vaisselle. Saupoudrez la tache de borax et retirez-le après 15 mn. Utilisez du shampooing sur la moquette puis, au besoin, de l'alcool à brûler.
LE CURRY ET LE CURCUMA Il faut surtout ne jamais en mettre sur du papier peint car la seule solution est de remplacer le morceau taché.	Rincez les taches à l'eau tiède. Frottez avec une solution de glycérine (voir p. 33), laissez agir une demi-heure et rincez. Utilisez une lessive aux enzymes. Pour les taches rebelles, utilisez une solution d'eau oxygénée (voir p. 33).	Passez une éponge imprégnée d'une solution de borax (voir p. 33) sur la moquette et les meubles. Si cela n'est pas efficace sur les fauteuils, faites nettoyer les housses à sec. Un détachant avant-lavage peut être efficace sur la moquette.
LA BETTERAVE Les taches de betterave sont difficiles à retirer car la couleur est vive et tenace.	Passez le vêtement sous l'eau froide, jusqu'à ce qu'un maximum de couleur soit parti. Laissez tremper les tissus de couleur dans une solution de borax (voir p. 33). Pour le blanc, suivez la méthode pour les taches de thé anciennes (p. 41).	N'essayez pas de traiter vous-même les taches sur des meubles ou du tissu non lavables. Faites-les nettoyer par un professionnel.
LE CHOCOLAT Les petits morceaux de chocolat qui ramollissent ou sur lesquels on s'assied posent problème.	Laissez-le durcir, puis grattez le dépôt avec un couteau émoussé. Laissez tremper le vêtement, puis lavez-le avec une lessive aux enzymes. Pour des taches rebelles, utilisez le traitement proposé contre les taches de thé anciennes (p. 41).	Laissez-le durcir, puis grattez avec un couteau émoussé. Appliquez du shampooing à moquette (même sur les tissus d'ameublement), puis frottez doucement. Essuyez avec un chiffon humide et, une fois sec, utilisez un détachant liquide.

LES TACHES DE BOISSONS

L A RÈGLE d'or pour retirer ces taches est d'absorber le liquide avec un morceau de tissu blanc ou du papier absorbant. N'utilisez jamais de papier absorbant coloré car la couleur pourrait déteindre sur la tache et aggraver la situation.

LES TACHES DE VIN ROUGE

E LLES sont parmi les plus courantes sur la moquette. Sur les nappes, le sel évite que les taches de vin rouge ne s'étendent, mais sur la moquette il provoque des auréoles humides qui attirent la saleté. Suivez la méthode en trois étapes présentée ci-dessous ou utilisez éventuellement du vin blanc.

SUR LA MOQUETTE

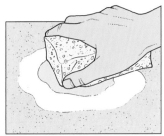

1 Épongez immédiatement le liquide renversé, puis tamponnez plusieurs fois avec de l'eau chaude. Si vous possédez un siphon à eau de Seltz, utilisez-le pour faire partir la tache.

2 Séchez avec du papier absorbant, puis appliquez du shampooing à moquette avec une éponge, en le faisant bien pénétrer. Rincez avec une éponge et de l'eau claire; recommencez si nécessaire.

3 S'il reste une trace, recouvrez-la d'une solution de glycérine (voir p. 33) et laissez agir au maximum une heure. Rincez à l'eau claire et séchez à l'aide de papier absorbant. Sur les taches anciennes, appliquez un peu d'alcool à brûler. Voir ci-contre pour un sauvetage rapide.

SAUVETAGE RAPIDE

Versez du vin blanc sur du vin rouge qui vient d'être renversé.

Versez du vin blanc sur du vin rouge qui vient d'être renversé. Épongez bien (papier absorbant, puis éponge), rincez à l'eau chaude. Séchez en tamponnant.

LES TACHES ANCIENNES SUR LES MEUBLES

1 Appliquez une solution de glycérine (voir p. 33) pour ramollir la tache. Laissez-la agir au moins 30 mn.

2 Utilisez une éponge mouillée d'eau chaude et de produit à vaisselle. Essuyez avec un chiffon trempé dans l'eau claire.

LES TACHES FRAÎCHES SUR LES MEUBLES

1 Absorbez avec du papier, tamponnez avec de l'eau chaude. Recouvrez les taches tenaces alors qu'elles sont humides avec du talc.

2 À l'aide d'une brosse ou d'un chiffon doux, retirez le talc après quelques minutes. Recommencez jusqu'à ce que la tache disparaisse.

SUR LES VÊTEMENTS

● **Soins de base.** Rincez les taches fraîches de vin sous l'eau chaude. Si la tache persiste, faites tremper le vêtement dans une solution de borax (voir p. 33) ou un détergent, puis lavez-le en fonction de la nature du tissu.
● **Tissus délicats.** Traitez les taches sur les lainages blancs ou la soie avec une solution d'eau oxygénée (voir p. 33). Rincez, puis lavez à la main.

SUR LE LINGE DE TABLE

● **Les taches fraîches.** Passez le linge en coton ou en lin à l'eau de Javel. Faites tremper le linge de couleur dans une solution de détergent puissant, puis lavez-le. Vous pouvez également essayer le traitement contre les taches de thé anciennes (voir p. 41).

LES TACHES DE BIÈRE ET DE SPIRITUEUX

Les taches de bières et de spiritueux sont assez faciles à faire disparaître sur la plupart des surfaces (à moins qu'il ne s'agisse de taches très colorées ou très collantes). En revanche, les taches anciennes de bière et de spiritueux nécessitent un traitement beaucoup plus vigoureux.

SUR LES VÊTEMENTS

● **Bières et alcools.** Rincez le vêtement dans l'eau tiède, puis lavez-le. Sur le blanc, utilisez une solution d'eau oxygénée (voir p. 33) pour supprimer les traces. Sur les couleurs, appliquez avec une éponge un mélange de 500 ml d'eau additionnée de 30 ml de vinaigre blanc.

SUR LES MEUBLES

● **Bière.** Épongez avec du papier absorbant, puis essuyez avec un chiffon trempé dans l'eau chaude et bien essoré. S'il reste encore une trace, appliquez un détachant.
● **Spiritueux.** Épongez avec de l'eau chaude jusqu'à ce que la tache ne colle plus, puis utilisez un produit approprié aux tissus d'ameublement. Faites nettoyer les tissus fragiles par un professionnel.

SUR LA MOQUETTE

● **Bière.** Épongez avec de l'eau chaude, puis tamponnez avec du papier absorbant. S'il reste des traces, utilisez du shampooing à moquette.
● **Spiritueux.** Même méthode, mais agissez très vite pour que la couleur n'ait pas le temps de pénétrer. Si des traces subsistent, appliquez de l'alcool à brûler avec un chiffon humide.

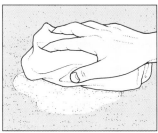

Les taches de bière anciennes
Tamponnez la moquette (jusqu'à disparition des taches) avec un chiffon imprégné d'alcool à brûler.

LES TACHES DE LIQUEUR

S'il reste des traces de liqueur très colorées après nettoyage, utilisez un détachant ou de l'alcool à brûler, en faisant un essai sur un endroit peu visible.

● **Moquette.** Lavez la tache avec un siphon à eau de Seltz, puis épongez avec du papier absorbant. Appliquez du shampooing à moquette.
● **Tissu d'ameublement.** Passez une éponge avec de l'eau chaude sur la tache jusqu'à ce qu'elle ne colle plus (ne pas détremper le tissu). Appliquez du shampooing à moquette et utilisez des produits spéciaux pour le tissu d'ameublement s'il reste des traces. Faites nettoyer à sec les housses susceptibles de garder des auréoles.
● **Les vêtements.** Rincez la tache avec de l'eau chaude, puis lavez le vêtement ou faites-le nettoyer à sec.

LES TACHES DE JUS DE FRUITS

Les taches de jus de fruits posent généralement problème car elles laissent une trace de couleur – en particulier les fruits à la couleur soutenue, tels que les fruits rouges ou le cassis. Si vous les laissez sécher, elles seront impossibles à retirer et laisseront une tache indélébile.

LES TACHES FRAÎCHES

● **Sur les vêtements.** Rincez la tache sous l'eau courante froide. Pour faire disparaître la couleur, s'il en reste, utilisez de l'alcool à brûler ou un détachant.
● **Sur la moquette.** Épongez avec du papier absorbant. Appliquez un détachant avant-lavage et laissez agir quelques minutes. Rincez, séchez avec du papier absorbant et shampouinez. Traitez les traces éventuelles avec de l'alcool à brûler.
● **Sur les meubles.** Passez de l'eau froide avec une éponge. Utilisez un détachant liquide.

LES TACHES ANCIENNES

Ramollissez la tache avec une solution de glycérine.

Traiter les taches anciennes
Tenez un chiffon propre sous la tache et appliquez une solution de glycérine (voir p. 33). Laissez agir pendant une heure, rincez, puis appliquez le traitement ci-contre.

ASTUCE ÉCOLOGIQUE

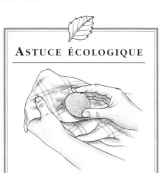

Le détachant naturel
Frottez les taches de fruits fraîches avec un demi-citron – le jus de citron est un agent blanchissant naturel.

LES TACHES DE THÉ, DE CAFÉ ET DE CHOCOLAT

Ces taches associent la couleur du breuvage et le corps gras du lait. Pour commencer, épongez la tache avec du papier absorbant, puis traitez la tache de graisse et appliquez une méthode permettant de faire disparaître les traces de couleur. Les taches de thé anciennes nécessitent un traitement particulier.

SUR LE TISSU

● **Les taches de thé fraîches.** Rincez-les à l'eau tiède puis mettez le tissu à tremper dans une solution de borax (voir p. 33). Passez le linge de table tout de suite sous l'eau courante froide, laissez-le tremper puis lavez-le plutôt avec une lessive aux enzymes.

● **Café et chocolat.** Rincez à l'eau chaude. Faites tremper dans une solution de lessive aux enzymes (si possible) ou dans une solution de borax (voir p. 33).

ISOLER UNE TACHE

Isolez la tache avec de la ficelle.

Lavez la partie tachée des oreillers après l'avoir isolée avec de la ficelle, en prenant soin de déplacer la garniture en dessous de celle-ci.

LES TACHES DE THÉ ANCIENNES

Utilisez de l'eau bouillante pour le lin et le coton.

1 Placez l'objet taché au-dessus d'un saladier. Saupoudrez-le de borax jusqu'à ce que la tache soit recouverte.

2 Versez de l'eau bouillante avec un mouvement circulaire sur la tache, de l'extérieur vers le centre.

SUR LA MOQUETTE

● **Café au lait et chocolat.** Tamponnez avec de l'eau tiède. Appliquez du shampooing à moquette et, une fois sec, un détachant liquide (sauf sur les moquettes doublées de mousse).

● **Café noir.** Tamponnez la tache plusieurs fois avec de l'eau tiède, puis séchez avec du papier absorbant.

● **Thé.** Épongez avec du papier absorbant, puis tamponnez avec de l'eau tiède ou pulvérisez de l'eau de Seltz. Utilisez un peu de shampooing à moquette et, une fois sec, un détachant en aérosol.

SUR LES MEUBLES

● **Café au lait et chocolat.** Épongez la tache avec du papier absorbant, puis saupoudrez de lessive aux enzymes. Essuyez avec une éponge humide.

● **Café noir.** Épongez, tamponnez et, si nécessaire, shampouinez. Ramollissez les taches anciennes avec une solution de glycérine (voir p. 33). Rincez, séchez bien.

● **Thé.** Tamponnez avec une solution de borax (voir p. 33), puis essuyez avec un chiffon humide. Une fois sec, utilisez un détachant en aérosol.

LES TACHES DE LAIT

Si le lait renversé sur la moquette n'est pas immédiatement essuyé, il laissera une odeur quasiment impossible à faire disparaître. Ne perdez donc pas de temps car vous pourriez être contraint de remplacer toute la moquette d'une pièce à cause d'une mauvaise odeur.

SUR LES VÊTEMENTS

● **Taches fraîches.** Rincez à l'eau tiède, puis lavez. Utilisez un détachant liquide si une auréole subsiste.

● **Taches anciennes.** Si possible, laissez tremper le vêtement dans de la lessive aux enzymes.

SUR LES MEUBLES

● **Soins de base.** Tamponnez avec de l'eau tiède (mais ne détrempez pas les tissus capitonnés). Séchez avec du papier absorbant ou un chiffon blanc. Traitez les marques avec un détachant en aérosol.

SUR LA MOQUETTE

● **Taches fraîches.** Tamponnez avec de l'eau chaude; appliquez un détachant en aérosol.

● **Taches anciennes.** Si vous laissez sécher une tache, l'odeur réapparaîtra après le nettoyage. Utilisez une shampouineuse.

LES TACHES ORGANIQUES

Traitez les taches organiques immédiatement car elles peuvent être difficiles à supprimer une fois qu'elles ont séché. Elles provoquent également des odeurs déplaisantes qui tendent à s'incruster si la tache n'est pas traitée très vite.

LES TACHES DE SANG

Le sang est une tache combinée qui pénètre dans le tissu et laisse également un dépôt en surface. Le dépôt n'étant pas très épais, il ne peut pas être gratté, mais il doit être essuyé ou brossé immédiatement ; il faut ensuite penser à traiter la coloration.

SUR LES VÊTEMENTS

Remplissez un seau d'eau froide.

Ajoutez une bonne poignée de sel.

1 Versez une poignée de sel dans un seau d'eau froide. Immergez le vêtement 15 mn.

2 Ensuite, si le tissu le permet, faites tremper le vêtement dans une lessive aux enzymes, puis lavez-le comme à l'accoutumée.

SUR LES MATELAS

1 Suivez les instructions ci-dessous. Appliquez ensuite sur les traces une pâte épaisse constituée de bicarbonate de soude dilué dans de l'eau.

2 Laissez-la sécher, puis retirez-la avec un chiffon sec. Répétez si nécessaire.

SUR LA MOQUETTE

● **Soins de base.** Tamponnez avec de l'eau froide puis séchez avec du papier absorbant. Si cela n'est pas efficace, utilisez un détachant pour moquettes, puis appliquez du shampooing à moquette.

LE SANG SÉCHÉ

● **Sur les vêtements.** Laissez tremper le vêtement dans une solution d'eau oxygénée (voir p. 33) additionnée de 2,5 ml d'ammoniaque (sauf le Nylon).

● **Sur la moquette.** Utilisez une solution de glycérine (voir p. 33), puis suivez la méthode employée pour les taches fraîches.

● **Sur du bois non traité.** Utilisez de l'eau de Javel diluée, puis reteintez le bois.

RETIRER LES TACHES DES MATELAS

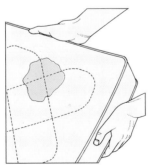

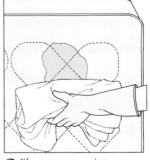

1 Mettez le matelas sur le côté. Maintenez-le dressé pour éviter que la tache et les produits ne pénètrent.

2 Placez une serviette sous la tache. Portez des gants quand vous nettoyez des taches d'origine organique.

3 Tamponnez la tache jusqu'à ce qu'elle disparaisse. Empêchez le liquide de couler.

LES TACHES D'URINE

Les taches d'urine sont très désagréables car, si elles ne sont pas correctement nettoyées très vite, elles peuvent laisser auréoles et mauvaises odeurs. Il existe des méthodes efficaces. Si ce genre d'incident est fréquent dans votre entourage, gardez le remède approprié à portée de main.

SUR LES CHAUSSURES EN CUIR
● **Taches fraîches.** Essuyez les chaussures cirées avec un chiffon imprégné d'eau chaude. Une fois sèches, frottez, puis cirez.

● **Taches anciennes.** Essuyez les traces d'urine avec un chiffon humide. Appliquez un détachant.

CHAUSSURES EN DAIM

Retirer les traces
Essuyez avec un chiffon humide. Brossez la partie humide avec une brosse à daim. Sur les traces sèches, utilisez un détachant approprié. Frottez entre chaque application.

Essuyez avec un chiffon imbibé d'eau chaude.

ASTUCE ÉCOLOGIQUE

Si votre animal s'est oublié sur la moquette, appliquez sur les taches d'urine, à l'aide d'un vaporisateur, un mélange à base d'un volume de vinaigre pour cinq volumes d'eau.

SUR LA MOQUETTE
● **Taches fraîches.** Utilisez un shampooing à moquette ou de l'eau froide et une éponge. Séchez en tamponnant, puis rincez avec de l'eau additionnée d'un peu de désinfectant.
● **Taches anciennes.** Même traitement que ci-dessus. Si nécessaire, ravivez les couleurs en appliquant une solution d'ammoniaque très diluée.

SUR LES VÊTEMENTS
● **Tissus de couleur.** Rincez à l'eau froide, puis passez en machine.
● **Tissus clairs.** Blanchissez les taches d'urine à l'aide d'une solution d'eau oxygénée (voir p. 33) additionnée de quelques gouttes d'ammoniaque. Vous pouvez faire tremper le vêtement dans une lessive aux enzymes ou utiliser un détachant.

SÉCHER LES MATELAS

Nettoyez l'urine en appliquant la méthode ci-contre. Mettez le matelas sur un côté, inclinez-le vers l'avant pour que le liquide ne pénètre pas plus. Accélérez le séchage avec un sèche-cheveux soufflant de l'air froid.

LES TACHES DE VOMI

Dans le cas du vomi, il est primordial de retirer tout le dépôt avant d'essayer d'éliminer la tache. Retirez le maximum à l'aide d'une cuillère et, pour finir, grattez ce qui reste avec une règle métallique. Veillez à ne pas étaler la tache. Portez des gants.

SUR LA MOQUETTE
● **Retirer les taches.** Tamponnez avec une solution de borax (voir p. 33), puis avec de l'eau chaude additionnée d'un peu de désinfectant. Si une décoloration subsiste, faites pénétrer du shampooing à moquette à l'aide d'une éponge ou utilisez une mousse nettoyante en aérosol.
● **Supprimer les odeurs.** Si l'odeur persiste, rincez avec de l'eau additionnée de désinfectant.

SUR LES MEUBLES
● **Les meubles capitonnés.** Tamponnez la zone avec de l'eau chaude contenant un peu d'ammoniaque, puis séchez en tapotant. Faites nettoyer par un professionnel les objets fragiles.
● **Les matelas.** Retirez les taches à l'aide de la méthode expliquée ci-contre. Tamponnez avec de l'eau chaude additionnée de produit à vaisselle, puis rincez en tamponnant avec de l'eau chaude contenant du désinfectant.

SUR LES VÊTEMENTS
● **Retirer les taches.** Frottez la partie tachée sous l'eau courante froide jusqu'à ce que la marque commence à disparaître. Faites tremper le vêtement, puis lavez-le avec une lessive aux enzymes si le tissu le permet. Sinon, lavez le vêtement comme à l'accoutumée.
● **Supprimer l'odeur.** Si l'odeur persiste après le lavage, lavez le vêtement à nouveau.

LES TACHES DE BOUE

LA CLÉ pour bien nettoyer les taches de boue consiste à les laisser sécher complètement avant de commencer à les traiter. Ne tentez pas la moindre action avant que la boue ne soit dure et facile à brosser. Après avoir retiré la boue avec une brosse, vous pourrez éliminer la tache.

SUR LA MOQUETTE
● **Les taches rebelles.** Utilisez un détachant pour moquettes ou un peu d'alcool à brûler pour retirer les traces de couleur qui restent après avoir ôté le dépôt.

SUR LES MEUBLES
● **Soins de base.** Retirez le dépôt. Tamponnez avec de l'eau chaude additionnée de produit vaisselle ou d'un détergent doux. Essuyez, puis séchez en tapotant.

SUR LES VÊTEMENTS
● **Manteaux et vestes.** Retirez la boue séchée à l'aide d'une brosse à habits. Appliquez un détachant à sec sur les traces qui ne partiraient pas.

RETIRER LES TRACES DE BOUE SÉCHÉE

Retirez la boue avec un chiffon sec.

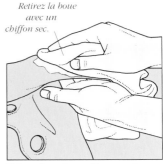

Nettoyer la moquette
Laissez sécher la boue (ce qui prend une ou deux heures), puis retirez-la avec votre aspirateur. Si nécessaire, décollez les morceaux de boue à l'aide d'une brosse dure.

Brosser les meubles
Pour retirer les traces de boue sur des meubles capitonnés sans les abîmer, utilisez une brosse douce. S'il reste des traces, utilisez ensuite votre aspirateur.

Détacher les vêtements
Retirez les traces de boue à l'aide d'un chiffon ou d'une brosse à habits. Passez le vêtement en machine. Si les traces persistent, appliquez de l'alcool à brûler.

LES TACHES D'HERBE

SI VOTRE famille comprend des jeunes enfants, vous rencontrerez inévitablement des taches d'herbe. Elles ne sont pas faciles à ôter et demandent temps et efforts. Pour le blanc, faites-le tremper dans de l'eau de Javel; pour les autres tissus, employez un détachant approprié.

SUR LES TISSUS LAVABLES
● **Taches légères.** Si le tissu le permet, il suffit de faire tremper puis de laver le vêtement avec de la lessive aux enzymes. Si les traces ne disparaissent pas, suivez la méthode conseillée pour les tissus non lavables.
● **Taches importantes.** Frottez la tache avec un savon puissant, celui que l'on utilise après avoir bricolé par exemple. Appliquez un peu d'alcool à brûler ou un détachant du commerce (en faisant d'abord un essai), puis rincez à l'eau froide avant de laver le vêtement en fonction de la nature du tissu.

SUR LES TISSUS NON LAVABLES
● **Flanelle blanche.** Entre les nettoyages à sec, frottez les taches avec un mélange égal de crème de tartre et de sel de table. Laissez agir une demi-heure, puis brossez.
● **Chaussures en toile.** Brossez les taches d'herbe avec une brosse à ongles et de l'eau chaude additionnée d'un peu de produit à vaisselle. Lavez les chaussures en machine ou sur le plateau supérieur du lave-vaisselle (en vérifiant qu'il ne reste pas de sable). Laissez les chaussures sécher à l'air libre.

ASTUCE À L'ANCIENNE

Ôtez les taches anciennes
Sur du blanc, appliquez un mélange égal de blanc d'œuf et de glycérine, puis suivez les méthodes pour taches fraîches.

LES AUTRES TACHES D'ORIGINE ORGANIQUE

FAITES disparaître ces taches des vêtements en les laissant tremper dans de la lessive aux enzymes (si le tissu le permet). Achetez des gants jetables ou glissez votre main dans un sac en plastique lorsque vous devez ramassez des matières répugnantes. Jetez le sac ou les gants après usage.

TACHES	SURFACES	TRAITEMENT
LES TACHES DE POLLEN	● On trouve généralement ces taches sur les vêtements ou sur les revêtements muraux et elles peuvent être très difficiles à éliminer. Portez un tablier pour cueillir les fleurs ou composer un bouquet et disposez les vases loin du papier peint.	● Les taches superficielles sur les vêtements partent sans problème au lavage. Si ce n'est pas le cas, tamponnez légèrement avec de l'alcool à brûler, puis rincez avec une éponge et de l'eau chaude. ● Sur du papier peint, frottez les taches avec de la mie de pain ou une gomme — ou remplacez le morceau taché (voir p. 18).
LES CHIURES DE MOUCHES	● On les trouve principalement sur les abat-jour, le mobilier et les fenêtres. Procédez avec douceur pour les abat-jour en tissu.	● Essuyez les abat-jour en plastique avec de l'eau additionnée d'un peu de produit à vaisselle. Utilisez un détachant en aérosol sur les abat-jour en tissu. ● Utilisez de l'alcool à brûler sur les fenêtres et un détachant approprié sur les meubles capitonnés.
LES TACHES DE TRANSPIRATION	● Elles provoquent des auréoles décolorées ou jaunâtres sur les vêtements, sous les bras.	● Tamponnez les tissus lavables avec une solution d'ammoniaque (voir p. 33), puis rincez. Si la couleur a déteint, tamponnez avec 15 ml de vinaigre blanc dilué dans 250 ml d'eau.
LES TACHES D'ANIMAUX	● Ce sont des taches d'urine, de vomi et d'excréments qui souillent généralement la moquette ou le mobilier.	● Reportez-vous p. 43 pour le traitement des taches d'urine et de vomi et pour l'élimination des odeurs désagréables.
LES TACHES D'EXCRÉMENTS	● Retirez toujours immédiatement le dépôt sur la moquette, le mobilier et les vêtements, avec une cuillère, en veillant à ne pas étendre la tache.	● Retirez les taches sur la moquette et le mobilier à l'aide d'une éponge et d'eau chaude additionnée de quelques gouttes d'ammoniaque.
LES FIENTES D'OISEAUX	● Les vêtements mis à sécher dehors sont fréquemment tachés par des fientes d'oiseaux.	● Retirez le dépôt et lavez le vêtement. Une solution à base d'eau de Javel ou d'eau oxygénée (voir p. 33) peut se révéler efficace sur les vêtements blancs ou clairs.
LES TACHES DE NICOTINE	● La nicotine tache les doigts et les ongles des gros fumeurs qui deviennent alors jaunâtres.	● Frottez avec un coton imbibé de produit de stérilisation à froid. Appliquez sur les ongles du dentifrice à blanchir les dents.

LES TACHES DE COLORANTS

Les peintures, stylos et crayons gras utilisés dans la plupart des maisons produisent des taches souvent difficiles à éliminer. En effet, comme on ne connaît pas leur composition, on ignore quel remède leur appliquer.

LES TACHES DE PEINTURE

Toutes les maisons ont à souffrir un jour ou l'autre de taches causées par un pot de peinture renversé. Malheureusement, la plupart de ces taches ne sont pas nettoyées immédiatement. Les taches de peinture séchée peuvent être éliminées, mais en prenant beaucoup de précautions.

LES PEINTURES D'ARTS
● La peinture fraîche sur les vêtements. Épongez-la avec du papier absorbant, puis lavez la tache sous le robinet avec de l'eau et du savon. Tamponnez les taches de peinture à l'huile avec du white-spirit, en tenant un chiffon blanc sous la tache. Essuyez avec une éponge; lavez.

LES PEINTURES À L'EAU
● La peinture fraîche sur du tissu. Tamponnez avec du papier absorbant, épongez avec de l'eau froide et lavez.
● Les taches sèches sur les vêtements. Appliquez de l'alcool à brûler (en faisant un essai au préalable), puis lavez comme à l'accoutumée.

LES PEINTURES À L'HUILE
● Sur les vêtements. Tamponnez avec du white-spirit puis avec de l'eau froide. Ne lavez pas le vêtement tant que toute la peinture n'a pas disparu, sinon vous fixeriez la tache. Les taches importantes sur l'acétate et la viscose nécessitent le travail d'un professionnel.

Faites un tampon avec un chiffon blanc.

Nettoyez la moquette avec une éponge.

Les taches anciennes
Placez un chiffon sous la tache. Tamponnez la tache avec du détachant ou de l'alcool à brûler. Pour les peintures à l'huile, utilisez un solvant.

Les taches sur la moquette
Utilisez une éponge et de l'eau froide pour tamponner la tache (de l'extérieur vers l'intérieur). Une fois propre, appliquez du shampooing à moquette.

Peinture à l'huile sur moquette
Épongez les taches fraîches avec du papier absorbant, puis mettez du shampooing à moquette. Pour des taches anciennes, essayez un solvant approprié.

LES TACHES DE TEINTURE

Les taches de teintures séchées sont indélébiles, il faut donc intervenir immédiatement. Sur les surfaces dures, essuyez les taches avec un chiffon sec. Protégez vos vêtements et les alentours lorsque vous utilisez de la teinture. Le citron efface les marques de teinture sur la peau.

SUR LA MOQUETTE
● Traitement de base. Mélangez quelques gouttes d'ammoniaque à de l'alcool à brûler dans un petit récipient. Appliquez avec un chiffon blanc autant que nécessaire, puis appliquez du shampooing à moquette.

SUR LES VÊTEMENTS
● Tissus ne déteignant pas. Faites-les tremper dans de la lessive aux enzymes, puis lavez.
● Tissus qui déteignent. Appliquez une solution d'eau oxygénée (voir p. 33) avec une éponge ou faites tremper 15 mn.

LES AUTRES TACHES
● Au cours d'une lessive. Si un article déteint sur le reste du linge, relavez tout le linge (mais sans l'article responsable) en remplaçant la lessive par un produit spécialement adapté.

LES TACHES DE STYLOS À BILLE

Ces taches sont rebelles. Il peut être intéressant de contacter le fabricant du stylo à bille pour savoir quel remède employer, d'autant plus qu'il vend peut-être le solvant approprié. Les traces anciennes sont encore plus difficiles à éliminer, alors ne perdez pas de temps pour agir.

SUR DU TISSU

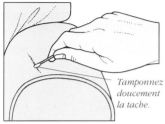

Tamponnez doucement la tache.

Effacer les taches

Appliquez du papier absorbant sur la tache pour en retirer le plus possible. Appliquez ensuite de l'alcool à brûler avec un Coton-Tige.

SUR DU PAPIER PEINT

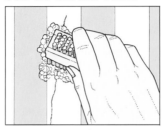

Agissez immédiatement

Nettoyez les revêtements en vinyle immédiatement avec de l'eau et du savon. Il est parfois nécessaire de coller une pièce (voir p. 18).

SUR D'AUTRES SURFACES

● **Le daim.** Frottez la tache avec du papier émeri très fin ou une brosse à daim appropriée. Prenez l'avis d'un professionnel avant de nettoyer un objet de valeur.

● **Les surfaces en vinyle.** Frottez les traces immédiatement avec une brosse à ongles et de l'eau savonneuse. Si l'encre reste sur le vinyle, elle s'incrustera dans le plastifiant et deviendra indélébile.

LES TACHES DE STYLO À ENCRE

La plupart des encres de stylos étant lavables, assurez-vous que les vôtres le sont effectivement. Refermez toujours avec soin le capuchon d'un stylo à encre, surtout si vous l'emportez avec vous. Si vous utilisez une bouteille d'encre à la place de cartouches, vissez soigneusement le bouchon.

SUR LA MOQUETTE

1 Diluez la tache en l'épongeant avec de l'eau. Séchez bien avec du papier absorbant.

2 Mélangez de l'eau chaude avec des paillettes de savon et appliquez ce mélange épais avec un chiffon blanc. Laissez agir 15 mn.

3 Essuyez. Si la tache reste, recommencez l'étape n° 2 jusqu'à ce qu'elle disparaisse.

SUR LA PEAU

● **Retirer les taches.** Utilisez une brosse trempée dans du vinaigre et du sel. Ou frottez-les à l'intérieur d'une peau de banane.

ASTUCE À L'ANCIENNE

Si l'on se fie aux conseils traditionnels, il convient d'utiliser du lait ou de la tomate pour éliminer les taches d'encre. Couvrez les taches d'encre avec du lait ou frottez-les avec une tomate coupée en deux. Rincez soigneusement.

LES TACHES ANCIENNES SUR LES VÊTEMENTS

1 Si une tache d'encre persiste malgré le lavage en machine, frottez-la avec un demi-citron ou arrosez-la de jus de citron.

2 Pressez la partie tachée entre deux chiffons blancs. Répétez autant de fois que nécessaire, puis rincez. Lavez selon la nature du tissu.

LES TACHES DE FEUTRE

LES TACHES de feutre sur les murs et les meubles sont fréquentes dans les maisons où vivent des enfants. Les feutres fuient souvent dans les poches de veste – ne tentez jamais de réparer les dégâts vous-même, mais donnez la veste à nettoyer en précisant la nature du problème.

SUR LE TISSU

● **Les petites taches.** Retirez un maximum d'encre en appliquant du papier absorbant. Tamponnez avec de l'alcool à brûler sur un Coton-Tige, puis lavez l'article avec du savon en paillettes.

● **Les taches importantes.** Utilisez un détachant en aérosol, en recommençant plusieurs fois si nécessaire. Vous pouvez également acheter dans le commerce un détachant spécial.

SUR LES MURS

● **Le vinyle.** Appliquez un nettoyant non abrasif ou de l'alcool à brûler sur les taches.

● **Le papier peint.** Dissimulez la tache à l'aide d'un morceau de papier neuf (voir p. 18).

SUR LES AUTRES SURFACES

● **Moquette et mobilier.** Ôtez l'encre avec du papier absorbant, puis tamponnez avec de l'alcool à brûler.

Les taches sur le vinyle
Effacez les marques sur le vinyle en les frottant avec votre doigt entouré d'un chiffon propre et imprégné de produit à vaisselle pur. Rincez à l'eau claire.

LES AUTRES PIGMENTS

● **Le correcteur.** Laissez sécher, brossez, puis lavez.

● **Les crayons gras.** Utilisez un nettoyant ménager non abrasif pour nettoyer le vinyle.

● **Le crayon de papier.** Nettoyez à l'aide d'une gomme les taches sur les murs et les meubles. Sur les vêtements, enlevez les traces avec une éponge humide, puis lavez le vêtement en fonction du tissu.

LES SUBSTANCES COLLANTES

LE CHEWING-GUM et la pâte à modeler peuvent être difficiles à retirer, en particulier sur certains tissus et sur la moquette où des procédés trop violents risqueraient de laisser une zone râpée. La solution pour retirer du chewing-gum consiste à le congeler. S'il reste des traces, utilisez un détachant liquide.

LA PÂTE À MODELER

● **Sur les vêtements.** Pas de congélation possible, retirez donc le maximum avec vos ongles. Placez ensuite un tampon de tissu blanc sous le vêtement et, avec un chiffon blanc, appliquez du détachant liquide jusqu'à ce que le dépôt soit dissous. Rincez, puis lavez le vêtement.

● **Sur la moquette.** Retirez le dépôt avec vos ongles. Enlevez ce qui reste avec de l'essence à briquet (faites un essai au préalable sur une partie cachée). Ne détrempez pas la moquette et ne laissez pas l'essence en atteindre le dessous.

LE CHEWING-GUM SUR LA MOQUETTE

Retirez le chewing-gum avec vos doigts.

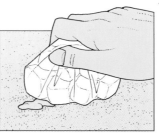 

1 Placez un sac en plastique rempli de glaçons sur le chewing-gum pour le durcir.

2 Retirez les morceaux durs en veillant à ne pas arracher les fibres du tissu.

LE CHEWING-GUM SUR LES VÊTEMENTS

1 Placez le vêtement taché au congélateur pendant 1 h pour que le chewing-gum durcisse.

2 Sortez le vêtement. Pliez le tissu le long de la tache pour casser le chewing-gum congelé. Retirez les morceaux.

LES TACHES DE PRODUITS

Les PRODUITS nettoyants et les colles sont des produits de la maison qui laissent des taches tenaces. Les taches de cosmétiques et de cire de bougie sont courantes dans certains intérieurs. Les taches de goudron et de créosote requièrent beaucoup de soin.

LES TACHES DE CIRE

Essayez de ne pas renverser les cires liquides et de ne pas en appliquer sur les surfaces où elles ne sont pas appropriées. Revissez toujours soigneusement les bouchons des produits lorsque vous ne les utilisez pas. Rangez-les toujours à la verticale, loin des rayons du soleil.

LE CIRAGE
● **Sur la moquette.** Retirez le maximum. Appliquez du white-spirit ou un détachant liquide. Rincez à l'eau, puis, s'il reste des traces, passez de l'alcool à brûler. Appliquez du shampooing à moquette.
● **Sur le tissu.** Sur les tissus lavables, appliquez un détachant ou ajoutez un peu d'ammoniaque à l'eau de rinçage. Appliquez aux tissus non lavables la méthode indiquée pour la moquette.

LES PRODUITS POUR MÉTAUX
● **Sur les vêtements.** Retirez les dépôts avec du papier absorbant. Appliquez un détachant liquide, puis lavez.

Sur la moquette
Retirez le maximum de produit. Humidifiez avec du white-spirit et laissez sécher. Retirez les dépôts avec une brosse ou un chiffon, puis appliquez du shampooing à moquette.

● **Sur le mobilier.** Tamponnez avec de l'eau chaude, laissez sécher, puis brossez. Pulvérisez un détachant en aérosol.

Utilisez une brosse dure.

LES TACHES DE MÉDICAMENTS

Les MÉDICAMENTS provoquent des taches collantes et colorées qui doivent être traitées rapidement si l'on veut éviter les traces. Si vous ne réussissez pas à éliminer une tache, demandez au pharmacien sa composition. L'iode est l'un des pires coupables dans la catégorie des taches de médicaments.

LES POMMADES

Les taches sur les vêtements
Traitez la tache avec un solvant des graisses. S'il reste une trace de couleur, appliquez de l'alcool à brûler avec un chiffon en coton (faites d'abord un essai). Placez un chiffon en dessous pour éviter que la couleur ne déteigne.

LES MÉDICAMENTS LIQUIDES
● **Sur les vêtements.** La plupart de ces taches disparaissent au lavage. Si une auréole colorée subsiste, appliquez un peu d'alcool à brûler. Placez un chiffon sous la tache pendant que vous appliquez l'alcool à brûler et faites un essai sur une partie cachée.
● **Sur la moquette et le mobilier.** Ramassez le dépôt, puis essuyez avec un chiffon humide. Appliquez du shampooing à moquette.
● **Éviter les taches.** Gardez un rouleau de papier à portée de main et mettez un bavoir aux jeunes enfants lorsque vous leur donnez du sirop.

LES TACHES D'IODE
● **Sur la moquette.** Pour retirer les taches, utilisez une solution d'hyposulfite photographique (en vente dans les magasins spécialisés). Diluez 2,5 ml de ce produit dans 250 ml d'eau chaude. Appliquez ensuite du shampooing à moquette.
● **Sur les tissus lavables.** Lavez les tissus à la main avec du savon en paillettes et quelques gouttes d'ammoniaque. Portez des gants en caoutchouc.
● **Sur les tissus non lavables.** Donnez les vêtements à nettoyer ou utilisez un détachant efficace sur les taches de thé et de café.

LES TACHES DE COSMÉTIQUE

LES PRODUITS de maquillage se renversent, se déposent sur les vêtements et la literie; ils fuient fréquemment à l'intérieur des sacs à main. Il n'existe malheureusement pas de méthode de détachage valable pour tous les cosmétiques. Il faut traiter chaque tache individuellement.

LE VERNIS À ONGLES

Appliquez le dissolvant avec du coton.

Sur le tissu
Placez un chiffon blanc absorbant sous la tache et tamponnez avec du dissolvant non gras.

LE MASCARA
● **Sur les vêtements.** Retirez les taches de mascara avec un détachant liquide ou en aérosol. Si des traces subsistent, essuyez, laissez sécher, puis appliquez une solution d'un volume d'ammoniaque pour trois volumes d'eau. Rincez et lavez.

● **Sur la moquette.** Absorbez le maximum de dépôt avec des mouchoirs en papier. Appliquez du dissolvant non gras avec du coton, après avoir fait un essai sur le bord de la moquette car le dessous peut être abîmé si le dissolvant pénètre. Si des traces de couleur subsistent, appliquez de l'alcool à brûler avec un chiffon blanc. Enfin, appliquez du shampooing à moquette.
● **Sur le mobilier.** Épongez, puis appliquez du dissolvant non gras, après avoir fait un essai.

LE ROUGE À LÈVRES
● **Sur les vêtements.** Tamponnez avec de l'alcool à brûler puis avec du produit à vaisselle pur. Lavez le vêtement.
● **Sur les murs.** Frottez les traces doucement avec un chiffon imprégné d'eau chaude additionnée de lessive.

IDÉE LUMINEUSE

Pour éviter les fuites
Vos flacons de maquillage ne se renverseront plus dans vos bagages si vous entourez les bouchons de ruban adhésif ou de vernis à ongles.

LE FOND DE TEINT
● **Sur les vêtements.** Essuyez le dépôt, puis faites tremper dans une solution d'ammoniaque (voir p. 33). Lavez.

LES TACHES DE PARFUM, D'AÉROSOL OU DE LOTION

LES AÉROSOLS et les parfums contiennent généralement de l'alcool. Procédez avec précaution car certains composés chimiques peuvent mal réagir aux produits employés pour le détachage. Les lotions contiennent souvent de l'huile ou de la graisse et doivent être traitées en conséquence.

LE PARFUM
● **Sur les tissus lavables.** Rincez immédiatement la tache, puis lavez le vêtement. Appliquez une solution de glycérine (voir p. 33) ou un détachant sur les taches anciennes. Laissez agir 1 h, puis lavez.
● **Sur les tissus non lavables.** Appliquez une solution de glycérine (voir p. 33) le plus vite possible. Laissez agir 1 h, puis essuyez avec un chiffon humide. Ne mouillez pas le capitonnage des meubles. Faites nettoyer les objets de valeur par un professionnel.

LE DÉODORANT
● **Sur toutes les surfaces.** Ôtez le maximum avec du papier absorbant puis tamponnez avec de l'eau chaude. Appliquez du détachant si nécessaire.

LES LOTIONS
● **Les lotions nettoyantes.** Essuyez avec des mouchoirs en papier, puis appliquez un solvant des graisses. Appliquez du shampooing sur la moquette et les meubles capitonnés.
● **Les lotions toniques.** Tamponnez avec de l'eau chaude. Laissez sécher.

LA LAQUE

Sur les miroirs
La laque laisse un dépôt collant sur les miroirs qui donne une image floue. Retirez-la avec un peu d'alcool à brûler sur un chiffon.

LES TACHES DE CIRE DE BOUGIE

Elles sont quasiment inévitables si vous aimez la lumière des bougies. La cire se retire facilement, mais les bougies de couleur peuvent laisser des traces qui devront être éliminées après la cire. La bougie ne durcit pas énormément et il n'est pas indispensable de nettoyer les taches de cire immédiatement.

SUR LA MOQUETTE

Ramassez la cire pendant qu'elle est molle.

Appliquez un fer chaud.

1 Ramassez le plus de cire possible avec une cuillère. Si la cire est dure, grattez-la avec vos ongles.

2 Placez du papier kraft sur la bougie. Appliquez un fer chaud jusqu'à ce que la cire pénètre dans le papier.

SUR D'AUTRES SURFACES

● **Vêtements.** Suivez la méthode indiquée ci-contre pour la moquette. Traitez les traces de couleur avec de l'alcool à brûler (faites d'abord un essai). Placez alors du tissu blanc absorbant sous la tache.

● **Meubles et papiers peints.** Suivez la méthode ci-contre, sans retirer la cire. Retirez les traces de couleur sur les meubles avec de l'alcool à brûler et les traces sur le papier peint avec un détachant en aérosol.

● **Bois.** Voir p. 16.

LES TRACES DE COLLE

Essuyez immédiatement la colle qui vient d'être renversée, puis utilisez le solvant approprié. Une fois sèches, les taches sont très difficiles à éliminer. Si vous faites des travaux de collage importants, achetez le solvant approprié en même temps que la colle.

LA COLLE FRAÎCHE

● **Les solvants appropriés.** Utilisez du dissolvant non gras sur la colle transparente, du détachant sur la colle à maquettes, du solvant des graisses sur les colles au latex, et de l'essence à briquet sur les colles époxy.

● **Sur les surfaces dures.** Utilisez du white-spirit ou de l'alcool à brûler. Laissez sécher les colles au latex, puis frottez les dépôts avec vos doigts pour les retirer.

● **Sur la peau.** Utilisez du jus de citron.

LA COLLE SÉCHÉE

Tenez les ciseaux à l'horizontale.

Sur la moquette
Pour retirer de la colle séchée, découpez le haut des fibres de la moquette avec des ciseaux.

Appliquez les solvants avec du coton.

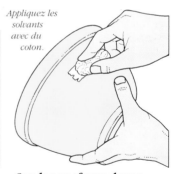

Sur les surfaces dures
Frottez avec de l'alcool à brûler, du white-spirit ou un diluant spécial cellulose.

LES TACHES DE CRÉOSOTE ET DE GOUDRON

Il serait préférable que ces substances restent dehors, mais elles se faufilent parfois à l'intérieur de nos maisons sur les chaussures, les maillots de bain et les serviettes de plage. Ces taches étant très difficiles à retirer, ne laissez pas ces produits se déposer d'un objet sur un autre.

● **Sur la moquette.** Épongez avec du papier; appliquez une solution de glycérine (voir p. 33) laissez agir 1 h. Rincez à l'eau claire, puis utilisez un détachant.

● **Sur les vêtements.** Placez un tampon de tissu blanc sur la tache. Appliquez de l'huile d'eucalyptus par-dessous avec du coton.

● **Sur les chaussures.** Utilisez de l'essence à briquet.

● **Sur le mobilier.** Les meubles de valeur doivent être nettoyés par un professionnel.

LES MARQUES D'USURE

Tout se détériore dans une maison, c'est inévitable. Pourtant, certains problèmes comme le moisi doivent être surveillés de près : ils peuvent rendre nécessaire l'intervention d'un professionnel et causer des dommages irréparables aux objets.

LES TACHES DE MOISISSURE

LA MOISISSURE tend à se déposer dans les parties humides et son développement doit être arrêté dès que possible. Formées de petites spores, les taches de moisissure constituent, sur les revêtements, des plaques de saleté très inesthétiques. Si l'on n'intervient pas, un dépôt s'installe.

SUR LES VÊTEMENTS
● **Le blanc.** Blanchissez les taches avec une solution d'eau oxygénée (voir p. 33); n'utilisez pas ce produit sur le Nylon. Faites tremper les fibres naturelles dans une solution d'eau de Javel (voir p. 58).
● **Les couleurs.** Humidifiez le tissu, puis frottez-le avec du savon. Laissez sécher et passez en machine. Les lavages répétés élimineront les traces. Vous pouvez utiliser un détachant pour tissus grand teint.

SUR LA DENTELLE
Appliquez du savon de Marseille.

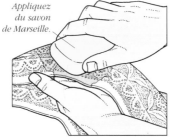

Avec du savon de Marseille
Appliquez une fine couche de savon. Laissez sécher au soleil pendant plusieurs heures; rincez.

SUR LES RIDEAUX DE DOUCHE

Retirer les taches
À l'aide d'une éponge, nettoyez le rideau avec du détergent dilué ou une solution d'eau de Javel.

SUR LES MURS
● **Traitement de base.**
Lessivez le mur entièrement avec un produit ménager (même où vous ne voyez pas de moisissures), puis passez un produit fongicide approprié.

SUR LE MOBILIER
● **Retirer les traces.** Suivez la méthode ci-dessous. Si nécessaire, faites nettoyer les housses à sec. Appliquez une solution d'eau oxygénée sur les tissus qui ne se déhoussent pas (voir p. 33), puis rincez soigneusement.

SUR LE CUIR
● **Traitement de base.** Nettoyez les sacs, chaussures ou valises selon la méthode expliquée ci-dessous, puis appliquez une couche de crème d'entretien ou de cirage. Faites bien pénétrer, puis polissez.

Dans les recoins
Nettoyez soigneusement avec une éponge les recoins des pièces. Soyez particulièrement soigneux près des fenêtres dans les salles de bains et les cuisines où s'accumulent les moisissures.

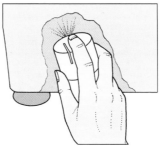

Détruire les spores
À l'aide d'une brosse, retirez le maximum de moisissures, puis mettez un fongicides. Faites ce traitement à l'extérieur pour éviter que les spores ne se déposent sur d'autres objets.

Les sacs en cuir
Nettoyez les moisissures avec 5 ml de désinfectant dilué dans 500 ml d'eau chaude. Ou appliquez de l'antiseptique buccal pur avec un chiffon. Essuyez et faites briller.

LES TACHES D'EAU

Ces taches sont provoquées par les minéraux contenus dans l'eau et apparaissent souvent lorsque l'on a tamponné une tache avec une éponge mouillée. Pour éviter une auréole, après avoir nettoyé une tache, saupoudrez-la de talc, recouvrez d'un chiffon sec, puis séchez-la au fer à repasser.

SUR LES PEAUX ET LE BOIS

● **Sur le cuir.** Essuyez l'eau avant qu'elle ne sèche avec un chiffon propre. Laissez sécher à l'air libre. Si des auréoles apparaissent, réhumidifiez avec une éponge ou un chiffon, puis séchez en frottant avec un chiffon doux et absorbant.

● **Sur le daim.** Laissez sécher l'eau de pluie, puis brossez avec une brosse douce ou une brosse à daim.

● **Sur le bois.** Reportez-vous aux explications données p. 72.

SUR LE TISSU

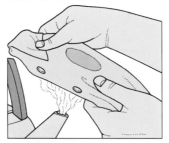

Frottez vers l'intérieur de la tache.

1 Maintenez la partie tachée au-dessus de la vapeur d'une bouilloire. Veillez à ne pas vous brûler et à ne pas brûler le tissu.

2 Retirez le tissu de la vapeur. Frottez la partie concernée avec un chiffon. Commencez au bord et travaillez vers l'intérieur.

LES MARQUES DE BRÛLURE

Les marques de brûlure sont généralement dues au fer que l'on oublie sur un vêtement ou à des brûlures de cigarettes. Pour les brûlures importantes sur la moquette, il est parfois nécessaire de couper le haut des fibres de la moquette ou d'en remplacer une partie avec une chute (voir ci-dessous).

SUR LE TISSU

● **Les tissus lavables.** Frottez la marque sous l'eau froide, avec un chiffon. Faites tremper dans une solution de borax (voir p. 33) en frottant doucement jusqu'à ce que la marque disparaisse.

● **Les tissus non lavables.** Appliquez une solution de glycérine (voir p. 33). Laissez agir pendant deux heures, puis tamponnez avec de l'eau chaude.

SUR LA MOQUETTE

Les brûlures de cigarettes
Frottez-les avec du papier de verre fin, d'un mouvement circulaire, jusqu'à ce que la tache disparaisse.

LES GROSSES MARQUES DE BRÛLURE

1 Placez un bout de moquette neuf sur la partie brûlée et découpez les deux épaisseurs.

2 Insérez la pièce dans l'espace prévu. Fixez-la avec de l'adhésif double face.

ASTUCE À L'ANCIENNE

Des solutions naturelles
Pour supprimer des traces de brûlure légère sur la moquette, portez à ébullition 250 ml de vinaigre blanc, 50 g de talc non parfumé et deux oignons grossièrement hachés. Laissez refroidir ce mélange, puis étalez-le sur la tache. Laissez sécher, puis retirez-le avec une brosse. Pour retirer de petites traces de brûlure sur du bois verni, frottez-les avec une paille de fer très fine, puis appliquez un peu d'huile de lin. Laissez agir 24 heures et cirez.

LES TACHES DE ROUILLE

L ES TACHES de rouille ont la réputation d'être difficiles à faire partir, mais en fait elles ne nécessitent pas de mesures radicales. Le jus de citron est utile pour les supprimer en douceur. Si vous n'avez pas de citron sous la main, le jus vendu en bouteille est tout aussi efficace.

SUR LES VÊTEMENTS

Recouvrez la tache d'une épaisse couche de sel.

1 Placez un chiffon blanc absorbant sous la tache de rouille et appliquez le jus d'un demi-citron.

2 Recouvrez de sel le jus de citron et laissez sécher pendant une heure. Rincez, puis lavez le vêtement.

SUR D'AUTRES SURFACES

● **La moquette.** Retirez les taches de rouille avec un détachant approprié, en suivant les instructions à la lettre.

● **Les tissus non lavables.** Utilisez un détachant antirouille approprié, puis essuyez avec un chiffon humide. Un peu de jus de citron peut être efficace.

● **Les baignoires.** Utilisez un produit nettoyant contenant de l'antirouille. Reportez-vous p. 24 pour le nettoyage des autres taches sur la baignoire.

LES TRACES DE SUIE

N ETTOYEZ les cheminées en brique et en pierre selon la méthode qui vous est expliquée ci-dessous; reportez-vous p. 21 pour les autres revê-tements. Les taches de suie sur les vêtements partent facilement au lavage – mais utilisez un détachant en aérosol sur les taches rebelles.

LES TRACES LÉGÈRES

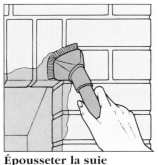

Épousseter la suie
Évitez les taches de suie en nettoyant autour du foyer soit avec l'accessoire approprié de votre aspirateur, soit avec une brosse.

LES TACHES DE SUIE

Brosser les taches
Si les taches ne partent pas à l'aspirateur ou à la brosse, frottez-les fortement avec une brosse en chiendent et de l'eau claire.

LES TACHES TENACES

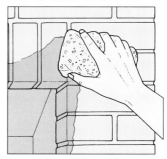

Les nettoyants acides
Appliquez du vinaigre blanc pur, à l'aide d'une éponge ou d'une brosse. Rincez. Si les taches persistent, utilisez de l'esprit de sel.

SUR LA MOQUETTE

● Traitement de base. Passez soigneusement l'aspirateur ou, s'il s'agit d'un tapis, secouez-le bien. Ne brossez pas la tache. Si cela ne suffit pas, saupoudrez du talc non parfumé, puis passez l'aspirateur. Si les taches sont très importantes, faites appel à un professionnel.

SUR LA PIERRE

● Les taches rebelles. Nettoyez les taches rebelles avec de l'eau additionnée d'un peu de produit à vaisselle. Frottez ensuite avec de l'eau claire. Pour les taches importantes, utilisez une solution d'eau de Javel concentrée, puis rincez soigneusement.

DANGER

L'esprit de sel est un mélange d'eau et d'acide chlorhydrique, toxique et très irritant. Portez des gants en caoutchouc et des lunettes de protection lorsque vous le manipulez.

LES AUTRES TACHES

L A PLUPART des taches peuvent être nettoyées grâce aux méthodes expliquées ci-dessus. Si vous rencontrez une tache d'origine incertaine, utilisez la méthode conseillée pour une substance approchante, en faisant des essais au préalable.

TACHE	TRAITEMENT	TACHE	TRAITEMENT
LAIT DE BÉBÉ	Comme le lait de vache, p. 41. Ne laissez pas sécher.	HUILE DU CUIR CHEVELU	Frottez les têtes de lit en bois avec du white-spirit.
CARBONE	Tamponnez avec de l'alcool à brûler ou avec un détachant.	TRACE DE CHALEUR	Voir traces de brûlure, p. 53 et taches sur le bois, p. 72.
SAUCES	Nettoyez comme la sauce tomate, p. 38.	ENCRE D'IMPRIMERIE	Appliquez de l'alcool à brûler, puis rincez.
CHARBON	Retirez les traces avec une brosse. Lavez à l'eau chaude.	LAQUE	Agissez vite. Tamponnez avec de l'alcool à brûler.
BOISSON À BASE DE COLA	Épongez, puis nettoyez comme pour les jus de fruits, p. 40.	SORBET	Nettoyez la tache comme les jus de fruits, p. 40.
ENCRE DE PHOTOCOPIEUSE	Brossez le dépôt, puis lavez le vêtement à l'eau chaude.	SOUPE	Rincez et nettoyez comme les taches de gras, p. 36.
CRÈMES	Nettoyez comme l'huile, le gras, la graisse, p. 36	SAUCE AU SOJA	Nettoyez au plus vite comme la sauce tomate, p. 38.
ENCRE DE POLYCOPIEUR	Tamponnez les taches avec du produit à vaisselle pur.	TOMATE	Rincez puis traitez comme la sauce tomate, p. 38.
DÉCALQUE DE BRODERIE	Appliquez de l'alcool à brûler, puis lavez.	MÉLASSE	Nettoyez comme pour les confitures et conserves, p. 38.
FRUITS	Rincez la tache, puis nettoyez comme les jus de fruits, p. 40.	YAOURT	Ramassez, puis nettoyez comme le lait, p. 41.

LES TACHES SUR LES SURFACES DIFFICILES À NETTOYER

SUR LE BOIS
● Le bois non traité.
Blanchissez les taches avec de l'eau de Javel, puis lavez la zone avec du détergent. Posez une couche de vernis pour éviter d'autres taches.
● Le bois verni. Voir p. 72 comment traiter les taches sur le mobilier ; voir p. 15-16 pour l'entretien des parquets.

SUR PEAU ET CHEVEUX
● Les taches de peinture.
Utilisez du white-spirit. L'huile végétale est également efficace sur la peau et moins irritante.
● Les taches d'encre. Brossez-les avec une brosse à ongles imbibée de vinaigre et de sel.
● Autres taches. Utilisez du jus de citron pur pour retirer les traces de teinture et de colles.

SUR D'AUTRES SURFACES
● Le papier. Retirez les taches de graisse en les repassant à fer chaud à travers un buvard.
● Le verre. Le vinaigre supprime les traces de graisse.
● Le cuir et le daim. Voir p. 47 pour les taches d'encre ; voir p. 53 pour les taches d'eau et p. 83 pour l'entretien du cuir et du daim.

LE LINGE ET LA LESSIVE

VOUS PROLONGEREZ la vie de vos vêtements et de votre linge de maison si vous n'attendez pas qu'ils soient très sales pour les laver. Utilisez pleinement les possibilités des machines à laver modernes en choisissant la température de lavage et la vitesse d'essorage appropriées. Ne négligez pas les laveries automatiques car leurs machines sont pratiques pour laver les pièces lourdes, telles que les oreillers, qui pourraient abîmer votre lave-linge.

LES LESSIVES ET AUTRES PRODUITS DE LAVAGE

Outre la lessive, utilisez les produits suivants.

● **L'assouplissant.** Utilisez celui du commerce ou ajoutez 30 ml de vinaigre blanc au dernier rinçage.
● **L'amidon.** Il donne de l'apprêt et protège les chemises en coton et le linge de table (voir p. 63).
● **L'eau de Javel.** S'utilise pour le blanc. Diluez-la systématiquement. Le jus de citron est un substitut naturel de l'eau de Javel.
● **La lessive aux enzymes.** Sert à nettoyer les taches importantes.
● **Le savon en paillettes ou le savon de Marseille.** Utilisez-les pour laver à la main les vêtements délicats.
● **Le borax.** Il supprime les taches. Les détachants avant-lavage sont également très utiles.

Assouplissant   Lessive liquide   Amidon en aérosol   Eau de Javel

Lessive en poudre   Lessive aux enzymes   Savon en paillettes   Borax

LES SYMBOLES INTERNATIONAUX POUR L'ENTRETIEN DES TISSUS

Ces symboles se divisent en cinq catégories. Si un symbole est barré, cela signifie qu'il faut éviter ce traitement. La plupart des paquets de lessive comportent la liste de ces symboles et leurs explications.

Lavage   Javel   Repassage   Nettoyage à sec   Séchage

L'ENTRETIEN DES TISSUS

CERTAINS tissus ne peuvent pas être lavés en machine et requièrent des soins particuliers. Vérifiez l'étiquette et conformez-vous à ses indications. Donnez à nettoyer les vêtements faits sur mesure, ceux présentant une finition particulière et ceux comportant plusieurs tissus différents.

TISSU	LAVAGE	SÉCHAGE ET REPASSAGE
L'ACÉTATE Réactions imprévisibles. N'utilisez jamais de lessive aux enzymes.	Lavez (machine ou main) à basse température. N'essorez pas trop, ni à la main ni en machine.	Pas de séchoir électrique. Laissez sécher à l'air libre et repassez les articles encore humides.
L'ACRYLIQUE Doit être lavé souvent car il retient les odeurs de transpiration.	Il se lave généralement en machine, mais vérifiez l'étiquette. Lavez à basse température.	Mettez en forme après le lavage et retirez l'excédent d'eau (voir p. 60). Faites sécher à plat ou sur un fil.
LE BROCART Veillez à ne pas écraser les fibres au cours du lavage.	Lavez-le à la main à l'eau froide ou faites nettoyer à sec, selon les instructions. Ne pas essorer.	Repassez à l'envers avec une pattemouille (voir le repassage de la broderie, p. 65).
LE CACHEMIRE Coûteux, il mérite d'être entretenu avec soin.	Lavez-le à la main à l'eau froide dans du savon en paillettes bien dissous. Rincez. Ne pas essorer.	Laissez sécher à l'air libre à plat. Repassez, encore humide, à l'envers avec un fer tiède.
LE VELOURS CÔTELÉ Très résistant, il nécessite toutefois des précautions.	Se lave toujours à l'envers. Lavez-le en fonction des conseils donnés sur l'étiquette.	Repassez le tissu encore humide à l'envers, puis passez un chiffon doux si les poils sont couchés.
LE COTON Mélangé à d'autres fibres, lavez-le en fonction du tissu le plus délicat.	Lavez le coton en machine à haute température, en séparant toujours le blanc des couleurs.	Ne laissez pas les articles sécher complètement car ils sont plus difficiles à repasser.
LE JEAN Résistant mais a tendance à rétrécir, à se décolorer et à se marquer.	Lavez-le à part tant qu'il risque de déteindre (voir p. 59) et systématiquement à l'envers.	Faites sécher au séchoir ou sur le fil. Repassez très humide avec un fer très chaud.
LA DENTELLE Tissu extrêmement fragile, à laver et à faire sécher avec soin.	Nettoyez les taches avant de laver à la main avec un savon doux. N'utilisez jamais d'eau de Javel.	Faites sécher à plat sur une serviette blanche. Repassez, au besoin, sur une serviette blanche.
LE CUIR ET LE DAIM Ils supportent d'être lavés, mais vérifiez sur l'étiquette.	Après lavage à la main, protégez le vêtement avec un imperméabilisant pour éviter les taches.	Frottez le daim avec un autre vêtement en daim ou une brosse à daim pour qu'il reste beau.
LE LIN Tissu résistant qui supporte les températures les plus chaudes.	Lavez-le en machine selon l'étiquette. Vérifiez que les couleurs ne déteignent pas (voir p. 60).	Repassez le vêtement pendant qu'il est humide. Le tissu est moins froissé si l'on emploie de l'amidon.
LA SOIE Tissu fragile qui requiert des soins particuliers pour ne pas s'abîmer.	Lavez à la main à l'eau chaude. Certains articles peuvent être lavés en machine sur un cycle spécial.	Faites sécher sur un fil et repassez encore humide. Utilisez une pattemouille pour protéger le tissu.
LA LAINE Lavez et séchez avec précaution, car les lainages se déforment.	Certains lainages peuvent être lavés en machine, d'autres doivent être lavés à la main. Vérifiez l'étiquette.	La laine peut sécher à plat, sur un fil ou sur un étendoir spécial mais jamais au séchoir électrique.

LE LAVAGE DES VÊTEMENTS

Lisez toujours les instructions sur les étiquettes des vêtements avant de les laver afin de choisir la meilleure méthode. Faites tremper les vêtements très sales avant de les laver. Nettoyez les taches dès qu'elles apparaissent, puis lavez le vêtement.

FAIRE TREMPER LES VÊTEMENTS

En faisant tremper les vêtements, on décolle la saleté. Utilisez une lessive aux enzymes pour les taches à base de protéines. Faites tremper les vêtements dans un seau ou une baignoire, en les immergeant totalement après avoir vérifié que la lessive est complètement dissoute.

LES COULEURS FONCÉES

● **Les vêtements noirs.**
Lorsqu'ils ne paraissent plus noirs, c'est qu'un film de savon s'est déposé sur le tissu. Vous pouvez alors soit les mettre à tremper dans de l'eau chaude additionnée d'un peu de vinaigre blanc.

● **Les couleurs qui ont déteint.**
Lavez toujours les couleurs foncées à part, jusqu'à ce que vous ayez la certitude que les couleurs ne déteignent plus (voir ci-contre). Si la couleur d'un vêtement foncé a déteint sur un vêtement clair pendant la lessive, vous pouvez l'éliminer à l'aide d'un produit spécial disponible dans le commerce.

LES VÊTEMENTS EN JEAN

Conserver la couleur
Pour éviter que des jeans neufs ne se décolorent au lavage, faites-la tremper dans 5 litres d'eau additionnée de 60 ml de vinaigre pendant 30 mn.

LES COULEURS VIVES

Immergez les vêtements avec une cuillère en bois.

Conserver leur éclat
Pour garder aux couleurs vives tout leur éclat, faites-les tremper dans de l'eau froide salée avant le premier lavage (une poignée de sel pour un seau d'eau).

BLANCHIR DES VÊTEMENTS JAUNIS

Immergez les chaussettes avec une cuillère en bois.

Les chaussettes blanches en coton
Faites-les bouillir dans une casserole avec quelques tranches de citron. Le détergent pour lave-vaisselle blanchit également les chaussettes. Il suffit d'en ajouter dans le lave-linge.

● **Le coton et le lin.** Faites tremper les articles pendant 15 mn dans 15 ml d'eau de Javel diluée dans 10 litres d'eau froide. Rincez soigneusement avant de laver.

● **La laine.** Faites tremper les lainages jaunis dans un mélange d'un volume d'eau oxygénée pour huit volumes d'eau. Rincez et lavez selon l'étiquette.

● **Le Nylon.** Faites tremper les articles en Nylon dans le mélange suivant : 90 ml de détergent pour lave-vaisselle et 45 ml d'eau de Javel, pour 5 litres d'eau très chaude. Laissez tremper dans ce mélange, une fois refroidi, pendant au moins 30 mn.

L'EAU DE JAVEL

Diluez toujours l'eau de Javel avant de vous en servir – la Javel pure peut trouer les tissus. Suivez les indications de dilution fournies par le fabricant. Dans le doute, comptez un coquetier de Javel pour un seau d'eau froide pour obtenir une dilution standard.

LE LAVAGE À LA MACHINE

Triez le linge en fonction des instructions inscrites sur les étiquettes. Si pour remplir votre machine vous devez mélanger des tissus différents, choisissez la température conseillée la plus basse. Ne soyez pas tenté de mettre trop de lessive – les vêtements ne seront pas plus propres pour autant.

SYMBOLES DE LAVAGE

Le symbole de la lessiveuse indique la température et le cycle conseillés.

 Ce dessin indique la température de l'eau maximale conseillée.

 Les tirets figurant sous la lessiveuse conseillent l'usage d'un cycle délicat.

 Ce symbole indique que le vêtement doit toujours être lavé à la main.

LAVER LES COULEURS

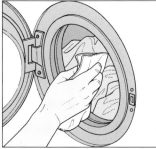

Voir si des articles déteignent
Placez un vieux mouchoir blanc avec des vêtements de couleur. S'il reste blanc, cela signifie que ces articles foncés peuvent désormais être lavés sans risque avec des articles clairs.

CONSEILS DE BASE

● **Nettoyer la machine.** De temps à autre, nettoyez votre lave-linge en effectuant un cycle chaud à vide après avoir mis un peu de vinaigre blanc dans le compartiment à lessive. Cela détruira les dépôts de lessive qui pourraient s'être accumulés.
● **Quantités de lessive.** Si l'on emploie trop peu de lessive, les vêtements ne sont pas bien lavés; si l'on en met trop, ils ne sont pas correctement rincés.
● **La durée du cycle.** Les blancs peuvent devenir jaunâtres s'ils sont lavés trop longtemps à une température élevée, et les fibres naturelles risquent de rétrécir.

LE TRI DES VÊTEMENTS

Remontez les fermetures à glissière et fermez les boutons sur les vêtements avant de les laver en machine. Ouverts, ils s'abîment et risquent de ne plus fermer correctement après avoir été lavés. Pour éviter que le blanc ne devienne grisâtre, ne le mélangez pas aux couleurs vives.

PRÉPARER LES VÊTEMENTS AVANT LA LESSIVE

● **Vérifier les poches.** Pensez à vérifier le contenu des poches avant de mettre les vêtements dans la machine (les mouchoirs en papier se déchirent...).

Accrochez les chaussettes par le haut.

Réunir les chaussettes
Accrochez les paires de chaussettes ensemble avec une épingle à nourrice avant de les laver en machine afin de ne pas en perdre une. Laissez les épingles au cours du séchage.

Placez les collants et les chaussettes dans une taie d'oreiller.

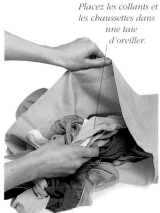

Protéger les tissus fragiles
Placez les articles petits ou fragiles (collants, écharpes) dans une taie d'oreiller avant de les passer en machine. Cela les empêchera de se déchirer ou de s'emmêler avec les vêtements plus grands.

ASTUCE ÉCONOMIQUE

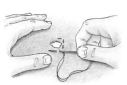

Réparez les trous et les accrocs dans les vêtements avant de les laver en machine. Les mouvements du lave-linge aggravent les dégâts et cela pourrait vous obliger à remplacer les vêtements abîmés ou à les donner à réparer. Veillez à recoudre les boutons qui ne sont pas bien fixés, ce qui évitera de les perdre pendant le lavage.

LE LINGE ET LA LESSIVE

LES SOINS SPÉCIFIQUES

Prévoyez du temps chaque semaine pour l'entretien du linge délicat qui ne peut pas être lavé en machine. Entretenez avec soin le linge de maison pour prolonger la durée de vie de chaque article. Aérez la literie régulièrement.

LE LAVAGE À LA MAIN

Lavez à la main les lainages, les tissus fragiles et les articles qui déteignent. Pour le lavage à la main, utilisez de l'eau chaude ; si vous employez du savon en paillettes, assurez-vous qu'il est complètement dissous. Ne lésinez pas sur le rinçage : rincez le linge plusieurs fois.

LE TEST DES COULEURS

À l'aide du fer à vapeur
Placez le vêtement entre deux épaisseurs de tissu blanc et apposez le fer à vapeur chaud. Si la couleur passe sur le blanc, c'est que ce vêtement déteint.

LES TISSUS FRAGILES

● **La dentelle**. Faites un patron en papier avant le lavage. Si elle se déforme, utilisez le patron pour lui rendre sa forme initiale pendant qu'elle sèche.
● **La soie**. Ajoutez deux sucres à l'eau de rinçage pour donner de la tenue à la soie ; ajoutez un peu de lanoline pour la protéger et la raviver.

LES ASTUCES DE RINÇAGE

● **Éliminer le savon**. Ajoutez 15 ml de vinaigre blanc à la dernière eau de rinçage.
● **Faire face au gel**. Ajoutez une poignée de sel à la dernière eau de rinçage pour empêcher les vêtements de geler dehors.

ASTUCE GAIN DE TEMPS

Si vous avez trop de mousse lorsque vous lavez à la main, saupoudrez-la de talc pour la dissoudre. Cela évite d'avoir à vider l'eau et à rajouter de l'eau claire.

LE NETTOYAGE À SEC

Donnez à nettoyer les vêtements coûteux. Les conseils suivants vous aideront à réduire la fréquence des nettoyages à sec.

● **Les vêtements d'extérieur**. Nettoyez les vêtements d'extérieur dès que vous rentrez chez vous. Utilisez un détachant en aérosol sur le col et les poignets des manteaux et des vestes qui se salissent plus vite que le reste du vêtement.
● **Aérer les vêtements**. Aérez bien les vêtements non lavables avant de les ranger. Ne les portez jamais deux fois de suite.

LES LAINAGES

Faire sécher des lainages
Après les avoir lavés à la main, enroulez-les dans une serviette-éponge propre qui absorbera l'eau, puis mettez-les à sécher à plat sur un étendoir ou sur une serviette sèche (voir p. 63).

La chaleur du sèche-cheveux fait rétrécir les fibres des poignets.

Les poignets distendus
Trempez les poignets des pulls dans de l'eau très chaude, puis séchez-les à l'aide d'un sèche-cheveux. Autre astuce, cousez deux ou trois rangs d'élastique très fin le long des poignets.

LA LITERIE ET LE LINGE DE MAISON

Serviettes et draps se salissent rapidement et doivent être lavés très souvent. Lavez les couettes et les oreillers seulement lorsque cela devient indispensable. Lorsque vous faites les lits, retournez les oreillers pour répartir l'usure et inversez les draps – ainsi, ils dureront deux fois plus longtemps.

LES OREILLERS

● **Lavage à la main.** Lavez les oreillers dans la baignoire, avec des paillettes de savon. Pétrissez et rincez plusieurs fois.

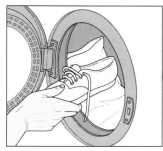

Le séchage des oreillers
Essorez le maximum d'eau avant de les mettre au séchoir électrique et ajoutez une chaussure de tennis propre pour bien répartir le duvet.

LES COUETTES

● **Le nettoyage à sec.** Les couettes sont trop lourdes pour être lavées en machine et trop grandes pour être lavées à la main. Portez-les dans une laverie ou chez le teinturier.

LES SERVIETTES DE BAIN ET LES TORCHONS

● **Entretien courant.** Lavez les serviettes avec un cycle chaud, pour éliminer la saleté logée dans les fibres de l'éponge.

Le vinaigre dissout les dépôts de savon.

Les gants savonneux
Faites-les tremper dans 500 ml d'eau additionnée de 15 ml de vinaigre ou de jus de citron avant de les laver en machine. Cela éliminera les résidus de savon.

L'ENTRETIEN DES DRAPS

● **Le lavage.** Suivez les conseils donnés sur l'étiquette. Les draps en fibres mélangées n'ont pas besoin d'être repassés. Ce n'est pas le cas des draps en fibres naturelles.

● **Éliminer les dépôts.** Utilisez un adoucissant pour éliminer les dépôts de savon et raviver les couleurs ternes.

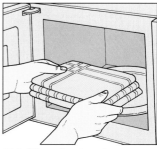

Stériliser les torchons
Débarrassez vos torchons des bactéries en les plaçant une fois lavés dans le four à micro-ondes. Mettez-les cinq minutes à forte puissance, puis retirez-les.

● **Le rangement.** Après les avoir lavés, rangez les draps en coton ou en lin blancs au-dessous de la pile. Une rotation et une utilisation régulières des draps les empêchent de jaunir.

RETIRER LES TACHES

Avant de laver les vêtements, utilisez un détachant avant-lavage, faites tremper les vêtements dans de la lessive aux enzymes, ou utilisez une des techniques de détachage présentées p. 32-55.

● **Les cols et les poignets.** Suivez la méthode expliquée ci-contre; sinon, appliquez du shampooing sur ces zones avant de les laver. L'amidon ou un produit de repassage gardera les cols et les poignets propres entre les lavages.

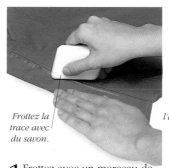

Frottez la trace avec du savon.

1 Frottez avec un morceau de savon humide ou appliquez un détachant avant-lavage. Veillez à bien recouvrir la trace.

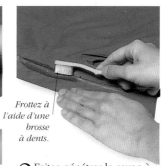

Frottez à l'aide d'une brosse à dents.

2 Faites pénétrer le savon à l'aide d'une brosse à dents humide. Rincez à l'eau chaude, puis lavez le vêtement.

LE SÉCHAGE DES VÊTEMENTS

Sı vous faites sécher les vêtements correctement, vous réduirez le temps de repassage. Après les avoir fait sécher, pliez les vêtements ou suspendez-les sur des cintres. Lorsque vous étendez le linge, essayez de remettre en place les coutures et les plis.

SUR LE FIL

Étendez le linge à l'extérieur dès que le temps le permet – c'est plus économique et meilleur pour le linge que le séchoir électrique. Le soleil blanchit le linge blanc. Si vous manquez de place à l'extérieur, accrochez deux fils parallèles et étendez le linge par-dessus les deux fils.

SYMBOLES DE SÉCHAGE
Les quatre variantes du symbole carré indiquent la méthode de séchage à suivre.

 Sécher au séchoir (points = température).

 Faire sécher sur fil ou cintre et ne pas repasser.

 Faire sécher sur un fil après essorage.

 Faire sécher à plat après essorage.

ÉVITER LES PROBLÈMES
● **Les couleurs ternes.** Mettez les T-shirts à l'envers et suspendez-les à l'ombre, les couleurs ne terniront pas.

Nettoyer la corde à linge
La saleté risque de se redéposer sur les vêtements. Pour nettoyer la corde, essuyez-la de temps en temps avec une éponge humide ou un bouchon en liège fendu.

FAIRE SÉCHER LES PULLS

Le pull gardera sa forme grâce au collant.

Éviter de les élargir
Suspendez le pull en passant une vieille paire de collants dans les manches et en fixant les pinces à linge au collant plutôt qu'au le pull.

COLLANTS ET CHAUSSETTES
● **Éviter les accrocs.** Accrochez une pince à linge aux pieds des collants et des bas. Cela les empêchera de s'envoler, de s'emmêler ou de se déchirer.

Faire sécher les chaussettes
Gain de place : accrochez les chaussettes sur un cintre à l'aide de pinces à linge. Vous les rentrerez plus facilement en cas de pluie.

LES ASTUCES DE SÉCHAGE
● **Les ceintures.** Pour les faire sécher, passez-les autour de la corde à linge et fermez la boucle.
● **Les jupes plissées.** Après les avoir lavées, accrochez-les à la corde à linge par la taille. Accrochez une pince à linge au bas de chaque pli afin qu'ils sèchent bien en place.

Des draps qui sèchent vite
À l'aide de pinces, accrochez le drap à chaque extrémité, puis, de chaque côté, vers le centre. Ainsi, l'air pourra bien circuler.

ASTUCE ÉCONOMIQUE

Utilisez les pinces à linge pour tout accrocher dans la maison. Elles sont pratiques pour refermer les sachets de nourriture et tiennent aussi bien les messages et les listes que les gadgets vendus à cet effet.

LE SÉCHAGE AU SÉCHOIR ÉLECTRIQUE

LES SÉCHOIRS électriques fonctionnent mieux lorsqu'ils sont à moitié pleins – les vêtements sèchent plus vite s'ils ont assez d'espace pour bouger. Ne les laissez pas sécher trop longtemps car vous auriez du mal à les repasser. Nettoyez le filtre après chaque utilisation.

UTILISER LE SÉCHOIR

● **Éviter les faux plis.** Certains articles n'ont pas besoin d'être repassés s'ils sont séchés au séchoir. Retirez les vêtements du séchoir dès qu'ils sont secs et pliez-les ou suspendez-les immédiatement.

● **Les voiles assouplissants.** Placez-les dans le séchoir pour éviter que le linge ne se froisse – surtout le linge que vous ne souhaitez pas repasser. Utilisez une demi-feuille à la fois, elle sera aussi efficace qu'une feuille entière.

● **Essorer.** Utilisez votre séchoir pour essorer les vêtements lavés à la main. Pensez à placer les lainages dans une taie d'oreiller.

L'ASSOUPLISSANT

Un assouplissant économique
Pour remplacer les voiles assouplissants vendus dans le commerce, faites tremper un gant pendant quelques minutes dans un mélange d'eau et de liquide assouplissant. Essorez l'excédent, puis placez le gant dans le séchoir électrique avec le linge à sécher.

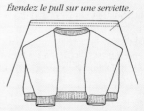

LE SÉCHAGE À PLAT
Étendez le pull sur une serviette.

Les vêtements fragiles doivent toujours être séchés à plat. Essorez-les d'abord dans une serviette pour retirer un maximum d'eau, remettez-les en forme et mettez-les à sécher sur une serviette sèche. N'exposez pas les vêtements en train de sécher à la lumière du soleil car cela les décolorerait.

AÉRER ET AMIDONNER LE LINGE

SUSPENDEZ les grands articles sur des fils parallèles afin de répartir le poids et de laisser l'air circuler librement. Étendez les oreillers et les couvertures pour les aérer. Vous pouvez créer un étendoir intérieur en vous inspirant des conseils donnés ci-dessous.

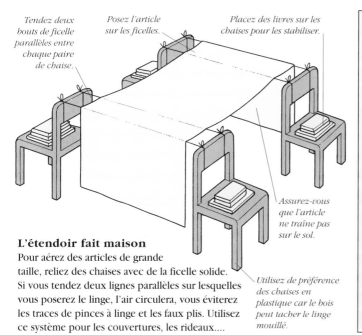

Tendez deux bouts de ficelle parallèles entre chaque paire de chaise.

Posez l'article sur les ficelles.

Placez des livres sur les chaises pour les stabiliser.

Assurez-vous que l'article ne traîne pas sur le sol.

L'étendoir fait maison
Pour aérez des articles de grande taille, reliez des chaises avec de la ficelle solide. Si vous tendez deux lignes parallèles sur lesquelles vous poserez le linge, l'air circulera, vous éviterez les traces de pinces à linge et les faux plis. Utilisez ce système pour les couvertures, les rideaux....

Utilisez de préférence des chaises en plastique car le bois peut tacher le linge mouillé.

L'AMIDON
Appliquez l'amidon sur l'endroit du tissu.

L'amidon donne de l'apprêt aux vêtements et au linge de maison et retarde le dépôt de la saleté. Évitez les peluches sur les verres lorsque vous les essuyez, en rinçant les torchons dans une solution légèrement amidonnée. Appliquez toujours l'amidon sur l'endroit du vêtement sec, juste avant de le repasser. L'amidon en aérosol est plus facile à utiliser, mais l'effet est moins durable.

LE REPASSAGE DES VÊTEMENTS

COMMENCEZ toujours par les vêtements qui doivent être repassés à fer doux, puis augmentez la chaleur du fer en fonction du linge. Le repassage est plus facile si les vêtements sont légèrement humides.

REPASSER LES VÊTEMENTS COURANTS

PROCÉDEZ par mouvements longs et réguliers. Les vêtements qui viennent d'être repassés se froissent facilement, alors accrochez-les sur un cintre – ne vous contentez pas de les poser sur une chaise (surtout pas sur une chaise en bois dont la couleur pourrait déteindre sur les vêtements).

SYMBOLES DE REPASSAGE
Il existe quatre symboles de repassage : très chaud, chaud, tiède et ne pas repasser.

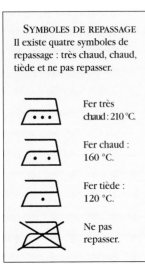

Fer très chaud : 210 °C.

Fer chaud : 160 °C.

Fer tiède : 120 °C.

Ne pas repasser.

MATÉRIEL
● **Sécurité.** Vérifiez que vous n'avez pas brûlé le fil électrique avec le fer et abîmé la protection qui l'entoure.
● **Les fer à vapeur.** Videz le fer après utilisation pour éviter qu'il ne se bouche. Retirez les dépôts de calcaire avec un anticalcaire ou du vinaigre blanc.
● **Les tables à repasser.** Choisissez une table à repasser réglable car vous aurez mal au dos si vous repassez à la mauvaise hauteur. Amidonnez la housse de la table à repasser pour qu'elle reste propre et garde son apprêt.

ASTUCE ÉCOLOGIQUE

Économisez de l'énergie
Placez du papier aluminium sous la housse de la table à repasser. Il renvéra la chaleur.

DES MÉTHODES SIMPLES
● **Les attaches.** Repassez autour (non par-dessus) les fermetures à glissière et les boutons. Les fermetures métalliques pourraient abîmer votre fer.

● **Les coutures et les ourlets.** Pour éviter de les marquer, repassez le vêtement à l'envers. Arrêtez-vous juste avant le bord de l'ourlet ou de la couture.

NETTOYER LES FERS

Nettoyez votre fer quand il est froid. À moins que votre fer ne soit antiadhésif, nettoyez la semelle avec du dentifrice et un chiffon doux. Frottez les taches tenaces avec une paille de fer très fine. Lavez les semelles antiadhésives avec une éponge et de l'eau chaude additionnée de détergent ou de l'alcool à brûler.

Les tissus délicats
Repassez-les à travers un morceau de tissu propre ou de papier de soie. Humidifiez le vêtement bien uniformément.

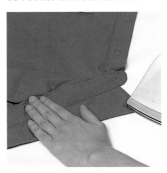

Repasser les cols
Repassez-les des deux côtés, en commençant par l'envers. Repassez vers l'intérieur pour éviter de créer de faux plis.

LES ARTICLES PARTICULIERS

Certains tissus demandent une attention particulière. L'acétate, les triacétates et certains polyesters doivent être bien humidifiés et repassés sur l'envers. Repassez à sec et sur l'envers les vêtements en acrylique. Repassez toujours sur l'envers et avec une pattemouille le velours côtelé et le crêpe.

LE LINGE DE MAISON
● **Pour gagner du temps.** Pliez en deux les objets de grande taille et repassez un côté. Pliez-les à nouveau et repassez les deux autres côtés. Cette méthode est également valable pour les torchons, les serviettes et les mouchoirs.
● **Le linge de grande taille.** Évitez de le laisser traîner en posant la partie repassée sur le dos d'une chaise. Recouvrez d'abord le dossier des chaises en bois avec une serviette afin de ne pas tacher le tissu.

LES JUPES PLISSÉES

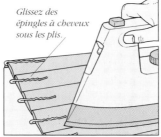

Glissez des épingles à cheveux sous les plis.

Fixer les plis
Utilisez des épingles à cheveux pour garder les plis à leur place. Repassez la jupe sauf l'ourlet, puis retirez les épingles; repassez.

LES TISSUS ÉPAIS

Vous pouvez utiliser une taie d'oreiller ou un mouchoir.

Éviter de les rendre brillants
Pour éviter que les tissus épais comme la laine ou la rayonne de viscose ne brillent, repassez-les avec une pattemouille.

REPASSER LES PETITS ARTICLES INHABITUELS
● **Les garnitures.** Si certaines doivent être repassées à fer moins chaud que l'ensemble du vêtement, repassez-les en premier.

● **Les rubans.** Pour défroisser rapidement un ruban, prenez-le par chaque extrémité, puis faites-le glisser le long d'une bouilloire métallique chaude.

Découpez un patron à la taille de la cravate.

Les cravates sans faux plis
Glissez un patron en carton à l'intérieur de la cravate avant de la repasser, afin que la couture ne se voie pas sur le devant.

Retournez la broderie sur une serviette.

Repasser des broderies
Posez la broderie à l'envers sur une serviette-éponge et repassez sur l'envers. De cette façon, vous n'écraserez pas la broderie.

HUMIDIFIER LE LINGE

Le linge trop sec est difficile à repasser, humidifier le linge avec un vaporisateur à plantes. Vous pouvez également mettre le linge au séchoir avec une serviette mouillée sur un cycle froid. Si vous ne pouvez pas tout repasser, gardez votre linge humide en le plaçant au congélateur dans un sac en plastique.

DES SOLUTIONS POUR ÉVITER DE REPASSER
● **Le linge séché au séchoir électrique.** Sortez le synthétique (mélange coton et polyester) du séchoir dès que le cycle est terminé. Suspendez les vêtements sur des cintres pendant qu'ils sont encore chauds; ils se défroisseront en refroidissant.

● **Les tissus qui ne se repassent pas.** Remettez en place les cols, les coutures et les plis pendant qu'ils sont humides.
● **Le velours et la soie.** Faites sécher ces vêtements dans la salle de bains remplie de vapeur qui les défroissera.

● **Vous êtes pris au dépourvu sans fer à repasser ?** Placez le vêtement sous votre matelas pour la nuit. Il sera repassé par votre chaleur corporelle et votre poids. Au préalable, humidifiez les plis des pantalons avec une serviette mouillée.

L'ENTRETIEN DES VÊTEMENTS

Pour garder des vêtements en bon état, il faut en prendre soin. Posez-les sur un cintre dès que vous les retirez. Brossez-les avant de les remettre. Ne portez jamais deux jours de suite les mêmes vêtements ou les mêmes chaussures.

RÉSOUDRE LES PROBLÈMES

Les problèmes de boutons décousus et de collants filés surgissent couramment. Si vous ne parvenez pas à remonter une fermeture, tirez-la vers le bas, défroissez le tissu et recommencez. Si vous peinez pour remonter une fermeture au dos d'un vêtement, passez un fil dans le curseur et tirez.

LES BOUTONS

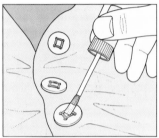

Des boutons bien fixés
Passez du vernis à ongles sur le fil des boutons des vêtements neufs. Cousez les boutons des vêtements d'enfants avec du fil dentaire.

LES FERMETURES À GLISSIÈRE

Des fermetures qui glissent
Passez un crayon de papier sur une fermeture qui accroche. Reportez-vous p. 149 pour savoir comment réparer les fermetures abîmées.

L'ENTRETIEN DES COLLANTS

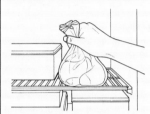

Mouillez-les et placez-les au congélateur dans un sac en plastique pendant quelques heures avant de les porter pour la première fois. Pour stopper une échelle, appliquez du vernis à ongles transparent.

LES PETITES RÉPARATIONS

Il vaut mieux prévenir que guérir, alors, par exemple, n'hésitez pas à recoudre des boutons qui commencent à se détacher. Réparez les accrocs et retirez les taches sans délai et toujours avant de laver le vêtement. Consultez les astuces pour la couture p. 148-149.

LES AURÉOLES

Tenez l'auréole au-dessus de la vapeur.

Utiliser la vapeur
Une auréole peut apparaître après avoir appliqué de l'eau sur un vêtement taché. Placez l'auréole au-dessus de la vapeur faite par une bouilloire jusqu'à disparition.

LES ZONES QUI BRILLENT

Appliquer de l'ammoniaque
Les parties qui s'usent beaucoup deviennent souvent brillantes. Appliquez 15 ml d'ammoniaque diluée dans 500 ml d'eau à l'aide d'une éponge.

RECYCLER LE LINGE

Transformez une vieille nappe en serviettes de table ou fabriquez des taies d'oreillers à partir de vieux draps. Utilisez les vieux imperméables en plastique pour recouvrir les livres d'école.

PRENDRE SOIN DES VÊTEMENTS

Il EST essentiel de ranger correctement les vêtements pour qu'ils ne s'abîment pas. Après avoir porté un vêtement, aérez-le avant de le ranger dans un placard. Retirez les peluches des vêtements avec du ruban adhésif enroulé autour d'un de vos doigts ou avec une éponge humide.

ÉVITER LES FAUX PLIS

● **Dans les tiroirs.** Pliez les vêtements dans la largeur si vous les rangez dans un tiroir. Les faux plis disparaîtront plus rapidement.

LES FOULARDS

Roulez les foulards à plat.

Le rouleau doit être au moins aussi large que le foulard.

Les ranger dans un tiroir
Enroulez vos foulards en soie autour d'un rouleau en carton de papier aluminium. Lorsque vous les rangerez dans un tiroir, ils ne prendront pas de faux plis.

MODIFIER LES CINTRES

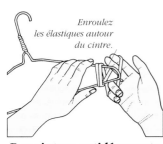

Enroulez les élastiques autour du cintre.

Des cintres antidérapants
Empêchez les vêtements de glisser des cintres en enroulant deux ou trois élastiques aux deux extrémités.

L'ENTRETIEN DES FOURRURES ET DES PEAUX

● **Le daim.** Frottez les sacs et les chaussures avec un bout de velours pour retirer les fils et les peluches. Astuce efficace sur les vêtements foncés.

GAGNER DE LA PLACE DANS LES PLACARDS

● **Suspendre les vêtements.** Glissez des crochets à rideaux de douche sur la tringle de votre penderie pour y suspendre ceintures et sacs.

● **Les accessoires.** Accrochez dans votre penderie un porte-chaussures en plastique qui vous servira pour ranger vos chaussettes et d'autres choses.

LES ROBES LONGUES

Bien les suspendre
Évitez qu'elles ne traînent par terre en cousant des passants à l'intérieur au niveau de la taille. Suspendez-les à l'envers en glissant les passants sur un cintre.

Lorsque vous utilisez un cutter, découpez toujours vers l'extérieur.

Fabriquer un cintre à jupes
Avec un cutter, faites des entailles en V aux extrémités d'un cintre en bois dans lesquelles vous glisserez les passants des jupes.

● **Les fourrures.** Portez un foulard, pour empêcher votre maquillage de se déposer sur le col. Ne vaporisez pas de parfum sur votre fourrure.

IDÉE LUMINEUSE

Si vous n'avez pas de place pour suspendre vos jupes, enroulez-les autour de sacs en plastique ou de papier de soie pour qu'elles ne se froissent pas, puis rangez-les dans un tiroir.

LES ACCESSOIRES

Ne jetez jamais les accessoires de bonne qualité.

● **Les chapeaux.** Rangez-les dans des sacs en plastique. Gonflez les sacs et fermez-les avec du ruban adhésif.
● **Les gants.** Les traces sur les gants de couleurs claires se retirent facilement à l'aide d'une gomme. Lavez vos gants avec un produit approprié et enfilez-les pendant qu'ils sèchent pour qu'ils reprennent leur forme.
● **Les boutons.** Avant de jeter un vêtement, retirez les boutons et gardez-les. Conservez les séries de boutons dans des petits sachets en plastique pour en connaître le nombre.

LE RANGEMENT

NE LAISSEZ pas les vêtements s'entasser dans vos placards car ils manqueraient d'aération et se froisseraient. Faites de la place dans vos penderies en rangeant ailleurs les vêtements hors saison. Installez par exemple une tringle métallique sur roulettes dans une pièce inutilisée.

LES PLACARDS HUMIDES

● Lutter contre l'humidité. Placez-y une boîte remplie de charbon de bois après avoir fait des trous dans le couvercle.

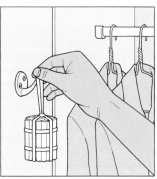

Avec la craie
Attachez 12 morceaux de craie ordinaire et suspendez-les à l'intérieur d'un placard. La craie absorbera l'humidité.

RANGER LE LINGE

● Éviter le jaunissement. Enveloppez votre linge de maison dans des sacs en plastique ou de l'aluminium.

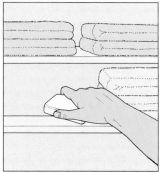

Des placards parfumés
Placez un savon (sans l'emballage) dans les placards de linge – il parfumera le linge et, en séchant, durera plus longtemps.

FAIRE SES BAGAGES

Placez vos flacons de produits de beauté dans des sacs en plastique fermés. Répartissez les vêtements des différents membres de la famille dans toutes les valises – ainsi, si une valise se perd, personne ne sera complètement démuni.

● Gagner de la place. Garnissez les chaussures de petits articles (chaussettes...), avant de les glisser dans des sacs.
● Être prévoyant. Emportez deux grands sacs en plastique vides pour le retour – un pour le linge sale, l'autre pour le linge humide.
● Prenez soin de vos valises. Au retour, placez deux morceaux de sucre à l'intérieur pour absorber les odeurs.

PROTÉGER LE LINGE DES MITES

LES MITES prolifèrent dans la poussière et la saleté, alors aérez bien votre linge avant de le ranger. Ne tapissez pas l'intérieur des tiroirs avec du papier peint préencollé car il attire les mites. Voyez p. 52 comment traiter les moisissures qui abîment parfois le linge lorsqu'il est rangé.

LES ANTIMITES NATURELS

Écorces et clous de girofle
Dispersez des écorces d'agrumes parmi vêtements et chaussures dans les placards et les tiroirs. Placez des clous de girofle entiers dans les poches des manteaux et entre les pulls en laine.

Fermez le haut du sachet avec un ruban.

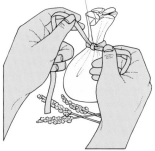

Les sachets de lavande
Placez une poignée de lavande dans un carré de mousseline. Disposez les sachets dans les tiroirs et les commodes. Ils éloigneront les mites et parfumeront le linge.

DRAPS ET COUVERTURES

● Traiter par la chaleur. Si vous soupçonnez la présence d'œufs de mites dans vos draps et taies d'oreillers, étendez-les au soleil pendant quelques heures ou passez-les au séchoir.
● Préparation antimite. Mélangez 45 ml d'huile d'eucalyptus, 225 ml d'alcool à brûler et 225 g de savon en paillettes dans un bocal et secouez longuement. Ajoutez 15 ml de ce mélange à 4,5 litres d'eau chaude et immergez la couverture. Laissez-la tremper en remuant jusqu'à ce qu'elle soit propre. Ne rincez pas, essorez soigneusement, puis laissez-la sécher à l'air libre.

L'ENTRETIEN DES CHAUSSURES

LES CHAUSSURES constituent une partie essentielle d'une garde-robe. Nettoyez-les bien, vérifiez leur état et faites-les réparer aux premiers signes d'usure. Aérez-les après les avoir portées et utilisez des embauchoirs pour préserver leur forme.

NETTOYER LES CHAUSSURES

LES CHAUSSURES en cuir bien cirées résistent aux taches. Appliquez du cirage, laissez-le toute la nuit puis faites briller le lendemain matin. Clouez un bouchon en métal au dos de votre brosse à chaussures avec lequel vous pourrez retirer la terre et la boue des talons et des semelles.

VERNIES

Faites briller avec un chiffon doux.

Les faire briller
Appliquez de la vaseline sur les chaussures vernies – elle les fera briller et les empêchera de coller. Faites briller soigneusement.

DAIM

Assurez-vous que les chaussures soient sèches.

Utilisez une gomme propre.

Retirer les taches
Utilisez une gomme pour retirer la boue et la terre et pour redresser le poil. Utilisez un détachant approprié sur les taches de graisse.

TOILE

Faites mousser le shampooing.

Le shampooing à moquette
Trempez une brosse à dents dans le shampooing pour nettoyer les chaussures. Imperméabilisez les chaussures neuves.

L'ENTRETIEN DES CHAUSSURES

APPLIQUEZ de l'huile de ricin ou de l'huile de lin sur les semelles en cuir neuves pour les protéger. Rangez vos chaussures à l'abri des rayons du soleil (en particulier les bottes en plastique qui n'y survivraient pas). Camouflez les éraflures avec un feutre ou un crayon gras de la même couleur.

LE PAPIER JOURNAL

Bourrez les chaussures et les bottes mouillées avec du papier journal pour les faire sécher plus vite. Pour élargir des chaussures, laissez-les une nuit bourrées de papier mouillé. Fabriquez un embauchoir pour des bottes avec des journaux roulés pour leur forme.

LES PROBLÈMES COURANTS
● **Les chaussures boueuses.**
Laissez-les sécher, puis grattez la boue avec un couteau émoussé ou un morceau de bois. Essuyez les taches avec un chiffon humide et bourrez les chaussures avec du papier journal ou un embauchoir pour préserver leur forme. Une fois sèches, cirez-les.
● **Un cirage de substitution.**
Utilisez une cire pour bois de la même couleur. Polissez bien.
● **Protéger les talons.** Passez une couche de vernis à ongles transparent sur les talons des chaussures neuves ou qui viennent d'être réparées – cela évite les éraflures.

ASTUCE ÉCOLOGIQUE

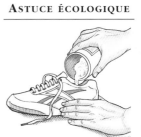

Saupoudrez généreusement l'intérieur des chaussures malodorantes avec du bicarbonate de soude. Laissez agir une nuit, puis videz les chaussures avant de les porter.

ENTRETIEN ET RÉPARATIONS

*C*ERTAINS *objets et surfaces requièrent
plus de soin qu'un nettoyage courant.
Prenez l'habitude d'intervenir
dès qu'un problème survient et d'effectuer
rapidement les petites réparations – en
ignorant les problèmes, on laisse la situation
s'aggraver. Lorsque vous faites le ménage,
notez les réparations à effectuer rapidement.
Rassemblez le matériel et les produits
nécessaires dans une boîte.*

LE MATÉRIEL D'ENTRETIEN ET DE RÉPARATION

Outre votre nécessaire de
nettoyage (voir p. 10-11),
prévoyez un choix de colles,
de papiers de verre et de brosses
ainsi que divers solvants
et produits d'entretien.

● **Les brosses et les pailles de fer.**
Pour appliquer et retirer les
produits, utilisez des pinceaux,
de vieilles brosses à dents
stérilisées et des pailles de fer.
● **Le papier de verre.** Achetez du
papier de verre de différents
grains; il vous servira pour toutes
sortes de tâches.
● **Les colles.** Utilisez la colle
appropriée à l'objet que vous
réparez. Gardez à portée de main
le solvant adapté à la colle que
vous utilisez, car la plupart des
colles sont difficiles à retirer.
Vous trouverez p. 51 des conseils
pour nettoyer les taches de colle.
● **Les solvants.** Prévoyez
de l'ammoniaque, de l'alcool à
brûler et de la térébenthine pour
le nettoyage. Rangez ces produits
hors de portée des enfants.
Portez toujours des gants lorsque
vous manipulez l'ammoniaque.
● **Les huiles et les cires.**
L'huile de lin est très utile pour
le bois et le cuir. Il existe
différents produits pour
l'entretien des métaux.

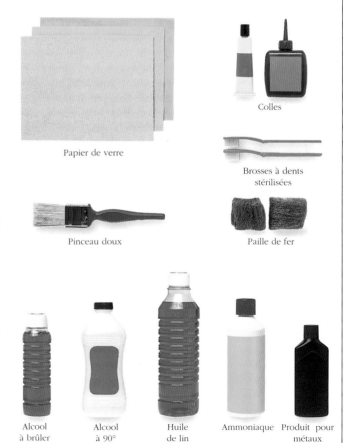

Papier de verre

Colles

Brosses à dents
stérilisées

Pinceau doux

Paille de fer

Alcool
à brûler

Alcool
à 90°

Huile
de lin

Ammoniaque

Produit pour
métaux

LE BOIS

LA PLUPART des maisons contiennent des objets, des meubles et des surfaces en bois de finitions très variées. Bien que résistant, le bois s'abîme. La cire le protège mais peut aussi l'encrasser en s'accumulant. Le bois ancien requiert des soins particuliers.

L'ENTRETIEN DU BOIS

LA COULEUR et la résistance du bois sont très variables d'une qualité à l'autre, mais aucun ne supporte l'air trop sec et les rayons du soleil. Placez les meubles en bois loin des rayons du soleil. Humidifiez l'atmosphère avec des plantes et des récipients remplis d'eau.

LE TECK

Portez des gants pour utiliser une paille de fer.

Appliquer l'huile de teck
Une ou deux fois par an, appliquez de l'huile avec une paille de fer très fine. Faites bien briller avec un chiffon doux. Dépoussiérez régulièrement.

LE CHÊNE

Appliquez la cire avec un pinceau doux.

Une encaustique maison
Cirez le chêne avec un mélange de 600 ml de bière, un petit morceau de cire d'abeille fondue et 10 g de sucre. Une fois sec, faites briller avec une peau de chamois.

RAVIVER LE BOIS

● **L'acajou.** Pour raviver l'acajou qui paraît terne, appliquez un mélange comprenant 15 ml d'huile de lin, 15 ml de térébenthine et 1 litre d'eau. Frottez bien et faites briller.
● **L'ébène.** Appliquez de la vaseline, laissez agir pendant une demi-heure, puis essuyez.
● **Les autres bois.** Le pin, le hêtre, l'orme et le noyer doivent être dépoussiérés régulièrement. Cirez-les avec une cire assortie à la couleur du bois. Pour entretenir le chêne, essuyez-le avec du vinaigre chaud. Séchez, puis astiquez.

FABRIQUER DE L'ENCAUSTIQUE

Les meubles anciens doivent être cirés avec de l'encaustique à base de cire d'abeille naturelle. Confectionnez votre propre encaustique en suivant la recette ci-dessous. Conservez-la dans un récipient à ouverture large afin de pouvoir y tremper un chiffon. Si l'encaustique durcit, placez le récipient dans de l'eau chaude.

Utilisez les gros trous de la râpe.

Versez la térébenthine sur la cire d'abeille.

L'eau doit être chaude mais pas bouillante.

Posez le couvercle sans le visser.

1 Râpez 50 g de cire d'abeille naturelle. Si la cire est difficile à râper, réchauffez-la au micro-ondes quelques secondes.

2 Placez la cire râpée dans un bocal. Ajoutez 150 ml de térébenthine (pas un produit de substitution), posez le couvercle.

3 Faites fondre la cire au bain-marie. Secouez jusqu'à ce que le mélange soit pâteux. Laissez refroidir.

RETIRER LES TACHES SUR LE BOIS

L E BOIS s'abîme au contact de la chaleur et se raye facilement. Évitez de poser des objets chauds directement sur le bois. Lorsqu'un liquide est renversé, essuyez-le immédiatement. Vérifiez que les bibelots ne risquent pas de rayer le bois et, si nécessaire, collez des morceaux de feutre dessous.

TACHE	PRÉCISIONS	TRAITEMENT
TACHES D'ALCOOL	L'alcool abîme le bois vernis et laisse des traces blanches. Essuyez immédiatement ce qui a été renversé et appliquez un traitement dès que possible.	Frottez la tache vigoureusement avec votre encaustique habituelle. Si c'est inefficace, frottez dans le sens du bois avec du nettoyant pour métaux et un chiffon doux.
LES BRÛLURES LÉGÈRES	Sur le bois massif, elles peuvent généralement être réparées. Sur les placages, il est parfois nécessaire de remplacer la partie abîmée par du placage neuf.	Frottez avec du nettoyant pour métaux. S'il s'agit de bois brut, poncez la partie abîmée avec du papier de verre, recouvrez-la avec du buvard mouillé puis du film étirable. Laissez agir une nuit.
LES BRÛLURES PROFONDES	Le traitement est plus radical que pour les brûlures superficielles. N'essayez pas de réparer vous-même les objets de valeur; il leur faut les soins d'un expert.	Grattez le bois brûlé avec un couteau aiguisé. Comblez avec de la pâte à bois. Une fois sèche, poncez avec du papier de verre, puis appliquez une peinture assortie.
LES MARQUES DE PLATS CHAUDS	Un plat chaud posé sur une surface en bois laisse une marque blanche. Utilisez des dessous-de-plat pour protéger le bois des plats et des casseroles.	Frottez dans le sens du bois avec du nettoyant pour métaux ou appliquez un mélange d'huile végétale et de sel. Laissez agir pendant quelques heures, puis encaustiquez.
LES ENTAILLES	Traitez dès que possible. Le placage entaillé peut se fendre, auquel cas il faut découper le morceau abîmé et le remplacer par un morceau neuf.	Remplissez l'entaille avec de l'eau chaude qui fera gonfler le bois. Sinon, recouvrez-la d'un papier buvard humide et appliquez un fer chaud dessus.
LES RAYURES	Il existe des produits destinés à masquer les rayures dans des couleurs assorties aux différentes qualités de bois. Vous pouvez également appliquer le traitement expliqué ci-contre.	Frottez avec de l'encaustique à base de cire d'abeille et un peu d'huile de lin et faites bien briller. Sinon, utilisez un crayon gras ou du cirage d'une couleur assortie.
LES TACHES D'EAU	L'eau tache le bois et, s'il s'agit de bois brut, le fait gonfler. Essuyez l'eau renversée dès que possible et laissez bien sécher avant d'appliquer un traitement.	Frottez dans le sens du bois avec du nettoyant pour métaux ou ajoutez un peu de cendre de cigarette à de la vaseline que vous appliquerez sur la tache en frottant bien.
LES TACHES DE GRAISSE	La graisse laisse une tache foncée indélébile sur le bois si elle n'est pas nettoyée tout de suite. Retirez le dépôt de graisse en surface avec du papier absorbant ou un torchon.	Utilisez du vinaigre pur pour dissoudre la graisse, puis essuyez la surface avec un chiffon imbibé d'eau chaude additionnée d'un volume égal de vinaigre.

LES MEUBLES EN BOIS

LES MEUBLES modernes sont parfois constitués d'aggloméré ou de contreplaqué recouvert de placage. Les petites réparations, telles que celles nécessaires pour les tiroirs difficiles à ouvrir, sont relativement faciles et rapides à effectuer. Pour les grosses réparations, adressez-vous à un spécialiste.

TRAITEMENTS PARTICULIERS

● **Raviver un vernis terne.** Mêlez 30 ml de térébenthine, 30 ml de vinaigre blanc, 30 ml d'alcool à brûler et 15 ml d'huile de lin. Secouez et appliquez au chiffon.

● **Dépôts de cire.** Appliquez du vinaigre et de l'eau pour les éliminer. Essuyez aussitôt.

● **Le papier collé.** Humidifiez le papier collé sur du bois avec de l'huile d'amande douce. Laissez agir quelques minutes, puis faites rouler le papier sous vos doigts pour le retirer.

● **Les chaises cannées.** Si l'assise est distendue, imprégnez-la d'eau très chaude, puis laissez la chaise sécher au soleil.

LES TABLES BOITEUSES

Découpez le liège à la forme du pied.

Rallonger un pied trop court
Si un pied de table est plus court que les autres, découpez un morceau de liège de la bonne épaisseur et de la bonne largeur. Fixez-le sous le pied de table avec de la colle à bois.

LES TIROIRS RÉCALCITRANTS

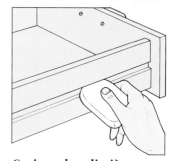

Graisser les glissières
Frottez les glissières avec du savon ou de la cire de bougie. Si le tiroir continue à se coincer, frottez les glissières avec du papier de verre très fin et repassez une couche de savon ou de cire de bougie.

LES OBJETS EN BOIS

LA PLUPART des maisons contiennent toutes sortes d'objets en bois (bibelots, ustensiles de cuisine, instruments de musique). Ces objets doivent être entretenus régulièrement pour empêcher le bois de se dessécher ou de se fendre. Ne les exposez pas aux rayons du soleil, car ils terniraient leur couleur.

L'ENTRETIEN DES USTENSILES DE CUISINE

● **Les ustensiles neufs.** Faites-les tremper dans du vinaigre de cidre pendant une nuit pour les empêcher d'absorber l'odeur des aliments. Séchez-les.

● **Les ustensiles anciens.** Pour les remettre en état, frottez-les dans le sens des fibres avec une paille de fer fine. Appliquez un peu d'huile végétale et frottez longuement.

LES AUTRES OBJETS

● **Les coffrets.** Faites briller et parfumez les coffrets en bois en les frottant avec des feuilles de citronnelle. Ravivez l'odeur du bois en le ponçant légèrement avec du papier de verre fin.

Les saladiers
Frottez les saladiers neufs avec un chiffon doux imprégné d'huile d'olive. Ne les lavez pas. Rincez-les à l'eau chaude. Une fois secs, remettez de l'huile d'olive.

Recouvrez toute la planche.

Les planches à découper
Comblez les fentes dans les planches à découper (provoquées par le dessèchement du bois) en les recouvrant d'un torchon humide pendant plusieurs heures.

Versez une poignée de riz.

Les instruments de musique
Retirez la poussière à l'intérieur des instruments à cordes en versant du riz dans la caisse. Secouez doucement, puis renversez le riz sur un journal.

LE MÉTAL

NETTOYEZ régulièrement les objets en métal, sinon ils ternissent et, dans certains cas, des taches de vert-de-gris apparaissent. Si vous n'avez pas le temps d'effectuer un nettoyage méticuleux, il existe des moyens de faire briller rapidement différents métaux.

NETTOYER L'ARGENTERIE

L'ARGENTERIE ternit; il faut donc la nettoyer souvent. Il existe un certain nombre de méthodes différentes, certaines plus adaptées que d'autres à différentes sortes d'argenterie. Il est parfois nécessaire d'avoir plusieurs produits, en fonction de la taille de vos objets.

LE MATÉRIEL POUR NETTOYER L'ARGENTERIE

Utilisez du nettoyant liquide ou des tissus imprégnés de nettoyant pour les objets de grande taille et du nettoyant pour bijoux. Utilisez une brosse à dents douce pour les objets ciselés et un chiffon pour faire briller. Si vous utilisez rarement votre argenterie, rangez-la dans un sac en feutrine ou emballez les objets dans du papier de soie - cela évitera qu'ils ternissent. L'argenterie se conserve mieux si elle est utilisée.

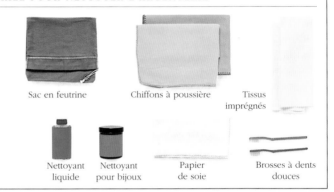

Sac en feutrine Chiffons à poussière Tissus imprégnés

Nettoyant liquide Nettoyant pour bijoux Papier de soie Brosses à dents douces

---

LES MÉTHODES DE BASE

● **Entretien courant.** Lavez votre argenterie régulièrement avec de l'eau chaude et du produit à vaisselle. Dépoussiérez et lavez les bibelots une fois par semaine.

Frottez les noircissures doucement mais fermement pendant plusieurs minutes.

Nettoyer l'argenterie ciselée
Appliquez du produit nettoyant à l'aide d'une brosse à dents douce. Vous pouvez également appliquer le produit avec un Coton-Tige ou un bâtonnet entouré de coton.

● **À faire et à éviter.** Nettoyez l'argenterie près d'une fenêtre ouverte pour que les vapeurs du produit se dissolvent. Ne frottez pas les poinçons trop fort, ils s'effaceraient.

Les gants évitent les traces de doigts.

L'argenterie étincelante
Après avoir nettoyé l'argenterie, enveloppez-la dans du papier de soie ou placez-la dans un sac en feutrine. Portez des gants pour éviter les traces de doigts.

UNE ARGENTERIE BRILLANTE

● **Éviter les ternissures.** Ne la rangez pas dans des sacs en plastique ou du film étirable.
● **D'autres produits nettoyants.** Pour rendre son brillant à de l'argenterie oxydée, versez une poignée de cristaux de soude dans un récipient en aluminium rempli d'eau chaude. Placez-y les objets et retirez-les dès qu'ils ne sont plus ternes. Rincez et faites briller. Vous pouvez également utiliser une pâte à base de sel et de jus de citron. Faites briller l'argenterie en la frottant avec un chiffon et une goutte de white-spirit.
● **Des tissus nettoyants faits maison.** Plongez des morceaux de tissu (coton) dans un mélange comprenant deux volumes d'ammoniaque, un volume de nettoyant pour l'argenterie et dix volumes d'eau. Faites-les sécher sur un fil, sans essorer.

PROTÉGER LES OBJETS EN ARGENT

NETTOYEZ l'argenterie au premier signe de ternissure. Achetez un sac en feutrine comportant des compartiments pour les différents objets. Ne nettoyez pas trop fort l'argenterie ancienne – car son charme réside justement dans son aspect vieilli, et il n'est pas nécessaire qu'elle ait l'air flambant neuve.

LES USTENSILES EN ARGENT

● **Les salières.** Retirez le sel après chaque utilisation.

● **Les cafetières.** Nettoyez les taches intérieures en les frottant avec un morceau de paille de fer très fine trempée dans du vinaigre blanc pur et du sel.

● **Les théières.** Pour nettoyer l'intérieur des théières, remplissez-les d'eau bouillante et ajoutez une poignée de cristaux de soude. Laissez agir une nuit, puis rincez.

● **Les bougeoirs.** Retirez la cire en versant de l'eau très chaude sur le bougeoir. Faites fondre la cire sur le pied du bougeoir avec un sèche-cheveux.

LE RANGEMENT

Le sucre absorbe l'humidité.

Éviter l'odeur de moisi

Placez deux morceaux de sucre à l'intérieur des cafetières lorsque vous ne les utilisez pas. Rangez-les sans leur couvercle.

ASTUCE À L'ANCIENNE

Le sel, le jaune d'œuf, le brocoli et le poisson sont tous des ennemis notoires de l'argenterie – car ils la font noircir. Si votre argenterie a été au contact d'un de ces aliments, lavez-la sans tarder, puis rincez et séchez-la soigneusement.

NETTOYER LES PETITS OBJETS

Le vernis empêche les réactions allergiques.

Le dentifrice est légèrement abrasif.

Les boucles d'oreilles

Passez une couche de vernis à ongles transparent sur les attaches pour éviter les infections.

Les ronds de serviette

Pour nettoyer les ronds de serviette, frottez-les avec un peu de dentifrice et un chiffon doux.

LE MÉTAL ARGENTÉ

● **Nettoyage.** Entretenez les objets en métal argenté comme s'ils étaient en argent massif. Ne polissez pas le vermeil car la couche d'or pourrait disparaître. Époussetez de temps en temps.

● **Raviver le métal argenté.** Trempez le métal argenté usé dans un produit approprié qui va le recouvrir d'une nouvelle couche d'argent. Ce produit disparaît peu à peu et devra être réappliqué. Ne pas l'utiliser sur les objets de valeur.

L'ENTRETIEN DES COUVERTS EN ARGENT

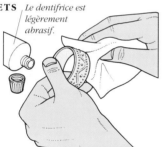

Recouvrez d'eau tous les couverts.

Lavez toujours les couverts en argent aussitôt après les avoir utilisés – cela empêche les aliments de ternir l'argenterie. Pour laver rapidement un grand nombre de couverts, posez-les sur des bandes de papier aluminium au fond d'une bassine. Recouvrez l'argenterie d'eau bouillante, puis ajoutez 45 g de bicarbonate de soude et laissez tremper pendant 10 mn.

● **L'argenterie et le lave-vaisselle.** Ne lavez jamais ensemble des couverts en argent et des couverts en Inox car l'argenterie peut piquer l'Inox.

● **Les manches décoratifs.** Pour blanchir les manches en os, appliquez une pâte à base de jus de citron et de craie de tailleur et laissez agir pendant une heure. Ne plongez pas dans l'eau les manches en os et en nacre car ils s'abîmeraient.

LE CHROME ET L'ACIER INOXYDABLE

Il EST très important de ne pas nettoyer le chrome avec un produit trop abrasif pour ne pas l'abîmer. Utilisez un nettoyant spécial chrome pour traiter la corrosion. L'Inox est facile à entretenir, mais les dépôts d'eau calcaire, les éclaboussures de graisse et le produit pour l'argenterie peuvent le tacher.

LE CHROME
● **Les petites taches.** Retirez-les à l'aide d'un peu d'eau et de produit à vaisselle.
● **Des robinets brillants.** Frottez-les avec une poignée de farine, puis polissez-les avec un chiffon doux. Voir p. 25 pour les robinets de la salle de bains.

Nettoyer le chrome
Utilisez du vinaigre blanc. Retirez les taches tenaces avec du bicarbonate de soude mélangé à de l'eau chaude. Rincez.

L'ACIER INOXYDABLE
● **Entretien courant.** Séchez-le soigneusement après l'avoir lavé pour éviter le dépôt d'une pellicule blanche. Ne le laissez pas tremper car il pourrait se piquer. Pour le faire briller, achetez un produit spécial ou faites comme indiqué ci-dessous.

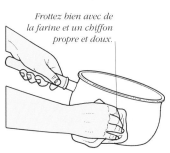

Frottez bien avec de la farine et un chiffon propre et doux.

Faire briller l'Inox
Frottez vos casseroles avec de la farine. Retirez les marques de cuisson avec un tampon à récurer et du jus de citron.

L'ENTRETIEN DES COUTEAUX

Enfoncez la lame du couteau dans le sol.

● **Éliminer les odeurs sur une lame.** Enfoncez-la dans la terre à plusieurs reprises. Lavez bien le couteau avant de vous en servir à nouveau.
● **Pour qu'ils restent aiguisés.** Rangez-les à part des autres ustensiles, dans un porte-couteaux en bois ou sur une barre aimantée, par exemple. Si vous les rangez avec les autres ustensiles, les lames s'émousseront – et vous risquez de vous blesser en prenant les autres objets dans le tiroir.

LA FONTE ET L'ÉTAIN

La FONTE doit être bien séchée, sinon elle rouille. Versez une bonne quantité d'huile dans une casserole en fonte avant de vous en servir. L'étain doit avoir un léger éclat et ne pas briller. Lavez-le à l'eau savonneuse et essuyez-le doucement. Retirez les taches de graisse avec un peu d'alcool à brûler.

LA FONTE

Faites pénétrer l'huile avec du papier absorbant.

L'entretien de la fonte
Après avoir lavé et séché un récipient en fonte, frottez-le avec de l'huile végétale. Si un récipient est rouillé, frottez-le avec 15 ml d'acide citrique et 600 ml d'eau.

L'ÉTAIN

La congélation n'abîme pas le métal.

Cassez la cire entre vos doigts.

Retirer la cire de bougie
Pour retirer la cire des bougeoirs en étain, placez-les au congélateur et la cire se cassera. Si des traces subsistent, faites-les fondre à l'aide d'un sèche-cheveux.

ASTUCE À L'ANCIENNE

Nettoyez vos objets en étain en les frottant avec des feuilles de choux ou plongez-les dans l'eau ayant servi à faire bouillir des œufs.

...ON ET LE CUIVRE

Pewter is an ancient alloy which was wrought into objects of art in Roman times. This early pewter, because of its lead content, was soft and soon became dull and lifeless.

Modern pewter is a non-toxic alloy of tin combined with small amounts of copper and antimony. To preserve its beauty, wash your pewter in warm soapy water and dry immediately with a soft cloth. A pewter polish may be used occasionally. With this little attention your pewter will bring many years of pleasure.

L'étain est un alliage ancien qui servait à fabriquer des objets d'art au temps des Romains. Mais ce type d'étain, à cause du plomb qu'il contenait, restait mou et perdait vite son éclat.

L'étain est un alliage non toxique, dans lequel l'étain est combiné à de petites quantités de cuivre et d'antimoine. Pour en préserver la beauté, nettoyez l'étain dans de l'eau chaude et savonneuse et essuyez-le immédiatement avec un linge doux. Vous pourrez appliquer de temps en temps un poli spécial pour l'étain. Vous pourrez ainsi jouir pendant de nombreuses années de vos articles en étain.

...ange toujours des gants lorsque vou... manipulez de l'ammoniaque.

...ême ma-...aque sur ...enir aussi

souvent. Lorsque vous nettoyez des incrustations en étain ou cuivre sur des meubles, utilisez un patron en carton pour ne pas tacher le bois avec du produit.

...LAITON

...casseroles en cuivre.
...ue l'intérieur des casseroles
...nence à montrer des signes
...re, faites-le refaire.

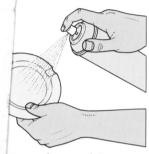

...ttoyer les cendriers
...rès avoir lavé un cendrier en
...ton ou en cuivre, pulvérisez un
...u de cire à l'intérieur. Il se
nettoiera facilement par la suite.

L'ENTRETIEN DU BRONZE

Le cirage fait briller le bronze.

● **Brillance.** Passez un peu de cirage ou d'huile végétale sur les objets en bronze pour qu'ils gardent leur éclat.
● **Nettoyage.** Époussetez le bronze avec un chiffon doux. Nettoyez les ciselures avec un Coton-Tige. Retirez les taches à la térébenthine.

LES AUTRES MÉTAUX

CERTAINS métaux précieux, tels que le platine et l'or, sont fréquemment utilisés en bijouterie. Protégez les bijoux en or en les rangeant à part des autres bijoux. Les feuilles d'or sont parfois utilisées dans l'encadrement et il faut manipuler les cadres avec soin pour ne pas les abîmer.

L'ENTRETIEN DE L'OR
● **Les chaînes.** Lavez-les dans un bol d'eau savonneuse avec une brosse à dents douce. Laissez sécher sur une serviette; frottez avec une peau de chamois.

Ranger les bijoux en or
Pour préserver leur éclat, rangez-les dans une peau de chamois. Lavez-les occasionnellement avec de l'eau savonneuse.

OBJETS DE GRANDE TAILLE
● **Les nettoyer.** Nettoyez les objets en or de grande taille avec un tissu imprégné pour l'argenterie. Faites briller avec une peau de chamois.

Appliquez la peinture avec un pinceau doux.

Réparer un cadre doré
Appliquez de la peinture dorée, disponible dans les magasins de matériel de beaux-arts. (La peinture dorée est toxique.)

NETTOYER LES MÉTAUX
● **Le platine.** Nettoyez-le en le plongeant pendant quelques minutes dans du produit nettoyant pour bijoux. Utilisez une brosse à dents douce pour les ciselures. Rincez et séchez.
● **Le plomb.** Frottez-le avec de la térébenthine ou du white-spirit. Trempez les objets sales cinq minutes dans un mélange d'un volume de vinaigre blanc pour neuf volumes d'eau, avec un peu de bicarbonate de soude. Rincez à l'eau distillée.
● **Le chrysocale.** Nettoyez à l'aide d'un coton avec un mélange de 10 ml d'ammoniaque pour 1/4 de litre d'eau chaude. Rincez avec un coton mouillé et séchez. N'utilisez pas de produit nettoyant pour le métal.

LE VERRE ET LA PORCELAINE

L ES OBJETS en verre ou en porcelaine que vous utilisez rarement doivent être lavés de temps à autre, car sinon la poussière accumulée forme une couche de saleté. Essuyez-les régulièrement avec un chiffon imprégné d'eau savonneuse, puis d'eau claire.

LE CRISTAL ET LE VERRE

L AVEZ les verres fragiles à la main (dans une bassine en plastique pour éviter de les casser) et séchez-les soigneusement. Ne mettez jamais de verre taillé ou de cristal fin au lave-vaisselle, car, à force, les produits de lavage, très puissants, laisseront une pellicule blanche impossible à retirer.

LAVER LE CRISTAL ET LE VERRE

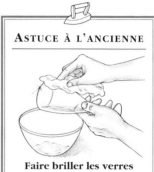

ASTUCE À L'ANCIENNE

Faire briller les verres
Confectionnez une fine pâte à base d'eau et de la levure chimique et appliquez-la sur les verres. Rincez, puis faites briller avec un chiffon doux.
Ce mélange est très efficace sur les pare-brise de voitures.

Les verres à pied
Lorsque vous les essuyez, tenez le torchon dans une main et faites tourner le verre à l'intérieur. En faisant l'inverse, vous risquez de briser le pied du verre.

Faire briller le verre
Après avoir lavé les verres, mettez des écorces de citron dans l'eau de rinçage. Le citron détruit les graisses et l'acidité qu'il contient fait briller le verre.

ENTRETENIR LE VERRE

● **Éviter la casse.** N'exposez pas vos objets en verre à des températures très élevées ou à des changements brutaux de température. Les décors dorés ou argentés peuvent disparaître s'ils sont lavés ou mis à tremper trop longtemps dans de l'eau très chaude.
● **Ranger les verres.** Ne posez pas les verres à l'envers, car une odeur de moisi peut se développer et les bords.
● **Supprimer les odeurs.** Lavez bocaux et bouteilles, puis laissez-les tremper dans un mélange de 5 g de graines de moutarde pour 1 litre d'eau chaude pendant une nuit. Rincez soigneusement.

QUELQUES ASTUCES POUR LE VERRE

Le verre du dessus est rempli de glaçons.

Versez de l'eau chaude dans le saladier.

Tenez bien le verre.

Utilisez du papier de verre.

Séparer des verres
Si deux verres sont collés, placez-les à la verticale dans un saladier. Déposez des glaçons dans le verre du haut pour qu'il se contracte. Versez de l'eau chaude dans le saladier, ainsi le verre extérieur s'élargira et se détachera.

Réparer un verre ébréché
Ne jetez pas les verres ébréchés. Frottez la partie ébréchée avec du papier de verre extra fin jusqu'à ce qu'elle soit lisse. Puis frottez autour de la brèche pour que la réparation soit moins visible.

LES OBJETS EN VERRE

L ES OBJETS en verre attirent la poussière et ils paraissent ternes s'ils ne sont pas lavés régulièrement. Ne laissez pas la saleté s'accumuler car le nettoyage deviendrait plus difficile. Si vous devez transporter des objets en verre pour les nettoyer, posez-les dans une corbeille remplie de journaux.

SOINS ET ENTRETIEN DES MIROIRS

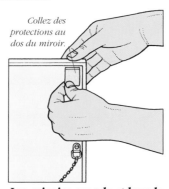

Collez des protections au dos du miroir.

Faire briller les miroirs

Appliquez quelques gouttes d'alcool à brûler avec un chiffon doux. Ne laissez jamais de liquide s'infiltrer sous les bords et derrière l'encadrement d'un miroir. Faites briller avec un chiffon doux et sec.

Les miroirs grands et lourds

Ils abîment souvent le papier peint ou la peinture des murs où ils sont accrochés. Pour éviter cela, fixez derrière les angles du miroir des morceaux de mousse ou de liège, à l'aide de colle ou d'un ruban adhésif double face.

LES LUSTRES

● **Un dépoussiérage régulier.** Chaque fois que vous nettoyez le salon, époussetez le lustre avec une tête-de-loup. Ainsi vous aurez moins souvent besoin d'effectuer un gros nettoyage.

● **Nettoyage.** Coupez l'électricité et laissez l'ampoule refroidir. Protégez le sol. Debout sur un escabeau, passez de l'eau additionnée de produit à vaisselle sur toutes les parties en verre. Dévissez et nettoyez chaque ampoule, et nettoyez les parties métalliques avec le produit adapté. Si vous devez démonter le lustre, faites un schéma qui vous aidera à le rassembler par la suite.

LES CARAFES ET LES VASES

● **Nettoyage.** Versez dedans une poignée de sel et 10 ml de vinaigre blanc. Secouez vigoureusement, puis rincez. Sinon, utilisez un mélange de vinaigre et d'eau additionné d'un peu de sable. Secouez bien et rincez.

● **Les taches dans les vases en cristal.** Remplissez le vase avec de l'eau et 30 ml d'ammoniaque. Laissez agir plusieurs heures, puis lavez et rincez. Portez des gants pour l'ammoniaque.

● **Les taches dans les carafes.** Retirez les taches de porto avec une solution d'eau de Javel. Rincez soigneusement la carafe – jusqu'à ce qu'il ne reste plus ni eau de Javel ni odeur.

● **Ranger les carafes.** Placez un petit sachet de silice (disponible chez les fleuristes) dans les carafes ; il absorbera l'humidité et empêchera les moisissures de se développer.

LES MONTRES

● **L'entretien.** Faites nettoyer l'intérieur par un bijoutier. Retirez toujours votre montre avant de mettre les mains dans l'eau pour éviter de faire rouiller le mécanisme intérieur.

Le nettoyant pour métaux élimine les rayures.

Frottez avec un mouvement circulaire.

Retirer les rayures

Éliminez les rayures sur le verre des montres en les frottant pendant 10 mn avec un chiffon enroulé autour de votre doigt imprégné de nettoyant pour métaux épais, puis faites briller.

LES LUNETTES

● **Les vis desserrées.** Pour éviter cela, appliquez du vernis à ongles transparent sur l'extrémité des vis. Vous pouvez également acheter un petit tournevis chez un opticien.

Trempez les lunettes dans l'eau savonneuse.

Nettoyer les lunettes

Lavez vos lunettes avec du produit à vaisselle et de l'eau. Pour éviter la formation de vapeur, frottez-les avec du produit à vaisselle pur ou appliquez un peu d'eau de Cologne ou de lotion tonique.

LA PORCELAINE ET LA FAÏENCE

Prenez soin de vos services en porcelaine; sinon, vous risquez de vous retrouver avec un lot d'objets dépareillés et ébréchés qu'il sera difficile de compléter. Si vous cassez un élément de votre service, remplacez-le dès que possible – certains modèles ne sont pas toujours suivis.

LES ASSIETTES EN PORCELAINE
● **Ranger la porcelaine.** Lorsque vous rangez des assiettes, placez entre chacune une assiette en carton – cela évite d'abîmer le décor de l'assiette du dessous avec le fond de l'assiette posée par-dessus.

LES PLATS
● **Éviter de les casser.** Avant d'utiliser un plat à four non émaillé, préparez l'extérieur en le frottant bien avec de l'oignon ou de l'ail. Cela accroîtra sa résistance aux fortes températures.

Le sable récurera l'intérieur du vase.

NETTOYER L'INTÉRIEUR DES THÉIÈRES

Le bicarbonate ne laisse ni arrière-goût ni odeur.

Frottez les taches jusqu'à ce qu'elles disparaissent.

1 Pour nettoyer l'intérieur d'une théière en porcelaine, trempez un chiffon humide dans du bicarbonate de soude.

2 Frottez soigneusement l'intérieur avec le chiffon, puis rincez bien. Rangez-la sans la fermer. Protégez le bec avec un pouce découpé dans un gant.

● **Le nettoyage.** Versez une poignée de sel ou de sable. Remplissez d'eau additionnée de produit à vaisselle ou versez un peu de vinaigre pur, et secouez bien. Laissez agir pendant une nuit, puis rincez.
● **Les grands vases.** Si un vase est trop profond pour les bouquets, placez du papier absorbant ou du papier journal froissé dans le fond.

RÉPARER LA PORCELAINE CASSÉE

Vous pouvez réparer les petits dégâts sur de la porcelaine, mais il vaut mieux confier les pièces de valeur à un spécialiste. Gardez les morceaux dans un sac en plastique jusqu'à ce qu'ils puissent être recollés. Il ne faut ni manger ni boire dans de la vaisselle ébréchée (les fissures retiennent les microbes).

RÉPARER LA PORCELAINE
● **Avec de la colle.** Essuyez les bords avec un morceau de tissu qui ne peluche pas (évitez le coton). Essayez de ne pas laisser de marques de doigts. Utilisez une colle époxy pour effectuer la réparation – l'objet pourra alors supporter un certain degré de chaleur.
● **Des pinces improvisées.** Lorsque vous recollez des petits morceaux, utilisez de la pâte à modeler ou des pinces à linge pour maintenir les morceaux pendant que la colle sèche.

RÉPARER UNE ANSE CASSÉE

Le sable maintient la tasse pendant que vous travaillez.

Vérifiez qu'il n'y a pas trop de colle.

1 Placez la tasse dans une boîte pleine de sable, l'anse vers le haut, pour qu'elle reste en place. Appliquez de la colle sur les bords de l'anse et sur la tasse.

2 Mettez l'anse en place. Essuyez l'excédent de colle autour de l'assemblage. Laissez la tasse dans le sable jusqu'à ce que la colle soit sèche.

LES MATÉRIAUX DE DÉCORATION

LES MATÉRIAUX de décoration requièrent plus de soin, que les matériaux ordinaires. Il n'est pas toujours possible de les nettoyer avec un produit ménager courant. Le marbre, l'albâtre, l'onyx et le jade, par exemple, nécessitent un traitement particulier.

LES SURFACES EN PIERRE

LA PIERRE peut être utilisée ailleurs que sur les murs et le sol. Toutefois, les surfaces en pierre sont souvent poreuses et ne doivent pas être mouillées. Comme elles se marquent facilement, il est important de traiter rapidement les taches. Attention, les pierres sont souvent lourdes à transporter.

L'ENTRETIEN

● Le marbre. Traitez les taches sans délai. Frottez les taches de vin, de thé ou de café avec un mélange comprenant un volume d'eau oxygénée pour quatre volumes d'eau. Essuyez et recommencez si nécessaire. Autres taches, voir ci-contre.

● L'albâtre. Il est très poreux. Nettoyez-le avec un peu de white-spirit ou de térébenthine. Ne mettez pas d'eau dans les vases en albâtre car ils fuient.

● Le jade. Vous pouvez le laver, mais essuyez-le tout de suite avec du papier absorbant. N'utilisez jamais de produits abrasifs.

RETIRER LES TACHES SUR LE MARBRE

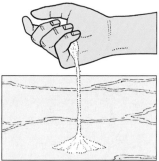 

Humidifiez le sel avec du lait caillé.

1 Recouvrez les taches sur le marbre avec du sel. Si c'est une tache superficielle, retirez le sel, puis remettez-en jusqu'à ce que la tache soit absorbée.

2 Si la tache persiste, versez du lait caillé sur le sel et laissez agir pendant plusieurs jours. Puis essuyez avec un torchon humide bien essoré.

L'OS ET LA CORNE

EN GÉNÉRAL, l'os, la corne et l'ivoire ne doivent pas être lavés, mais simplement essuyés. N'immergez pas les manches de couteau en os. Ne laissez pas l'os et la corne sous les rayons du soleil ni près d'une forte source de chaleur. Rincez les gobelets en corne après usage et séchez-les soigneusement.

L'ENTRETIEN DE L'OS

● Les brosses à cheveux. Nettoyez les brosses en écaille avec de la crème pour meubles, et les brosses en ivoire avec du white-spirit. Lavez-les sous l'eau courante sans les immerger et laissez-les sécher à la verticale.

● Les manches en os. Nettoyez les manches en os avec de l'alcool à brûler. Placez au soleil les manches décolorés ou frottez-les avec un mélange comprenant un volume identique d'eau oxygénée et de blanc (disponible chez les quincailliers).

L'IVOIRE

Les touches de piano
Frottez doucement les touches avec du dentifrice et un chiffon humide. Rincez-les avec du lait et faites briller.

L'ENTRETIEN DES PIANOS

● **Les touches en plastique.** Époussetez-les et nettoyez-les avec une peau de chamois et un mélange d'eau chaude et de vinaigre.

● **Les touches en ivoire.** Laissez le piano ouvert pendant les journées ensoleillées, ce qui blanchira les touches et les empêchera de jaunir. Les touches dont la couleur est très altérée doivent être confiées à un spécialiste.

● **Le mécanisme.** Retirez la poussière à l'aspirateur.

LES FAUTEUILS ET LES CANAPÉS

DÉPOUSSIÉREZ régulièrement fauteuils et canapés avec un aspirateur. Si vous les laissez s'encrasser, vous ne réussirez plus à les nettoyer. Lavez-les à sec si nécessaire. Un entretien régulier permet de conserver ses meubles plus longtemps.

LES MEUBLES CAPITONNÉS

CES MEUBLES demandent à être entretenus car ils s'usent, mais il faut peu de chose pour leur rendre l'aspect du neuf. Pour éloigner les mites et éliminer les odeurs, placez quelques morceaux de camphre derrière le dossier des canapés. Reportez-vous p. 32-55 pour le traitement des taches.

REMISE À NEUF
● **Recouvrir les sièges.** Habillez les fauteuils et les canapés usés en les recouvrant d'un grand morceau de tissu. Vous pouvez fabriquer de nouvelles housses.
● **Faire une pièce.** Exposez le tissu de la pièce au soleil pour que sa couleur ternisse et ne se distingue plus du reste.
● **Les meubles tapissés.** Pour raviver les couleurs de la tapisserie et la dépoussiérer, frottez-la avec du sel humide. Laissez agir une demi-heure, puis époussetez avec une brosse douce.

RÉPARER LES MEUBLES CAPITONNÉS

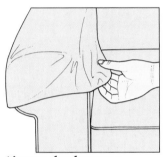

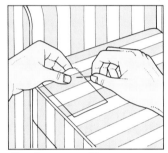

Ajouter des housses
Fabriquez des housses que vous placerez sur les parties usées pour les dissimuler et pour éviter qu'elles ne s'usent davantage.

Coudre une pièce
Découpez une pièce dans le même tissu et repliez ou punaisez les bords en dessous. Cousez la pièce à tout petits points.

LES MEUBLES EN CUIR

NE LES exposez pas aux rayons du soleil car ils pourraient se dessécher et se fendiller. Utilisez une crème nourrissante une ou deux fois par an pour que le cuir reste souple. Faites-la bien pénétrer afin qu'elle ne tache pas les vêtements. Époussetez régulièrement et nettoyez avec du savon pour cuir.

RETIRER LES TACHES

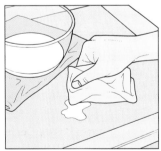

L'encre de stylo à bille
Utilisez du lait et un chiffon doux. Essuyez très rapidement les taches d'encre différentes puis passez une éponge avec de l'eau tiède ou un peu de white-spirit.

L'ENTRETIEN DU CUIR
● **Nourrir le cuir.** Pour que les meubles en cuir conservent leur aspect neuf, astiquez-les avec un chiffon imbibé de blanc d'œuf battu. Frottez vigoureusement avec un chiffon propre.
● **Vérifier s'il est lavable.** Pour savoir si un cuir est lavable, déposez une goutte d'eau sur un endroit peu visible. Si l'eau reste en surface, c'est que le cuir est lavable. Si l'eau est absorbée, cela signifie qu'il ne faut pas laver le cuir – à la place époussetez-le régulièrement et essuyez-le avec un chiffon à peine humide.

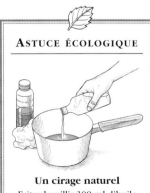

ASTUCE ÉCOLOGIQUE

Un cirage naturel
Faites bouillir 300 ml d'huile de lin, laissez refroidir; ajoutez 300 ml de vinaigre. Appliquez avec un chiffon, puis astiquez.

LES RIDEAUX ET LE LINGE DE MAISON

Pour les faire durer, prenez-en bien soin. Si vous déménagez, faites retoucher les rideaux pour qu'ils s'adaptent à votre nouvel intérieur. Draps et taies peuvent être raccommodés ou recyclés lorsque des signes d'usure apparaissent. Pour protéger le linge contre les mites, reportez-vous p. 68.

RÉSOUDRE LES PROBLÈMES DE RIDEAUX

● **Anneaux et tringles.** Faites bouillir les anneaux rouillés dans du vinaigre. Frottez les tringles avec du savon pour qu'elles glissent mieux.

● **Les voilages.** Pour éviter les accrocs lorsque que vous les suspendez, enfilez un doigt découpé dans un vieux gant sur l'extrémité de la tringle.

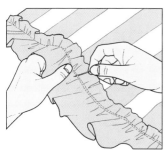

Allonger les rideaux
Rajoutez une bande de tissu froncé, de couleur assortie et de même épaisseur, au bas du rideau pour le rallonger.

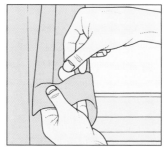

Un « joli tomber »
Pour que des rideaux légers tombent bien, répartissez des pièces à l'intérieur de l'ourlet. Faites un point pour les fixer.

DRAPS ET COUVERTURES

Établissez un roulement avec l'ensemble de votre linge plutôt que d'en réserver pour les invités. Reportez-vous p. 61 pour le lavage du linge de maison.

● **Les couettes.** Secouez-les quotidiennement pour bien répartir le duvet. Les couettes durent plus longtemps si elles sont aérées régulièrement.

● **Les couvertures électriques.** Retirez les fils avant de les laver. Faites-les réviser environ tous les trois ans.

● **Les torchons.** Ils s'usent uniformément. Lorsqu'ils sont usés, cousez-les par deux et vous pourrez les utiliser encore quelques mois.

LES ABAT-JOUR

Époussetez-les régulièrement autrement, il deviendra difficile, sinon impossible, de les nettoyer. Ils sont généralement placés en évidence et doivent donc être dépoussiérés souvent au plumeau ou à l'aspirateur. Débranchez toujours une lampe avant de la nettoyer.

ASTUCES DE NETTOYAGE

● **Les abat-jour en parchemin.** Époussetez-les et retirez les taches avec une gomme.
● **Les abat-jour en plastique et en verre.** Lavez-les à l'eau savonneuse, rincez et séchez.
● **Les abat-jour en soie.** Donnez-les à nettoyer avant que la saleté ne soit visible.
● **Les abat-jour en paille et en raphia.** Passez l'aspirateur régulièrement.
● **Les stores en vélin.** Nettoyez avec un volume de savon en paillettes, un volume d'eau chaude et deux volumes d'alcool à brûler. Rincez avec un chiffon trempé dans de l'alcool à brûler et appliquez un peu de cire pour meubles.

LES ABAT-JOUR EN PAPIER

Essuyez la poussière dans les plis.

Un dépoussiérage régulier
Essuyez les abat-jour en papier avec un chiffon. N'utilisez pas d'eau car cela les déformerait. Les abat-jour en papier sont relativement bon marché – envisagez de les remplacer lorsqu'ils deviennent très sales.

LES ABAT-JOUR EN TISSU

Les nettoyer à l'aspirateur
Nettoyez les abat-jour en tissu avec l'accessoire approprié de votre aspirateur. Ne les lavez pas – car le tissu pourrait rétrécir et le cadre métallique rouiller. Donnez à nettoyer les abat-jour très sales.

DANS TOUTE LA MAISON

LES MAISONS modernes sont remplies d'objets qui doivent être nettoyés et entretenus pour continuer à bien fonctionner et à avoir belle allure. Ainsi, le matériel électronique, les livres, les bougeoirs et les cadres ont tous besoin d'un entretien régulier.

LE MATÉRIEL ÉLECTRONIQUE

LA POUSSIÈRE est l'ennemi du matériel électronique ; il doit donc être protégé d'une manière ou d'une autre lorsqu'il n'est pas utilisé. Veillez à placer ce matériel là où il ne risque pas d'être endommagé et n'essayez pas de le réparer vous-même, à moins d'être certain de savoir le faire.

ASTUCES DE NETTOYAGE

● **Les téléphones.** Retirez les taches avec de l'alcool à brûler. Nettoyez le combiné avec un désinfectant liquide et du coton.
● **Les radios portables.** Époussetez-les. Nettoyez-les de temps à autre avec de l'alcool à brûler et du coton.
● **Les appareils photo.** Confiez leur nettoyage à un spécialiste. Rangez toujours les appareils photo dans leur étui.
● **Les disques compacts.** Utilisez les produits spéciaux vendus dans le commerce.
● **Autre matériel.** Voyez p. 26 pour l'entretien des appareils de cuisine et p. 64 pour les fers à repasser.

LA TÉLÉVISION

Le nettoyage
Pulvérisez un produit antistatique sur l'écran pour éviter le dépôt de poussière. Nettoyez-le une fois par semaine avec de l'alcool à brûler ou du produit à vitres et essuyez-le avec du papier absorbant.

ASTUCE GAIN DE TEMPS

Laissez un sac en plastique près du téléphone lorsque vous vous engagez dans des activités salissantes (pâtisserie ou peinture). Glissez votre main dans le sac avant de décrocher le téléphone.

L'ENTRETIEN DU MAGNÉTOSCOPE

Si votre magnétoscope se trouve dans une pièce humide, placez des sachets de silice (disponibles chez les fleuristes) sur l'appareil pour qu'il ne prenne pas l'humidité.

● **Les têtes de lecture.** Nettoyez-les occasionnellement, avec une cassette nettoyante pour conserver une image de bonne qualité.
● **Le rangement des cassettes.** Rangez les cassettes dans des boîtes en carton ou en plastique. Numérotez chacune des boîtes et gardez une liste de tout ce que vous avez enregistré.

L'ORDINATEUR

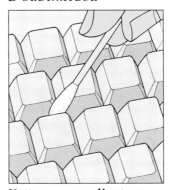

Nettoyer un ordinateur
Dépoussiérez l'espace entre les touches du clavier avec un Coton-Tige. Nettoyez les touches avec de l'alcool à brûler et un morceau de coton. Époussetez l'écran et pulvérisez un produit antistatique.

LE MATÉRIEL DE BUREAU

● **La sécurité.** Avant de nettoyer du matériel électrique, veillez à l'éteindre et à le débrancher.
● **L'entretien des ordinateurs.** Ne placez pas les ordinateurs directement sous les rayons du soleil : ils pourraient surchauffer. Le soleil empêche l'utilisateur de bien voir son écran.
● **Les répondeurs.** Époussetez-les régulièrement avec un plumeau, en particulier à l'intérieur. Vous pouvez utiliser un nettoyant en aérosol, mais attendez que tout soit bien sec pour replacer la cassette.
● **Les fax.** Dépoussiérez-les régulièrement et nettoyez-les de temps à autre avec de l'alcool à brûler.

LES BIBELOTS ET LES LIVRES

LES BIBELOTS qui décorent votre maison lui donnent tout son cachet. Accrochez les peintures à l'huile loin de la cheminée et ne fumez pas à proximité. N'exposez pas les aquarelles aux rayons du soleil car ils pourraient ternir leurs couleurs.

L'ENTRETIEN DES CADRES

● **Nettoyer les vitres des cadres.** Appliquez de l'alcool à brûler ou du vinaigre, puis essuyez avec un mouchoir en papier sec. N'utilisez pas d'eau car elle pourrait s'infiltrer.

● **Faire sécher des gravures humides.** Placez-les entre plusieurs épaisseurs de buvard surmontées d'un poids. Changez la feuille de buvard la plus proche du dessin aussi souvent que nécessaire.

OBJETS DIVERS

● **Les pendules.** Nettoyez leur verre avec de l'alcool à brûler. Recouvrez d'un sac en plastique une pendule de valeur lorsque vous faites le ménage.

● **Les porte-parapluies.** Absorbez l'eau avec un morceau de mousse épaisse que vous déposerez au fond de votre porte-parapluies.

ENTRETENIR LES LIVRES

● **Ranger les livres.** Si vos livres sont dans des bibliothèques fermées, ouvrez les portes de temps en temps pour éviter les moisissures. Ne les rangez pas au-dessus d'un radiateur car la chaleur ferait craquer la reliure.

● **Empêcher les moisissures.** Quelques gouttes d'huile de lavande, d'eucalyptus ou des clous de girofle sur les étagères empêcheront les moisissures de se développer.

● **Retirer les taches de moisissure.** Recouvrez les taches de moisissure avec de la farine de maïs. Laissez agir quelques jours avant de la retirer avec une brosse.

● **Les taches de graisse.** Reportez-vous p. 55 pour les taches de graisse sur le papier.

LES CADRES

● **Nettoyage.** Appliquez de l'encaustique sur les cadres en bois. Nettoyez les cadres en plastique avec de l'eau et du produit à vaisselle.

Nettoyer les cadres dorés

Réchauffez une bouteille de térébenthine au bain-marie et nettoyez le cadre avec le produit chaud, puis avec un mélange de 45 ml de vinaigre et de 600 ml d'eau froide. Faites sécher et briller.

LES BOUGIES

● **Fixer une bougie.** Si le bougeoir est étroit, trempez l'extrémité de la bougie dans de l'eau chaude. S'il est large, entourez la base de la bougie avec du ruban adhésif.

Essuyez les bougies avec de l'alcool à brûler.

L'entretien des bougies

Nettoyez les bougies sales avec de l'alcool à brûler. Mettez les bougies neuves au congélateur pendant quelques heures – elles brûleront plus longtemps.

ACCROCHER LES CADRES

● **Marquer l'emplacement.** Collez deux morceaux de ruban adhésif en croix sur l'emplacement choisi. Le plâtre ne se fendillera pas lorsque vous enfoncerez le clou.

● **Les empêcher de pencher.** Enroulez du ruban adhésif autour du fil derrière le cadre, bien au centre, pour qu'il adhère mieux et reste en place.

NETTOYER LES LIVRES

● **Les dépoussiérer.** Une fois par an, sortez les livres des étagères et essuyez-les avec un plumeau. Gardez le livre fermé pendant que vous l'essuyez.

Les livres reliés en cuir

Nettoyez les livres reliés une fois par an avec un mélange de lanoline et de cire 213 (disponible dans les selleries). Un cirage neutre peut aussi convenir.

LES ACCESSOIRES

L A PLUPART des gens conservent des objets qui sont chers à leur cœur, même s'ils n'ont pas une grande valeur marchande. Nettoyez-les et réparez-les si nécessaire. Assurez vos objets de valeur et photographiez-les au cas où vous seriez cambriolé.

L'ENTRETIEN DES BIJOUX

L ES BIJOUX de valeur doivent être souvent nettoyés. Ne portez pas de bagues serties de pierres précieuses pendant que vous faites le ménage car vous pourriez endommager la monture. Voyez p. 74-75 pour l'entretien de l'argenterie et p. 77 pour le nettoyage de l'or et du platine.

ÉVITER LES PROBLÈMES

● **Examiner les bijoux.** Quand vous portez un bijou, vérifiez que les anneaux et la fermeture ne sont pas abîmés. Faites vérifier vos bagues par un bijoutier qui s'assurera que les pierres ne sont pas desserties.
● **Les chaînes.** Fermez-les lorsque vous ne les portez pas pour éviter les nœuds. Pas d'or à la piscine – il devient cassant sous l'effet du chlore.

LES BIJOUX FANTAISIE

● **Le nettoyage.** Saupoudrez les bijoux fantaisie de levure chimique, puis retirez-la avec une brosse à dents douce.

NETTOYER LES BIJOUX DE VALEUR

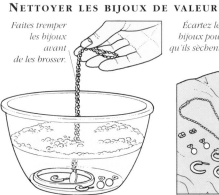

Faites tremper les bijoux avant de les brosser.

Écartez les bijoux pour qu'ils sèchent.

1 Faites-les tremper dans un saladier avec de l'eau et du produit à vaisselle pendant quelques minutes. Nettoyez-les avec une brosse à dents.

2 Rincez-les et déposez-les sur un torchon. Séchez-les avec un sèche-cheveux soufflant de l'air tiède. Vérifiez qu'aucune pierre n'est tombée dans l'eau.

IDÉE LUMINEUSE

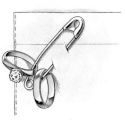

Un porte-bague
Gardez une grande épingle à nourrice près de l'évier grâce à laquelle vous pourrez fixer vos bijoux sur vos vêtements pendant que vous faites la vaisselle. Cela vous évitera de les abîmer ou de les égarer.

LES PIERRES PRÉCIEUSES

L'ambre

● **Les pierres fragiles.** Ambre, corail et jais sont fragiles. Nettoyez-les comme ci-dessus. Pas de produits chimiques.

Le rubis

● **Les pierres dures.** Nettoyez rubis, diamants... selon la méthode décrite ci-dessus ou avec un nettoyant pour bijoux.

L'émeraude

● **Les émeraudes.** Elles sont fragiles et se cassent, l'eau pénétrant parfois par les fissures. Il vaut mieux les faire nettoyer par un bijoutier.

Le jade

● **Le jade.** Il doit être lavé puis séché immédiatement. Utilisez un chiffon doux – le jade se raye au contact du moindre abrasif.

L'opale

● **Les opales et les turquoises.** Elles sont poreuses, il ne faut donc pas les laver. Polissez-les à la peau de chamois. Utilisez une brosse à dents pour les montures.

Les perles

● **Les perles.** Le meilleur moyen de les entretenir, c'est de les porter. Si vous portez les vôtres rarement, frottez-les doucement avec une peau de chamois.

COMMENT RÉPARER ET RANGER LES BIJOUX

FAITES ajouter une chaînette de sécurité au fermoir des broches de valeur. Enveloppez les bijoux en or dans du papier de soie et rangez-les séparément afin qu'ils ne se rayent pas. Si une bague en or ou en argent provoque une décoloration de la peau, appliquez-lui une couche de vernis transparent.

EFFECTUER DE PETITES RÉPARATIONS SUR LES BIJOUX

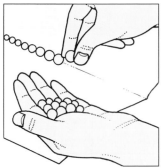 

Renfiler un collier
Pliez une feuille de papier en deux, puis placez les perles dans le bon ordre le long de la pliure. Enfilez-les sur du fil de pêche.

RANGER LES BIJOUX
● **Les colliers.** Empêchez-les de s'emmêler en les suspendant sur des petits crochets vissés dans un cintre en bois.

Démêler les chaînes
Posez la chaîne sur un morceau de papier sulfurisé et déposez une goutte d'huile d'amande douce sur le nœud. Utilisez deux aiguilles.

● **Les bijoux fantaisie.** Utilisez le dessous des boîtes à œufs pour ranger les petits bijoux, le couvercle pour colliers et bracelets.

UNE BAGUE COINCÉE

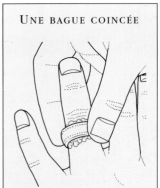

● **Avec du savon.** Faites mousser le savon au-dessus et en dessous de la bague jusqu'à ce qu'elle glisse.
● **Avec de l'eau glacée.** Si votre doigt a gonflé à cause de la chaleur, placez votre main dans un bol d'eau glacée et laissez-la dans l'eau jusqu'à ce que vous puissiez faire glisser la bague.

OBJETS DIVERS

Les objets tels que les peignes, les stylos à encre et les sacs à main doivent être entretenus pour rester en bon état. Nettoyez les sacs en toile avec un nettoyant liquide, puis rincez bien. Frottez les sacs en cuir avec du cirage neutre. Voyez p. 79 pour l'entretien des montres et des lunettes.

LES OBJETS PERSONNELS
● **Les sacs à main.** Empêchez les armatures et les fermoirs métalliques de se ternir en appliquant deux couches de vernis à ongles transparent avant usage.
● **Les peignes.** Lavez-les dans de l'eau froide additionnée de quelques gouttes d'ammoniaque ou de 10 g de bicarbonate de soude. Voyez p. 81 pour le nettoyage des brosses.
● **Les jouets en peluche non lavables.** Nettoyez-les en les plaçant dans un sac en plastique avec du bicarbonate de soude. Secouez bien, puis brossez-les soigneusement.

LES CARTES À JOUER

Frottez les taches avec de la mie de pain.

Retirer les traces
Frottez les cartes avec de la mie de pain. Saupoudrez-les avec un peu de talc de temps en temps pour empêcher la graisse et la saleté de se déposer.

LES STYLOS À ENCRE

Nettoyer un stylo à encre.
Démontez-le et faites tremper ses éléments dans du vinaigre pendant une heure. Rincez-les dans l'eau chaude, puis laissez-les sécher sur du papier absorbant.

LA RÉNOVATION

ENTRETENIR une maison permet de la garder en bon état et parfois même d'augmenter sa valeur. En outre, en effectuant vous-même les travaux de décoration et de réparation, vous économiserez beaucoup d'argent. Vérifiez que vous avez tout le matériel avant de commencer et planifiez soigneusement le déroulement des travaux. Ne vous lancez pas dans des travaux si vous n'êtes pas certain d'avoir le temps et l'énergie nécessaires pour les terminer.

L'OUTILLAGE DE BASE

Des outils de bonne qualité dureront toute une vie. Rangez-les dans une boîte solide, équipée d'une poignée, afin de les trouver facilement quand vous en avez besoin. Les outils présentés ci-dessous permettent d'effectuer la plupart des travaux que l'on fait soi-même.

● **Les pinces.** Elles servent à plier, à redresser et à couper le métal, ainsi qu'à retirer les clous.
● **Les clés plates.** Achetez-les de tailles différentes. Elles sont très utiles pour serrer et desserrer les écrous et les boulons.
● **Les tournevis.** Il vous faudra des tournevis plats et cruciformes de plusieurs tailles.
● **Le marteau à pied-de-biche.** Sert à enfoncer et à retirer les clous.
● **Les outils coupants.** Il vous faudra une bonne paire de ciseaux et un cutter avec des lames de rechange.
● **Autre matériel.** Achetez des gants épais pour protéger vos mains. Prévoyez du papier de verre, des clous, des vis et des chevilles de plusieurs tailles, un mètre, de la ficelle, du ruban adhésif et de l'huile pour empêcher les outils de rouiller.

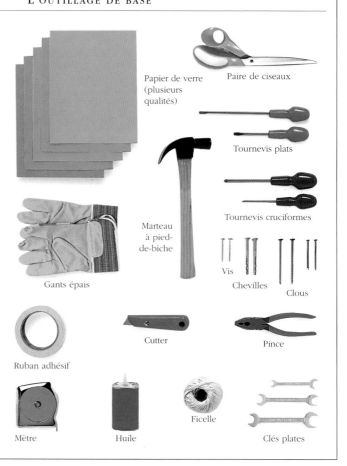

Papier de verre (plusieurs qualités)

Paire de ciseaux

Tournevis plats

Tournevis cruciformes

Marteau à pied-de-biche

Vis

Chevilles

Clous

Gants épais

Cutter

Pince

Ruban adhésif

Mètre

Huile

Ficelle

Clés plates

MATÉRIEL COMPLÉMENTAIRE

Le matériel suivant n'est utile que si vous pensez faire beaucoup de travaux dans votre maison.

● **Tenailles**. Elles sont utiles pour retirer les clous et les pointes.

● **Tournevis supplémentaires**. Choisissez un tournevis à douille et un tournevis à lame courte.

● **Des clés supplémentaires**. Une clé à mollette ainsi qu'une pince étau sont utiles (en plomberie).

● **Les scies**. Il vous faudra une scie égoïne et des scies à métaux de différentes tailles en fonction des travaux que vous effectuerez.

● **Les marteaux**. Achetez un marteau de menuisier pour le travail du bois. Utilisez un maillet et un burin pour la maçonnerie.

● **Les burins**. Ils peuvent servir pour le travail du bois ainsi que pour la maçonnerie.

● **Autre matériel**. Utilisez un poinçon pour commencer les trous de vis, des lunettes pour vos yeux, et une éponge pour les travaux salissants. Une perceuse électrique et des mèches, un escabeau et un établi sont également très utiles.

Burin

Petit burin

Marteau de menuisier

Maillet

Tournevis à douille

Éponge

Lunettes protectrices

Clé à mollette

Tournevis à lame courte

Poinçon

Tenaille

Grande scie à métaux

Petite scie à métaux

Scie égoïne

Perceuse électrique

Pince étau

Mèches à béton

Mèches

Établi

Escabeau

LES OUTILS

Prenez soin de vos outils afin qu'ils restent efficaces. Veillez à ce que les outils coupants ne s'émoussent pas. Portez des lunettes de protection pour ne pas risquer de recevoir des éclats dans les yeux et des gants épais pour protéger vos mains.

ENTRETIEN ET RANGEMENT

Améliorez l'efficacité de vos outils en en prenant bien soin. Vous pouvez affûter vos outils coupants vous-même avec un fusil ou les donner à aiguiser à un professionnel. Nettoyez toujours vos outils après les avoir utilisés, même si vous êtes très fatigué, avant de les ranger dans un endroit sûr.

L'ENTRETIEN DES BURINS

Portez des gants pour protéger vos mains.

Huiler les lames de burin
Pour qu'une lame reste affûtée et ne rouille pas, frottez-la avec de l'huile et une paille de fer. Protégez vos mains avec des gants. Essuyez l'huile avant de ranger le burin.

PONCER LES SCIES

Entourez une cale en bois de papier de verre.

Lisser le manche
Retirez les irrégularités sur les manches de scies avec une cale en bois entourée de papier de verre – sinon vous pourriez avoir des ampoules ou des échardes.

NETTOYER LES MARTEAUX

Protégez le sol avec du papier journal.

Nettoyer la tête
Si vous manquez sans cesse votre but, il est possible que la tête du marteau soit sale. Frottez-la dans du sable ou de la terre, ou poncez-la avec du papier de verre.

RANGER LES OUTILS

Utilisez de la craie ordinaire.

Dans une boîte à outils
Placez quelques craies dans chaque compartiment. La craie attirera l'humidité et empêchera la rouille de s'installer.

Le clou indique le contenu de la boîte.

Marquer les boîtes
Repérez son contenu en fixant, à l'aide de ruban adhésif, sur l'extérieur de chaque boîte un exemplaire de ce qu'elle contient.

ENTRETENIR LES OUTILS
● **Retirer la rouille.** Frottez le métal avec un solvant antirouille jusqu'à ce qu'il brille, puis appliquez un peu d'huile.
● **Cirer les lames.** Frottez les lames de vos outils avec de la cire pour automobiles afin d'éviter leur corrosion.
● **Cordes et ficelles.** Pour les empêcher de s'effilocher, appliquez un peu de laque sur le bout des cordes et chauffez les extrémités des fils en Nylon au-dessus d'une flamme jusqu'à ce qu'ils soient bien collés ensemble.
● **L'utilisation d'un panneau alvéolé.** Accrochez vos outils sur un panneau alvéolé à l'aide de crochets. Ne les rangez pas dans un tiroir car ils pourraient s'abîmer et s'émousser.

EMPÊCHER LES OUTILS DE ROUILLER
● **Les petits outils.** Rangez à l'intérieur les outils tels que les marteaux, les tournevis et les burins, dans un seau rempli de sable sec : ils ne rouilleront pas.

● **Les vis et les clous.** Rangez vis et clous dans des pots de cire ou de crème vides. Le reste de graisse qu'ils contiennent empêchera les clous de rouiller.

UTILISER LE BON OUTIL

Il est important d'utiliser l'outil approprié à chaque tâche sinon, vous pourriez vous retrouver avec des objets sciés de travers, des clous tordus et vous pourriez vous blesser. Soyez concentré lorsque vous manipulez des outils et utilisez-les uniquement pour l'usage auquel ils sont destinés.

DES TECHNIQUES UTILES

● **Faire une rayure.** Pour scier droit, tracez une rayure avec un couteau le long d'une règle métallique. Découpez une fente le long de cette ligne du côté de la chute, puis sciez le long de cette fente.

● **Un établi improvisé.** Si vous n'avez pas d'établi, vous pouvez en fabriquer un en mettant un escabeau à plat sur un côté et en fixant le bois de chaque côté de l'escabeau pour plus de sécurité.

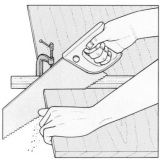

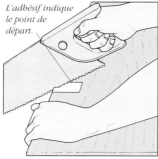

L'adhésif indique le point de départ.

Utiliser un guide
Pour couper droit, placez un long morceau de bois sur le morceau que vous devez scier. Fixez-le pour qu'il ne bouge plus, puis guidez votre scie le long de son rebord.

Contreplaqué sans échardes
Empêchez le contreplaqué de se fendiller en collant du ruban adhésif sur le bord de la planche. Avant de commencer à scier, marquez l'emplacement au crayon.

BRICOLER AVEC DES CLOUS ET DES VIS

● **Les vis serrées.** Pour dévisser des vis trop serrées, tournez le tournevis dans le sens de serrage, puis aussitôt dans le sens opposé.

● **Les vis desserrées.** Si des vis se desserrent, appliquez un peu de laque ou de vernis à ongles transparent sous leur tête avant de les visser.
● **Reboucher les trous.** Si vous avez fait un trou au mauvais emplacement et devez en percer un à côté, rebouchez le premier avec une allumette.
● **Les recoins difficiles d'accès.** Avant de commencer à visser, appliquez de la cire d'abeille sur la tête de la vis jusqu'à ce que la fente soit pleine de cire – le tournevis tiendra mieux.
● **Clouer dans du plâtre.** Empêchez le plâtre de se fendiller lorsque vous tapez sur un clou en collant du ruban adhésif transparent là ou vous devez l'enfoncer.

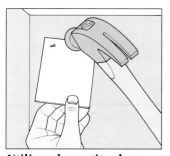

Utiliser des petits clous
Si vous n'arrivez pas à tenir un clou très petit, passez-le dans un morceau de carton pendant que vous le clouez. Déchirez le carton une fois le clou enfoncé.

LE PONÇAGE FACILE

Le papier de verre doit être humide.

● **Avec une cale en liège ou en bois.** Enveloppez le bloc avec du papier de verre pour avoir une bonne prise. Lorsque vous poncez des surfaces irrégulières, remplacez la cale par un jeu de cartes – en bougeant, les cartes s'adapteront à la surface que vous poncez.
● **Poncer avec bon sens.** Portez toujours des gants pour ne pas vous blesser ni irriter votre peau. Si vous devez poncer une grande surface, louez une ponceuse électrique.

ASTUCE GAIN DE TEMPS

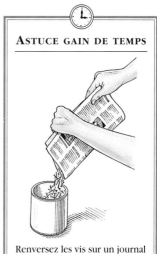

Renversez les vis sur un journal pour trouver la bonne, puis versez les autres dans la boîte en vous servant du journal comme d'un entonnoir.

LA PEINTURE

RIEN de tel qu'un bon coup de peinture pour rafraîchir une pièce rapidement à moindre frais. Choisissez les tissus d'ameublement et le revêtement du sol avant de déterminer la couleur de la peinture, car ils sont beaucoup plus coûteux.

LE MATÉRIEL DE PEINTURE

Avant de commencer, il est préférable de réunir tout le matériel nécessaire. Assurez-vous que vous avez suffisamment de pinceaux et de rouleaux de la bonne taille pour la tâche que vous allez entreprendre.

● **Les pinceaux.** En soie naturelle sont chers mais plus résistants que ceux en synthétique et leurs poils ne tombent pas aussi facilement. Achetez des pinceaux de plusieurs tailles. Un pinceau biseauté facilite la peinture autour des fenêtres.

● **Les rouleaux et les applicateurs.** Pratiques pour peindre rapidement les grandes surfaces, ils sont particulièrement adaptés à la peinture à l'eau.

● **Les récipients.** Si vous utilisez un rouleau ou un applicateur, vous aurez besoin d'un bac. Si vous peignez au pinceau, versez la peinture dans un seau ou utilisez-la dans son pot. S'il vous reste de la peinture, conservez-la dans un bocal en verre.

● **Matériel complémentaire.** D'autres outils sont utiles : un racloir pour retirer la peinture ancienne, une éponge humide pour essuyer les traces de peinture fraîche, et du ruban adhésif pour le bord des vitres.

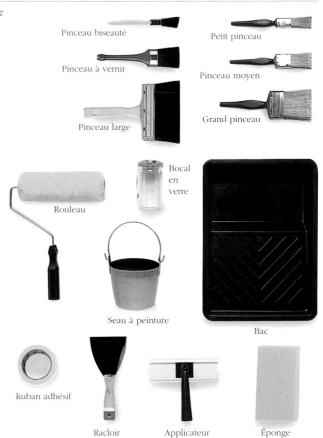

Pinceau biseauté

Petit pinceau

Pinceau à vernir

Pinceau moyen

Pinceau large

Grand pinceau

Bocal en verre

Rouleau

Seau à peinture

Bac

Ruban adhésif

Racloir

Applicateur

Éponge

SE PROTÉGER DE LA PEINTURE

Avant de commencer à peindre, protégez les meubles avec des bâches. Couvrez le sol de papier journal et portez des vêtements adaptés. Lorsque vous peignez les plafonds, portez des lunettes protectrices.

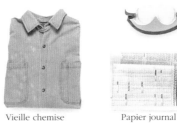

Lunettes protectrices

Bâches

Vieille chemise

Papier journal

PRÉPARER LES SURFACES

L A QUALITÉ de finition dépend, à un certain degré, du travail de préparation effectué avant de commencer à peindre. Pour obtenir un résultat final digne d'un professionnel, il convient de nettoyer les surfaces à peindre, de les poncer, de reboucher les trous et d'appliquer une couche d'apprêt.

LES DIFFÉRENTES SURFACES

Le plâtre
Assurez-vous que le plâtre est bien sec avant d'appliquer une couche d'apprêt.

La brique
Nettoyez, brossez les briques et appliquez une sous-couche avant de peindre.

Le bois brut
Traitez les nœuds et appliquez une sous-couche appropriée au bois.

Le bois peint
Poncez-le s'il est inégal. Sinon, lavez-le à la lessive Saint-Marc. Rincez et laissez sécher.

La peinture écaillée
Retirez-la avec de l'eau et un tampon à récurer. Passez une couche de traitement antisalpêtre.

La peinture à l'eau
Lessivez les murs. Posez du papier d'apprêt (voir p. 102) si vous comptez poser du papier peint.

Le papier peint
Peignez dessus ou décollez-le (voir p. 101). Puis suivez la méthode indiquée pour le plâtre.

Les faïences
Lavez-les avec une solution d'ammoniaque, puis poncez-les avant d'appliquer la laque.

RÉPARER LES SURFACES

C OMBLEZ les trous et les fissures avec de l'enduit, laissez-le bien sécher. Poncez la surface jusqu'à ce qu'elle soit bien plane, puis commencez à peindre. Si les trous et les fissures sont profonds, bouchez-les d'abord avec du journal avant de mettre de l'enduit. Vérifiez qu'il ne s'écaille pas en séchant.

ÔTER DE LA VIEILLE PEINTURE

La peinture écaillée
Retirez toute la poussière avec un aspirateur, puis poncez la peinture qui s'écaille avec du papier de verre. Lessivez, puis laissez bien sécher.

COMBLER UN TROU AVANT DE PEINDRE

1 Retirez un maximum de poussière dans le trou avec un pinceau. Mouillez le trou avec un chiffon humide pour que l'enduit adhère.

2 Appliquez l'enduit avec un couteau de peintre, en lissant le plus possible. Retirez l'excédent, laissez sécher, puis poncez.

COMMENT PEINDRE

Avant de commencer, retirez les cadres, les bibelots et le plus de meubles possible. Déplacez les gros meubles au fur et à mesure que vous peignez le plafond. Placez-les ensuite au centre de la pièce recouverts d'une bâche.

TRAVAILLER AVEC DE LA PEINTURE

Recouvrez le sol avec du papier journal ou des vieux draps. Portez des vêtements de protection. Essayez de travailler sans interruption – car elles peuvent susciter des incidents tels qu'un pot de peinture renversé ou marque à l'endroit où vous vous êtes arrêté.

LES POTS DE PEINTURE
● **Ouvrir les pots.** Époussetez le bord du pot pour que rien ne tombe dedans. Soulevez le couvercle à l'aide d'un tournevis.

Garder le rebord propre
Collez du ruban adhésif sur le rebord du pot pour empêcher la peinture de s'y déposer. Le couvercle se fermera aussi bien.

SEAU À PEINTURE
● **Sans poussière.** Versez la peinture par petites quantités dans le seau pour qu'elle ne prenne pas la poussière.

L'aluminium protège le seau.

Doubler l'intérieur
Pour que le seau reste propre, doublez-le d'aluminium avant d'y verser la peinture. Jetez l'aluminium lorsque vous avez terminé.

LES DIFFÉRENTES PEINTURES

● **Les sous-couches.** Elles s'appliquent avant la peinture sur des surfaces poreuses, telles que le plâtre, le bois et différents métaux.
● **Les monocouches.** S'utilisent sur les plafonds et les murs. Une seule couche suffit.
● **Les peintures à l'eau.** Faciles à appliquer, elles existent dans de nombreuses couleurs.
● **Les peintures laquées.** Très résistantes, elles sont utiles pour peindre le bois, mais plus difficiles à appliquer que les peintures à l'eau.
● **Les crépis.** Ils dissimulent les fissures et les défauts. Ils sont généralement épais et donnent un fini rugueux.

RÉSOUDRE LES DIFFICULTÉS

L'excédent de peinture retombe dans le pot.

Protégez le sol avec une assiette en papier.

La peinture sans coulures
Pour éviter que la peinture ne coule le long du pot, attachez un morceau de ficelle sur le dessus du pot et essuyez-y le pinceau. Pour protéger le sol, posez le pot sur une assiette en carton.

Filtrez les débris à travers un collant.

Filtrer les peaux
Si la peinture comporte des peaux ou des saletés, filtrez-la avant de l'utiliser. Étirez un vieux bas, une paire de collants ou un morceau de mousseline au-dessus d'un seau à peinture pour filtrer la peinture.

IDÉE LUMINEUSE

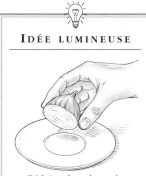

Réduisez les odeurs de peinture en laissant dans la pièce un demi-oignon posé sur une assiette, côté coupé vers le haut. Remplacez l'oignon tous les jours jusqu'à ce que l'odeur de peinture ait disparu.

TECHNIQUES DE BASE

Rouleaux et applicateurs conviennent pour les grandes surfaces mais peuvent se révéler salissantes. Pour obtenir la meilleure finition, il n'y a rien de tel que le pinceau. Retirez les particules de poussières sur les pinceaux propres en les brossant légèrement contre votre main.

LES PINCEAUX

Éviter les marques de pinceaux
Pour que la marque du pinceau n'apparaisse pas, peignez dans les deux sens par petites zones, en dépassant à chaque fois sur la zone suivante, jusqu'à ce que le mur soit entièrement peint.

LES ROULEAUX

Peindre une grande surface
Utilisez les rouleaux : versez la peinture dans un bac, trempez le rouleau dedans, puis faites-le rouler pour bien répartir la peinture. Appliquez la peinture en traçant des W.

LES APPLICATEURS

Comment les utiliser
Les applicateurs, à recharges, existent en plusieurs tailles. En partant d'un angle, faites glisser l'applicateur dans toutes les directions sans le soulever. Tracez de larges bandes de couleur.

REPEINDRE UNE PIÈCE

Procédez avec ordre pour ne pas éclabousser des surfaces qui viennent d'être peintes. Travaillez sur une zone bien délimitée. Si vous faites une pause, peignez jusqu'à l'angle d'un mur avant de vous arrêter car, en vous interrompant au milieu, même peu de temps, vous laisseriez une marque.

L'ORDRE IDÉAL POUR PEINDRE UNE PIÈCE

1 Le plafond
Peignez-le en premier en commençant en face d'une fenêtre.

2 Les murs
Peignez-les après le plafond en commençant par l'angle supérieur droit.

3 La porte
Peignez-la après les murs (voir p. 97).

5 Les plinthes
Peignez-les en dernier en protégeant la peinture autour (voir p. 96).

4 Les fenêtres
Peignez-les après la porte (voir p. 97).

L'ordre idéal
Travaillez du haut vers le bas. Commencez par le plafond, puis les murs, et terminez par les menuiseries, en n'oubliant pas les portes, les entourages de fenêtres et les plinthes.

ESTIMER LA QUANTITÉ DE PEINTURE

Pour estimer la quantité de peinture nécessaire, visualisez la pièce comme une série de rectangles. Multipliez la hauteur des rectangles par la largeur et faites le total. Considérez les fenêtres comportant des moulures comme des rectangles entiers. Calculez la surface des portes comme indiqué ci-dessus. Si la porte est lambrissée, calculez la surface et ajoutez 25 %.

LES QUANTITÉS
Sous-couche :
1 litre pour 12 m^2

Première couche :
1 litre pour 16 m^2

Peinture à émulsion :
1 litre pour 12 m^2

Laque : 1 litre pour 14 m^2

LES ENDROITS PARTICULIERS

ERTAINS travaux de peinture sont plus délicats que d'autres. Les plafonds, les plinthes, les portes, les sols et les murs derrière les tuyaux réclament plus de temps et de soins. Appliquez-vous pour obtenir un beau résultat.

LES PLAFONDS

A RÈGLE de base, lorsque l'on peint un plafond, veut que l'on peigne en s'éloignant de la fenêtre. Toutefois, si vous appliquez de la peinture blanche sur de la peinture blanche, travaillez vers la fenêtre afin de pouvoir repérer où vous en êtes grâce à la lumière. Peignez le plafond en bandes.

ATTEINDRE LE PLAFOND

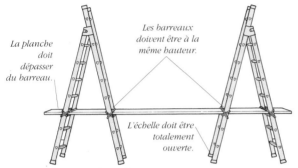

Les barreaux doivent être à la même hauteur.

La planche doit dépasser du barreau.

L'échelle doit être totalement ouverte.

Fabriquer une plate-forme
Si vous n'avez pas d'échafaudage, fixez une planche soigneusement entre deux éscabeaux. N'essayez pas de grimper sur une table ou une chaise car elles sont instables et pourraient se renverser.

UN PINCEAU POUR PLAFOND

Éviter les coulures
Lorsque vous peignez un plafond, empêchez la peinture de couler le long du pinceau en glissant le manche à travers une assiette en carton.

LES ENDROITS DIFFICILES D'ACCÈS

L EXISTE plusieurs astuces pour atteindre plus facilement les endroits difficiles d'accès. Par exemple, peignez les marches en alternance, laissez sécher, puis peignez celles qui restent. Fixez un sac en plastique avec un élastique autour des robinets et des poignées pour qu'ils ne soient pas tachés.

PEINDRE LE BOIS

Les plinthes
Tenez un morceau de carton épais au-dessus de la plinthe quand vous la peignez afin de ne pas tacher le mur. Peignez toutes les plinthes d'un côté de la pièce à la fois.

PEINDRE LE MÉTAL

Peindre des tuyaux
Lorsque vous peignez des tuyaux, glissez un morceau de carton derrière pour protéger le mur. Utilisez de la peinture laquée sur les tuyaux.

LES ENDROITS DÉLICATS
● **Les radiateurs.** Fabriquez un pinceau adapté aux radiateurs en enroulant du tissu autour d'un cintre métallique démonté.
● **La brique.** Veillez à ne pas l'éclabousser de peinture car elle serait impossible à retirer.
● **Les gouttières.** Au lieu de repeindre les gouttières et les tuyaux extérieurs, vous pouvez les remplacer par des gouttières en plastique. Les tuyaux en plastique durent plus longtemps et n'ont pas besoin d'entretien. Si vous devez repeindre le mur sur lequel ils sont fixés, ôtez-les avant de commencer.

LES PORTES ET LES FENÊTRES

Avant de les peindre ou de les vernir, il faut les poncer. Lorsque vous peignez les entourages de fenêtres, protégez la vitre en la frottant avec du savon ou en collant du papier adhésif tout autour – sinon, vous passerez des heures à la nettoyer lorsque vous aurez terminé de peindre.

PEINDRE LES PORTES ET LEURS ENCADREMENTS

● **Le bord des portes.** Fermez la porte pendant que vous peignez le devant et entrouvrez-la pendant qu'elle sèche.

● **Les charnières.** Appliquez de la vaseline sur les poignées et les charnières. Les taches de peinture se retireront mieux.

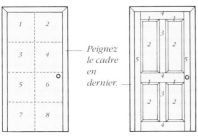

Peignez le cadre en dernier.

Porte lisse

Porte à panneaux

Peindre les portes

Suivez l'ordre indiqué ci-contre pour les portes lisses ou à panneaux. Commencez par le haut et peignez vers le bas par bandes horizontales. Utilisez un petit pinceau pour peindre les moulures des portes à panneaux.

PEINDRE LES FENÊTRES

● **Commencer de bonne heure** pour que les fenêtres aient le temps de sécher et qu'elles se ferment sans coller.

● **Peinture fraîche.** Si vous devez fermer une fenêtre avant que la peinture ne soit complètement sèche, mettez du talc sur la zone de contact.

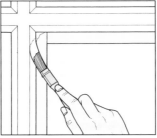

Protéger les vitres

Lorsque vous peignez les encadrements, collez du papier adhésif tout autour de la vitre afin de ne pas la tacher. Retirez-le lorsque la peinture est sèche.

VERNIR LES MENUISERIES

Le bois brut se tache facilement et, à moins d'être verni, il en garde les traces. Le vernis est aussi plus facile à entretenir que le bois brut. Les vernis à base de polyuréthanne sont les meilleurs car ils résistent aux taches, à l'eau et à la chaleur. Pour les revêtements en bois, utilisez du vernis bateau très résistant.

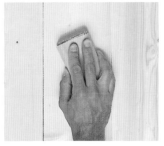

1 Ôtez la résine des nœuds de la planche. Enroulez un chiffon autour de votre index et appliquez le vernis en frottant dans le sens du bois.

2 Lorsque le vernis est sec, poncez-le avec du papier de verre extra fin jusqu'à ce qu'il soit devenu parfaitement lisse.

3 Dépoussiérez bien, puis appliquez une deuxième couche. Travaillez dans le sens du bois. Poncez avant de poser la dernière couche.

APRÈS LES TRAVAUX

Il EST absolument indispensable de bien nettoyer ses outils après chaque séance de peinture. Sinon, une peau se forme sur la peinture et les pinceaux et rouleaux durcissent et deviennent difficiles à nettoyer; il ne reste plus alors qu'à les jeter.

LE MATÉRIEL DE NETTOYAGE

La PLUPART des peintures se nettoient avec du white-spirit ou avec de l'eau chaude et du détergent mais certaines nécessitent un solvant spécial.

Lorsque pinceaux et rouleaux sont propres, secouez-les pour retirer le maximum d'eau et essuyez-les avec un chiffon qui ne peluche pas.

PRINCIPES DE BASE

● **Éviter les vapeurs désagréables** en ventilant bien la pièce lorsque vous nettoyez du matériel de peinture avec du white-spirit ou des solvants. Ne fumez pas.

● **Les émulsions.** Les peintures à l'eau se nettoient avec de l'eau chaude et du détergent.

● **Les laques.** Nettoyez les pinceaux en les frottant longuement sur du journal. Passez-les dans du white-spirit puis dans de l'eau chaude savonneuse. Pour finir, rincez-les à l'eau claire.

ROULEAUX ET PINCEAUX

Nettoyer un rouleau
Faites rouler le rouleau sur plusieurs épaisseurs de papier journal pour retirer un maximum de peinture. Lavez-le ensuite dans de l'eau chaude et du détergent.

Le clou maintient le pinceau.

Les poils ne sont pas déformés.

Faire tremper un pinceau
Pour faire tremper un pinceau dans du solvant, percez un trou dans le manche, glissez un long clou dedans et placez le pinceau en équilibre dans un bocal.

RANGER LE MATÉRIEL

Lorsque vous rangez des pinceaux, vérifiez que les poils sont bien droits, puis emballez-les dans de l'aluminium ou du papier épais, ou suspendez-les. Pour remettre le couvercle sur un pot de peinture, posez un bout de bois sur le bord du couvercle et tapez doucement autour avec un marteau.

SOLUTIONS TEMPORAIRES

Protéger les pinceaux
Pendant une pause, emballez les pinceaux dans de l'aluminium ou du film étirable. Vous pouvez aussi les mettre dans un sac plastique et les immerger dans de l'eau.

RANGER LA PEINTURE

Indiquez la couleur sur le pot.

Les pots à l'envers
Rangez les pots à l'envers pour empêcher une peau de se former. Faites une trace de peinture sur le fond du pot qui vous aidera à retrouver la bonne couleur.

RANGER LES PINCEAUX

Suspendre les pinceaux
Faites un trou dans le manche des pinceaux par lequel vous pourrez les accrocher. Ne rangez jamais les pinceaux à la verticale sur les poils car ils ne se redresseraient pas.

APRÈS LA SÉANCE DE PEINTURE

UNE FOIS que vous avez fini de peindre, vérifiez que tout est prêt pour la prochaine fois. Assouplissez les poils des pinceaux qui ont durci, mettez à jour votre journal de bord (voir ci-dessous) et rangez votre matériel là où vous pourrez le trouver facilement la prochaine fois.

GARDER DES PINCEAUX EN BON ÉTAT

● **Assouplir les pinceaux.** Si un pinceau mal nettoyé a durci, faites-le tremper dans du vinaigre jusqu'à ce qu'il redevienne souple. Grattez la peinture avec une brosse métallique.

● **Huiler les pinceaux.** Glissez quelques gouttes d'huile dans les poils des pinceaux propres et secs pour qu'ils restent souples. Essuyez l'excédent d'huile avant de les ranger.

NETTOYER LES TACHES

● **Les taches de peinture.** Voir p. 46 pour retirer les taches des vêtements et des meubles. Pour ôter la peinture sèche des cheveux, frottez-les avec un peu de white-spirit et de papier absorbant.

SE NETTOYER LES MAINS

Faites bien pénétrer l'huile dans la peau.

Utilisez de l'huile ordinaire.

Un dissolvant naturel

Frottez-vous les mains avec de l'huile végétale pour retirer la peinture séchée. Essuyez-les avec du papier absorbant. L'huile ne vous desséchera pas les mains comme le white-spirit.

LES RACCORDS

Versez le reste de peinture dans un bocal en verre.

Garder des échantillons

Gardez un peu de peinture dans un bocal en verre propre et sec pour faire les raccords, surtout si vous avez créé la nuance vous-même, car vous aurez du mal à retrouver une couleur identique.

IDÉE LUMINEUSE

Appliquez un peu de peinture sur un morceau de carton. Emportez-le avec vous dans les magasins lorsque vous cherchez les meubles et les tissus qui doivent être assortis.

CONSTITUER UN JOURNAL DE BORD POUR LA RÉNOVATION

Lorsque vous voudrez redécorer votre maison, votre tâche sera beaucoup plus facile si vous avez constitué un journal de bord consacré aux matériaux de rénovation et aux quantités utilisées. Prenez des notes pendant que vous bricolez. Vous pourrez retrouver dans votre journal de bord les renseignements utiles.

● **Présentation.** Utilisez un cahier ou créez une section rénovation dans votre journal de bord général (voir p. 9).
● **Noter les détails.** Inscrivez la quantité, la couleur, la référence, la qualité et le prix du papier peint ou de la peinture et le nom du magasin où vous l'avez acheté. Si vous avez un échantillon ou la photo d'un catalogue, conservez-les ici.
● **Les achats.** Lorsque vous faites des achats de décoration, emportez votre journal de bord avec vous dans les magasins. Vous pourrez alors vérifier que ce que vous achetez est assorti à ce que vous avez déjà.

● **Les échantillons de tissu.** Collez-les dans votre journal de bord. Inscrivez le nom du fabricant, la marque du tissu et sa référence. Pour les rideaux, notez leur référence et le nom du fabricant. Pour les stores, notez la marque du produit rigidifiant.

POSER DU PAPIER PEINT

L E PAPIER peint permet de décorer les murs avec toute une palette de motifs et de couleurs. Il est un peu plus difficile de bien poser du papier peint que de passer une couche de peinture, alors commencez plutôt par une petite pièce.

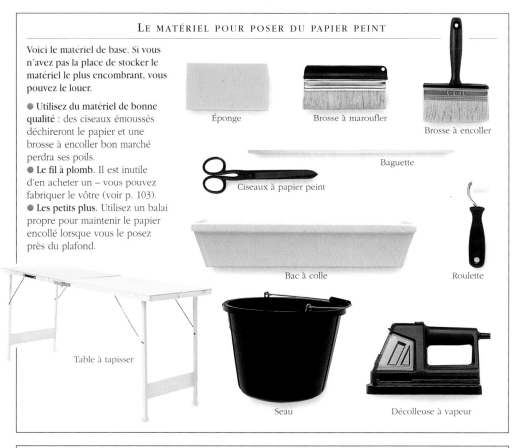

LE MATÉRIEL POUR POSER DU PAPIER PEINT

Voici le matériel de base. Si vous n'avez pas la place de stocker le matériel le plus encombrant, vous pouvez le louer.

● **Utilisez du matériel de bonne qualité** : des ciseaux émoussés déchireront le papier et une brosse à encoller bon marché perdra ses poils.

● **Le fil à plomb**. Il est inutile d'en acheter un – vous pouvez fabriquer le vôtre (voir p. 103).

● **Les petits plus**. Utilisez un balai propre pour maintenir le papier encollé lorsque vous le posez près du plafond.

Éponge

Brosse à maroufler

Brosse à encoller

Baguette

Ciseaux à papier peint

Roulette

Table à tapisser

Bac à colle

Seau

Décolleuse à vapeur

LES DIFFÉRENTES QUALITÉS DE PAPIER PEINT

Assurez-vous que le papier que vous avez choisi convient bien à l'état des murs et à la destination de la pièce.

● **Les quantités.** Achetez un rouleau de plus que ce dont vous pensez avoir besoin. D'un lot à l'autre, il peut y avoir des nuances.

● **Le papier épais.** Achetez du papier épais ou gaufré, si vous voulez dissimuler des murs rugueux ou fissurés. Ils ne se distendront et ne se déchireront pas aussi facilement que les papiers fins.

L'APPRÊT
Il camoufle un peu les irrégularités des murs avant la pose de papier décoratif.

LE PAPIER VINYLE
Ce papier est idéal pour cuisines, salles de bains et chambres d'enfants.

LE PAPIER GAUFRÉ
Ce papier est idéal pour les murs irréguliers. Il doit être peint et est difficile à retirer.

LE PAPIER DÉCORATIF
N'hésitez pas à rapporter des échantillons chez vous pour voir s'ils conviennent.

AVANT DE COMMENCER

AVANT de poser du papier peint neuf, retirez l'ancien. Si vous le posez sur de la peinture, commencez par la laver et la laisser sécher. Vérifiez que le plâtre est bien sec avant de poser du papier, afin que la colle à papier peint adhère bien. Portez de vieux vêtements pour vous protéger.

RETIRER DU PAPIER PEINT

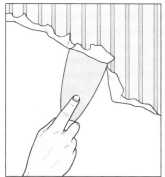

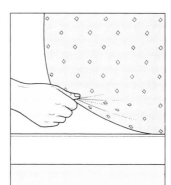

À la main
Mouillez bien une petite partie du papier à l'aide d'une éponge. Faites quelques fentes dans la partie mouillée avec le grattoir, puis retirez le papier en l'arrachant de bas en haut.

À l'aide d'une décolleuse
Les jets de vapeur détruisent la colle derrière l'ancien papier. Vous pouvez travailler sur une zone plus large qu'à la main, mais vous devrez de toute façon retirer le papier décollé à l'ide d'un grattoir.

Retirer le vinyle
Décollez le vinyle tout doucement en commençant au bas du mur - vous trouverez en dessous du papier d'apprêt que vous pourrez soit retirer, soit recouvrir de papier peint neuf.

LES PRÉPARATIFS

VÉRIFIEZ que tous les travaux de peinture nécessaires ont été effectués, car la colle à papier peint s'enlève facilement des surfaces peintes. Préparez tout votre matériel et découpez plusieurs lés de papier à la bonne taille, en prévoyant au moins 10 cm de plus que la hauteur du mur.

COMMENCER LE TRAVAIL
● Les plafonds. Commencez toujours par le plafond afin que la colle ne tombe pas sur du papier fraîchement collé.

LA COLLE À PAPIER PEINT
● Utiliser un rouleau. Il vous permettra d'appliquer la colle plus rapidement qu'avec la brosse à encoller.

Produit préencolleur
Ce produit, qui s'applique sur les murs trop absorbants, permet de faire glisser les lés de papier sur le mur pour pouvoir plus facilement faire les raccords.

Préparation de la colle
Suivez les instructions du fabricant pour préparer la colle. Remuez bien avec une baguette en bois et laissez reposer jusqu'à disparition des bulles d'air.

IDÉE LUMINEUSE

Les taches de graisse
Peignez les taches de graisse avec de la peinture à l'eau avant de poser le papier peint. Cela empêchera la graisse de traverser le papier.

LE PAPIER D'APPRÊT

Le papier d'apprêt, qui existe en plusieurs épaisseurs, permet d'obtenir une surface lisse. Laissez-le sécher 48 heures avant de poser le papier peint.

Le fait de poser du papier d'apprêt vous permettra également de vous entraîner à faire les découpes délicates, autour des interrupteurs par exemple.

SUR LES PLAFONDS

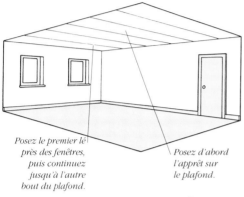

Posez le premier lé près des fenêtres, puis continuez jusqu'à l'autre bout du plafond.

Posez d'abord l'apprêt sur le plafond.

SUR LES MURS

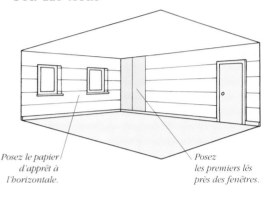

Posez le papier d'apprêt à l'horizontale.

Posez les premiers lés près des fenêtres.

L'ORDRE À SUIVRE

Commencez par le mur le plus important. Si le papier comporte un motif central, commencez au milieu du point central de la pièce. Sinon, commencez à gauche d'une fenêtre. Terminez par l'angle le plus proche de la porte où d'éventuels mauvais raccords seront moins visibles.

L'ordre idéal

Commencez près d'une fenêtre ou d'un point central. Continuez en vous éloignant dans les deux sens de votre point de départ. Terminez dans un angle près d'une porte.

LES FINITIONS

● Les bords. Appliquez fortement le papier à la jonction du mur et du plafond, et à celle du mur et de la plinthe. Tenez le papier d'une main et coupez à la pliure avec des ciseaux.

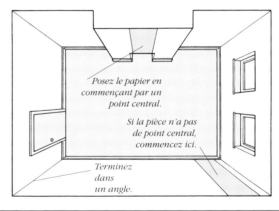

Posez le papier en commençant par un point central.

Si la pièce n'a pas de point central, commencez ici.

Terminez dans un angle.

POUR LE PLAFOND	
Périmètre de la pièce	Nombre de rouleaux
9-12 m	2
13-15 m	3
16-18 m	4
19-21 m	6
22-24 m	7
25-27 m	9
28-30 m	10

POUR LES MURS									
	Nombre de rouleaux nécessaires selon le périmètre de la pièce								
Hauteur du mur	9 m	12 m	14 m	16 m	18 m	21 m	23 m	26 m	28 m
2.14 m	4	5	6	7	8	9	10	12	13
2.45 m	5	6	7	9	10	11	12	14	15
2.75 m	6	7	8	9	10	12	13	14	15
3 m	6	8	9	10	12	13	15	16	18

TECHNIQUES UTILES

Après avoir posé du papier peint dans une pièce, notez la quantité de papier utilisée dans votre journal de bord de décoration (voir p. 9) ou dans un endroit discret, derrière un interrupteur par exemple. Cela vous évitera d'avoir à recalculer les quantités de papier la prochaine fois.

QUELQUES ASTUCES

● **Les trous.** Repérez les trous que vous avez faits, en plaçant une allumette dans la cheville. Laissez-la dépasser d'environ 3 mm. Passez le papier peint par-dessus et vous saurez où remettre vos clous.

● **Protéger le papier.** Passez une couche de vernis protecteur vendu dans le commerce une fois que le papier est bien sec.

● **Trop de colle.** Fixez un morceau de ficelle au-dessus du seau de colle sur lequel vous passerez votre brosse à encoller pour en retirer l'excédent.

LES INTERRUPTEURS

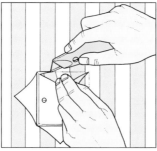

Découper à la bonne taille
Lorsque vous posez du papier, découpez une croix dans le papier. Repliez le papier en arrière et découpez-le bien au ras.

ASTUCE ÉCONOMIQUE

Attachez une paire de ciseaux au bout d'une ficelle et vous aurez en un instant votre propre fil à plomb.

LES DÉFAUTS DU PAPIER PEINT

Pour éviter les problèmes les plus courants lors de la pose de papier peint, il convient de bien préparer les murs et le papier. Les petits défauts, comme les bulles d'air, les zones brillantes et les bords irréguliers sont relativement faciles à réparer. Toutefois, si vous avez abîmé un lé entier, recommencez avec un nouveau.

1 Pour retirer les bulles d'air, faites précautionneusement une petite croix avec un cutter au centre de la bulle.

2 Repliez les morceaux et, à l'aide d'une petite brosse très fine, insérez de la colle à papier dans les fentes.

3 Rabattez les morceaux de papier et lissez les bords avec une brosse. Essuyez avec une éponge humide.

Les bords décollés
Soulevez-les avec un cutter, appliquez de la colle et recollez-les avec une éponge.

Les taches brillantes
Dues à la colle séchée sur le papier, elles s'ôtent en les frottant avec de la mie de pain.

AUTRES DÉFAUTS

● **Les bords irréguliers.** Recoupez-les ou camouflez-les avec une frise.

● **Les faux plis.** Apparaissent parfois lorsque l'on pose du papier sur un mur irrégulier. Coupez le long du faux pli et recollez le papier. Aplatissez-le avec une éponge.

● **Les taches humides.** Enlevez le lé, recommencez.

AUTRES TRAVAUX DE RÉNOVATION

Dans la plupart des maisons, on trouve de la menuiserie et différents revêtements de sol. Si vous souhaitez redécorer votre intérieur, vous serez contraint de les réparer ou de les remplacer. Si vous n'êtes pas sûr d'y parvenir, faites appel à un spécialiste.

LA MENUISERIE

Le bois non traité de bonne qualité peut être vernis ou teinté, plutôt que peint. Avant de peindre ou de vernir du bois, commencez toujours par le poncer soigneusement. Lorsque vous voulez peindre du bois, passez une couche d'apprêt, puis deux couches de peinture.

NOTIONS DE BASE

● **Les vers.** Soyez vigilant si vous voyez dans le bois de minuscules trous d'où sort de la sciure – ils révèlent souvent une infestation par des vers. Si une grande quantité de bois a été infestée, faites appel à un professionnel. Le traitement par une société spécialisée est garanti plusieurs années.

● **Peindre du bois.** Avant de peindre du bois, essuyez-le avec un chiffon imbibé de white-spirit pour le préparer. Appliquez ensuite plusieurs couches de peinture à l'huile.

DÉCAPER DU BOIS

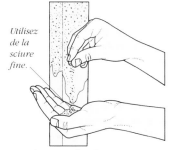

Utilisez de la sciure fine.

Appliquer du décapant
Lorsque vous décapez des surfaces verticales, saupoudrez le décapant de sciure : en coulant moins vite, il agira plus longtemps.

ASTUCE À L'ANCIENNE

Faites ressortir l'odeur naturelle des coffres et des armoires en cèdre en ponçant l'intérieur.

LA FAÏENCE

La faïence apporte une certaine diversité dans les revêtements de la maison. Les carreaux en miroir donnent l'illusion qu'une pièce est plus vaste. La faïence est préconisée dans la cuisine et la salle de bains, car elle supporte la chaleur, la graisse et l'humidité bien mieux que la peinture et le papier peint.

AVANT LA POSE

● **Choisir la faïence.** Achetez, si possible, de la faïence autocollante. Elle se pose plus proprement que celle qu'il faut coller. Pour recouvrir des grandes surfaces, achetez des bandes de carreaux précollés.

● **Examiner la surface.** Vérifiez que la surface qui doit recevoir la faïence est solide, sèche et en bon état. Ne la posez pas sur du papier peint. S'il s'agit d'un mur peint, assurez-vous que la peinture ne s'écaille pas. Vous pouvez poser de la faïence neuve sur de l'ancienne si elle n'est ni fendue ni mal fixée.

POSER LA FAÏENCE

● **Préparer les murs.** Poncez-les avec du papier de verre épais car la colle adhérera mieux sur une surface un peu rugueuse.

● **Poser les accessoires.** Pour les fixer sur un mur recouvert de faïence, vous serez obligé de faire des trous à la perceuse. Commencez par faire un petit trou à l'endroit choisi avec un outil pointu. Collez ensuite du papier adhésif par-dessus pour empêcher la perceuse de glisser et de casser la faïence. N'utilisez pas un marteau et des clous pour faire un trou dans de la faïence – elle se briserait.

RÉPARER LA FAÏENCE

Remplacer la faïence
Si un carreau s'est cassé, il n'est pas nécessaire de refaire le mur. Retirez le morceau cassé avec un burin et un maillet et remplacez-le par un nouveau carreau.

LES REVÊTEMENTS DE SOL

LA PLUPART des revêtements de sol peuvent être posés par un néophyte. Toutefois, un sol mal posé peut nuire à l'esthétique de la pièce, alors, si vous n'êtes pas certain de réussir, faites-le poser par un spécialiste. Reportez-vous p. 14-17 pour l'entretien des différents revêtements.

LE VINYLE
● **Poser du vinyle.** Commencez devant une fenêtre et posez-le en vous éloignant. Posez-le à angles droits sur les lattes de plancher ou sur de l'Isorel.

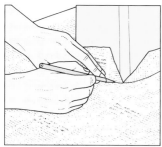

Dans les recoins difficiles
Tracez la forme sur du journal avec un stylo épais, découpez-la et utilisez-la comme un patron pour que le morceau s'adapte parfaitement.

POSER DE LA MOQUETTE
● **Les carrés de moquette.** Enfoncez plusieurs clous à travers un morceau de bois et utilisez cet outil pour déplacer les bouts de moquette à assembler.

Sur les escaliers
Laissez dépasser un peu de moquette en haut et en bas. Vous pourrez déplacer la moquette tous les ans et l'usure sur le bord des marches sera répartie.

LES AUTRES REVÊTEMENTS
● **Le liège.** Facile à installer. Poser le grain dans le même sens. Le liège est isolant, il assourdit le bruit et tient chaud sous les pieds. Utilisez du liège recouvert de PVC pour les endroits très utilisés.
● **Le linoléum.** Lorsque vous posez du linoléum, gardez à l'esprit qu'il peut se distendre. Avant de le découper à la taille voulue, posez-le à plat sur le sol pendant quelque temps.
● **Le carrelage.** Il doit être posé par un professionnel. Reportez-vous p. 16 pour faire partir les traces blanches qui peuvent apparaître sur du carrelage récemment posé.
● **Le parquet.** Laissez les lattes dans la pièce plusieurs jours avant de les poser.

LES ÉTAGÈRES

AVANT d'installer des étagères, il est important de réfléchir à leur utilisation. Les livres sont particulièrement lourds et il faut placer des supports à intervalles réguliers sous les étagères pour qu'elles ne s'incurvent pas. Choisissez-les dans un style assorti au décor de la pièce.

CHOISIR DES ÉTAGÈRES
● **Avec de la brique.** Fabriquez un meuble à étagères en empilant des briques sur lesquelles vous poserez des planches en bois à intervalles réguliers.
● **Avec du verre.** Le verre doit très épais, avec un rebord biseauté pour que l'on ne puisse pas se couper. Placez des morceaux de ruban adhésif double face entre le verre et les supports pour empêcher les étagères de glisser.
● **Les supports.** Utilisez des supports adaptés pour le matériel lourd tel que la chaîne stéréo ou la télévision. Vérifiez que les murs sont suffisamment solides pour soutenir ce poids.

FIXER DES ÉTAGÈRES

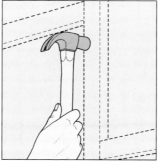

Sur les cloisons
Fixez les supports avec des chevilles adaptées au type de la cloison. Vous pouvez éventuellement renforcer la cloison en fixant à l'intérieur un tasseau en bois.

ADAPTER LES ÉTAGÈRES

Pour exposer des assiettes
Clouez des baguettes le long des étagères servant à exposer des objets à la verticale pour les empêcher de glisser. Vous pouvez les vernir ou les peindre de la même couleur que l'étagère.

LE BRICOLAGE

ENTRETENIR sa maison, cela signifie que toutes les installations et le matériel fonctionnent correctement. Si vous êtes propriétaire, en entretenant votre maison, vous lui conservez sa valeur, et, si vous êtes locataire, vous êtes certain de récupérer votre caution. Faites le nécessaire dès qu'un problème surgit, soit en faisant vous-même la réparation, soit en faisant appel à un professionnel.

UN INTÉRIEUR BIEN ENTRETENU

PRENEZ le temps de regarder votre maison avec l'œil d'un étranger. Il est toujours trop facile de supporter un robinet qui goutte ou une ampoule grillée et de vivre avec. En ne traitant pas immédiatement un problème, on provoque des désagréments et parfois des situations dangereuses.

Les fenêtres sont des points d'accès pour les cambrioleurs (voir p. 118).

Gardez les extincteurs à portée de main; en cas de feu, chaque seconde compte.

Installez des détecteurs d'incendie à chaque étage.

Vérifiez que l'escalier est en bon état et bien éclairé (voir p. 112).

L'éclairage représente 10 % de la facture d'électricité. Voyez p. 113 pour faire des économies.

La salle de bains est la pièce où l'on consomme le plus d'eau. Vérifiez votre plomberie (voir p. 107).

Vous pouvez surcharger votre système électrique en faisant fonctionner trop d'appareils en même temps (voir p. 112).

La plupart des incendies débutent dans la cuisine. Gardez-y une couverture ignifugée.

Une maison bien tenue

Ces précautions coûtent un peu d'argent et de temps mais évitent certains désastres comme les vols, les feux et les inondations. Installez des détecteurs à incendies, des extincteurs et des alarmes et posez des verrous de sécurité sur les portes et les fenêtres.

Placez des paillassons à l'intérieur de la maison et devant les portes donnant sur l'extérieur pour préserver la propreté.

Isolez bien vos sols et posez un revêtement facile à nettoyer dans la cuisine (voir p. 116).

LA PLOMBERIE

LES ROBINETS qui gouttent et les fuites peuvent provoquer des inondations ou abîmer les menuiseries et le plâtre. Les fuites sont également dangereuses pour les installations électriques. Si vous ne pouvez pas faire les réparations vous-même, appelez un plombier.

LE MATÉRIEL DE BASE

Pour faire face aux problèmes de plomberie, préparez le matériel nécessaire à l'entretien courant et aux travaux d'urgence. Achetez toujours les outils de la meilleure qualité possible car ils sont plus faciles à utiliser et durent plus longtemps. Assurez-vous que vous savez vous en servir correctement et en toute sécurité. Rangez vos outils où vous les trouverez facilement en cas d'urgence.

Pince étau

Résine

Ruban isolant

Ventouse

Clé à molette

LES ROBINETS QUI GOUTTENT

LES ROBINETS qui gouttent sont source d'irritation mais aussi de gaspillage. Ils laissent également des dépôts de calcaire sur les éviers et les baignoires. Parfois causés par un joint usé à remplacer, ils peuvent aussi indiquer un problème important, comme un tuyau percé.

REMPLACER UN JOINT

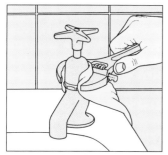

1 Fermez le robinet principal. Dévissez la tête du robinet avec une clé à molette, en plaçant un chiffon doux entre le robinet et la clé pour ne pas rayer le robinet.

2 Dévissez le gros boulon à l'intérieur avec une clé à tête plate. Retirez le mécanisme, remplacez l'ancien joint par un joint neuf et remontez le robinet.

LES BASES DE LA PLOMBERIE

● **Les arrivées d'eau.** Vérifiez que vous savez où se ferme l'arrivée d'eau principale.

● **Commencer au bon moment.** Il vaut toujours mieux commencer les travaux de plomberie tôt le matin. Ainsi, les magasins seront encore ouverts si jamais vous devez acheter des pièces qui vous manquent.

● **Acheter des rjoints.** Lorsque vous achetez un joint, prenez-en plusieurs à la fois. Rangez-les où vous les trouverez facilement en cas de besoin, près de l'arrivée d'eau principale par exemple.

LES TÊTES DE ROBINETS

● **Les têtes qui fuient** indiquent que le clapet, qui empêche l'eau de passer par l'axe lorsque le robinet est ouvert, est usé et doit être remplacé.

IDÉE LUMINEUSE

Attachez un morceau de ficelle à l'extrémité d'un robinet qui goutte. Ainsi l'eau glissera silencieusement le long de la ficelle jusque dans l'évier au lieu de goutter.

● **Les robinets modernes.** Ils sont équipés de joints toriques et non de clapets. Pour racheter un joint torique, il vous faudra connaître la marque du robinet.

LES TUYAUX PERCÉS

LES TUYAUX percés peuvent provoquer des inondations qui peuvent abîmer le mobilier et même faire s'effondrer le plafond. Il faut donc intervenir rapidement lorsqu'un tuyau est endommagé. Avant de commencer la réparation, fermez l'arrivée d'eau principale. Si nécessaire, appelez un plombier.

RÉPARATIONS TEMPORAIRES

● **Les tuyaux en cuivre.** Enfilez-les dans un tuyau d'arrosage fendu dans la longueur. Fermez avec des bagues de fixation.

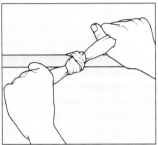

Tuyaux en plomb et plastique
Introduisez de la vaseline dans la fissure. Enroulez un chiffon ou de l'adhésif étanche autour du tuyau jusqu'à sa réparation.

> **ATTENTION**
> Si un tuyau fuit près d'une installation électrique, fermez l'arrivée d'eau principale.

RÉPARATIONS DÉFINITIVES

1 Frottez le tuyau avec du papier de verre pour que la colle époxy adhère bien. Étalez la colle sur la fissure.

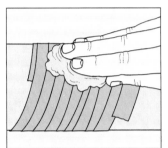

2 Entourez la partie abîmée avec du ruban adhésif en fibre de verre ou de l'adhésif étanche en faisant au moins deux tours. Recouvrez de colle.

3 Lorsque la colle est vraiment bien sèche, ouvrez tous les robinets ouverts jusqu'à ce que l'eau passe dans chacun d'eux pour éviter les bulles d'air (voir ci-dessous).

QUE FAIRE LORSQU'UN TUYAU SE PERCE

1 Fermez l'arrivée d'eau et ouvrez tous les robinets pour purger le système.

2 Éteignez le chauffe-eau pour éviter que les tuyaux ne surchauffent et cassent.

3 Si l'eau se répand sur le branchement d'une lampe, éteignez la lampe et retirez le fusible correspondant dans le tableau électrique.

4 Essayez de trouver l'origine de la fuite. Bouchez la fissure avec un chiffon ou de l'adhésif. Placez une bassine en dessous et appelez un plombier.

5 En attendant, si le plâtre du plafond se gonfle, retirez les meubles et les tapis et placez un seau sous la fuite. Percez le plâtre pour laisser l'eau s'évacuer.

LES BRUITS DE TUYAUTERIE

LA PLUPART du temps, lorsque des tuyaux font du bruit, c'est parce qu'ils sont mal fixés et qu'ils vibrent. Si c'est le cas, placez de la mousse en caoutchouc entre eux et le mur ou accrochez-les à une latte de bois. Si cela n'est pas efficace, c'est peut-être qu'il y a de l'air dans le tuyau.

L'ORIGINE DU BRUIT

● **Les bulles d'air.** De l'air peut pénétrer dans les canalisations si une grande quantité d'eau est subitement tirée de l'installation. Essayez d'évacuer l'air en tapant doucement le long du tuyau avec un maillet entouré d'un chiffon.
● **Les autres causes.** Quand on referme trop brusquement un robinet, on peut provoquer des coups de bélier. Il est donc conseillé de les fermer doucement.

SUPPRIMER UNE BULLE D'AIR DANS UNE CANALISATION

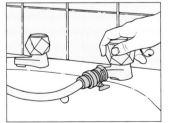

1 Ouvrez les robinets à fond ou reliez le robinet de la canalisation qui pose problème à un robinet d'arrivée d'eau avec un morceau de tuyau d'arrosage.

2 Ouvrez le robinet du tuyau défectueux, puis l'autre. La pression du robinet d'arrivée principale devrait repousser l'air hors de la canalisation.

3 Fermez le robinet lorsque le bruit a cessé. Retirez le tuyau d'arrosage du robinet principal et pensez à bien le vider avant de défaire l'autre extrémité. Réduisez la pression de l'arrivée d'eau pour éviter que le problème ne se reproduise.

LES CANALISATIONS GELÉES

Les canalisations gelées doivent être réchauffées dès que possible pour éviter qu'elles n'éclatent. Chauffez le siphon sous l'évier en l'entourant de chiffons trempés dans de l'eau chaude et essorés. Pour faire dégeler des tuyaux extérieurs, versez de l'eau bouillante sur la partie du tuyau qui a gelé.

DÉGELER UNE CANALISATION INTÉRIEURE

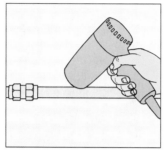

1 Fermez l'arrivée d'eau. Ouvrez les robinets reliés à la canalisation gelée pour qu'ils se vident. Trouvez la partie gelée en passant votre main le long du tuyau.

2 Tenez un sèche-cheveux près de la partie gelée du tuyau. Ne le mettez pas trop près des tuyaux en plastique car ils pourraient fondre.

ÉVITER LE GEL

● **Empêcher l'air froid d'entrer.** Laissez en place les bondes pour empêcher les tuyaux d'évacuation de geler.

● **Faire circuler l'eau.** Laissez les robinets d'eau froide très légèrement ouverts pendant la nuit lorsqu'il fait très froid.

● **La solution traditionnelle.** Versez une poignée de sel de cuisine dans l'évacuation juste avant d'aller vous coucher pour empêcher le gel de se former.

● **Isoler les tuyaux.** Isolez les tuyaux avec de la mousse fixée par du ruban calorifère.

LES ÉVACUATIONS ET LES ÉVIERS BOUCHÉS

Les éviers et les évacuations se bouchent à cause de la graisse et d'autres déchets qui y sont versés. Débouchez les évacuations avec un mélange de sel, de bicarbonate de soude et de crème de tartre. N'utilisez pas de soude caustique – combinée au gras, elle formerait un bouchon.

DÉBOUCHER LES CANALISATIONS

● **Éviers, lavabos et baignoires.** Écopez l'eau stagnante. Versez une poignée de cristaux de soude, puis de l'eau bouillante dans l'évacuation. Renouvelez l'opération si nécessaire.

● **Les canalisations extérieures.** Utilisez la méthode ci-contre pour les déboucher. Si le bouchon est important, utilisez une tringle ou appelez un plombier.

LES MAUVAISES ODEURS

● **Désodoriser.** Versez des cristaux de soude et de l'eau très chaude dans l'évacuation.

Utiliser une ventouse
Si la solution ci-dessus n'est pas efficace, utilisez une ventouse. Enduisez le bord de vaseline, placez-la sur l'évacuation et recouvrez-la d'eau. Appuyez plusieurs fois vigoureusement.

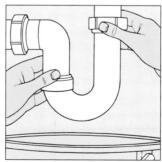

Un bouchon
Si le bouchon est dans le siphon, la ventouse ne sera pas efficace. Placez un seau sous le siphon et dévissez-le. Insérez une tige métallique doucement jusqu'à ce que la canalisation soit dégagée.

ASTUCE GAIN DE TEMPS

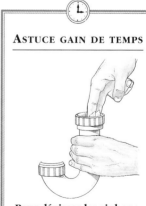

Pour dévisser les siphons
Avant de remettre le siphon en place, étalez de la vaseline tout autour du pas de vis. Il se retirera très facilement la prochaine fois.

LES W.-C. ET LEURS ACCESSOIRES

O N S'APERÇOIT qu'un W.-C. est bouché lorsque l'eau monte vers le rebord supérieur de la cuvette et s'évacue très lentement. Procédez rapide- ment aux réparations nécessaires car les inondations causées par les réservoirs qui fuient ou l'eau qui déborde peuvent causer d'importants dégâts.

DÉBOUCHER UN W.-C.

1 Si un W.-C. est bouché, cessez de tirer la chasse d'eau et laissez un maximum d'eau s'écouler.

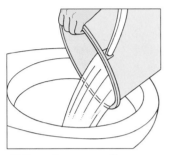

2 Verser le contenu d'un seau d'eau d'un seul coup. Si le W.-C. reste bouché, débouchez-le avec une ventouse réservée à cet usage en pompant vigoureusement.

LES INONDATIONS

● **Les causes.** Lorsque l'eau déborde du réservoir, c'est que le flotteur est endommagé, qu'il est mal réglé ou qu'un joint du tuyau d'arrivée d'eau est usé.

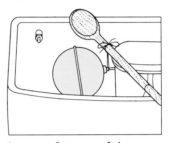

Stopper le trop-plein
Si un réservoir déborde, soulevez le flotteur. Maintenez-le surélevé à l'aide d'une cuillère en bois jusqu'à l'installation d'un nouveau flotteur.

LES APPAREILS QUI DÉBORDENT

● **Le savon.** Certains lave-linge et lave-vaisselle peuvent déborder lorsque l'on utilise un détergent non approprié ou trop de savon. Tournez le bouton jusqu'à ce que la machine se vide. Faites un cycle de rinçage pour évacuer l'excès de détergent.
● **En cas de panne.** Si le problème n'est pas dû à la quantité de détergent, vérifiez que le filtre est correctement posé. Si vous ne trouvez pas l'origine de la fuite, videz la machine, débranchez-la et appelez un réparateur. Coupez le courant si l'eau s'approche d'interrupteurs ou de prises électriques.

ÉCONOMISER DE L'EAU

I L SUFFIT de quelques gestes simples pour ne pas gaspiller l'eau et réduire ses factures. Les bains représentent 25 % de la consommation d'eau d'une maison, alors prenez plutôt des douches. Ne laissez pas couler l'eau pendant que vous vous brossez les dents.

LA CUISINE

● **La vaisselle.** Les lave-vaisselle ne sont économiques que s'ils sont remplis. Si vous avez peu de vaisselle, lavez-la à la main.

L'eau en trop
Videz carafes et bouilloires dans les plantes. L'eau de vaisselle peut servir à arroser les plantes du jardin si votre produit à vaisselle n'est pas trop agressif.

LA LESSIVE

● **Les lave-linge.** Lorsque vous achetez un lave-linge, rappelez-vous que les machines à ouvertures frontales consomment moins d'eau que celles que l'on remplit par le haut.

À L'EXTÉRIEUR

● **Lavage de voiture.** Lavez votre voiture avec un seau d'eau et n'utilisez le tuyau d'arrosage que pour la rincer. Lorsque le tuyau d'eau reste ouvert, des centaines de litres d'eau sont rapidement gaspillés.
● **Nettoyer les allées.** Balayez les allées et entrées de garages avec un balai rigide au lieu de les laver au tuyau d'arrosage.

LA SALLE DE BAINS

● **L'eau gaspillée.** Les robinets qui fuient (eau froide et eau chaude) font gaspiller de l'énergie et des centaines de litres d'eau.

Un colorant végétal colore l'eau.

Test pour repérer les fuites
Versez un peu de colorant végétal dans le réservoir. S'il y a une fuite, vous verrez apparaître le colorant dans les W.-C. Dans ce cas, appelez un plombier.

LES SOURCES D'ÉNERGIE

L'ÉLECTRICITÉ peut tuer, il est donc primordial de s'en servir avec précaution. Avant d'y toucher, il faut absolument couper le compteur et retirer le fusible qui protège le circuit sur lequel vous comptez travailler. Vérifiez que le circuit est bien interrompu.

LE MATÉRIEL DE BASE POUR S'OCCUPER DE L'ÉLECTRICITÉ

Regroupez vos outils dans une boîte afin de pouvoir les trouver facilement. Pendant une coupure de courant, il est primordial d'avoir une lampe de poche, alors réservez-en une spécialement pour ces occasions et vérifiez régulièrement que ses piles fonctionnent. Assurez-vous que vous savez utiliser les outils correctement et en toute sécurité.

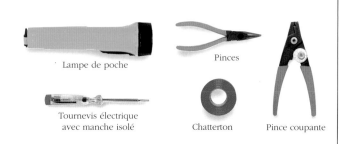

Lampe de poche

Pinces

Tournevis électrique avec manche isolé

Chatterton

Pince coupante

LES CONSIGNES DE SÉCURITÉ

VÉRIFIEZ souvent que prises et cordons électriques ne sont pas abîmés. Réparez tout de suite les installations défectueuses car elles pourraient devenir dangereuses. Ne passez pas les fils électriques sous la moquette car, avec l'usure, les fils peuvent être mis à nu. Ne donnez pas de coups de marteau près des prises.

LES RÈGLES DE BASE
● **Les mains sèches.** L'eau conduit l'électricité et, si vos mains ou vos vêtements sont mouillés, vous risquez de recevoir une décharge.
● **Évitez les surcharges.** Évitez de brancher sur un même circuit plus d'appareils qu'il ne peut en supporter. Vous pourriez surcharger le système.

Entourez soigneusement la partie abîmée du cordon.

Réparer les cordons
Si un cordon est usé, entourez-le de chatterton bien serré pour qu'il soit sans danger. Remplacez le cordon dès que possible.

LES APPAREILS
● **La prise de terre.** Vérifiez que tous les appareils métalliques sont reliés à la terre pour éviter les décharges électriques.
● **Les prises.** Remplacez les prises fendues ou cassées avant que l'humidité ne puisse s'y infiltrer. Utilisez des grosses prises en caoutchouc pour les appareils portables.

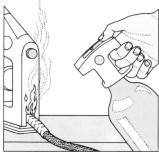

Les feux électriques
Utilisez un extincteur spécial. N'essayez jamais de l'éteindre avec de l'eau car cela créerait un court-circuit et des décharges.

SIGNES DE DANGER

Il est préférable de faire appel à un professionnel lorsque vous rencontrez des problèmes avec une installation électrique. Soyez attentif aux signes de danger qui sont présentés ci-dessous et essayez de vous familiariser avec les soins d'urgence à donner en cas de choc électrique p. 167 et 171.

● **Une odeur suspecte ou de brûlé.** Cela peut indiquer que la prise d'un appareil surchauffe et commence à fondre. Éteignez l'appareil et débranchez la prise.
● **Les prises chaudes.** Si une prise est chaude, débranchez-la. Coupez le courant et retirez le fusible de ce circuit. Vérifiez la prise de l'appareil et la prise murale. Si l'une ou l'autre est endommagée et n'est pas réparée, vous risquez de provoquer un incendie.

LAMPES ET APPAREILS ÉLECTRIQUES

Un bon éclairage est essentiel dans une maison. Éteignez la lumière lorsque vous quittez une pièce et installez des interrupteurs programmables qui s'allument lorsque vous vous absentez. Entretenez vos appareils – les appareils abîmés peuvent provoquer incendies et décharges électriques.

L'ENTRETIEN DES LAMPES
● **Les ampoules appropriées.** Utilisez toujours les ampoules à la puissance conseillée. Nettoyez les lampes régulièrement.

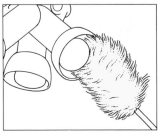

Des ampoules propres
La poussière peut réduire jusqu'à 50 % de la lumière fournie par une ampoule. Nettoyez les installations fixées au plafond avec un plumeau. Voir aussi p. 20.

L'ÉCLAIRAGE DE LA MAISON
● **Un plan d'éclairage.** Choisissez le voltage en fonction de l'utilisation de chaque pièce de la maison.
● **Les interrupteurs.** Mettez un peu de peinture ou un autocollant fluorescent sur les interrupteurs afin de pouvoir les trouver facilement dans le noir.
● **L'éclairage et la sécurité.** Si vous avez de jeunes enfants, mettez des cache-prise dans les prises murales et utilisez des prises avec des fiches gainées. Rassurez les enfants qui ont peur du noir avec une veilleuse. Éclairez les endroits dangereux la nuit, tels que les escaliers extérieurs, avec des lampes installées près du sol.

EN CAS DE PROBLÈME
● **Fusibles et prises.** Si un appareil ne fonctionne plus, consultez le manuel. Il faut peut-être remplacer un fusible (voir ci-dessous). Si cela ne suffit pas, branchez un appareil qui fonctionne bien dans la prise pour vérifier que le problème ne vient pas de la prise elle-même.
● **Les surcharges.** Ne branchez pas trop d'appareils sur la même prise – vous risquez de provoquer un incendie.
● **Les appareils dangereux.** Si vous recevez une décharge en utilisant un appareil, ne l'utilisez plus jusqu'à ce qu'il ait été réparé par un électricien.

LES COUPURES DE COURANT

Si vous n'avez plus d'électricité, cela peut vouloir dire qu'un fusible est à changer ou qu'il y a une coupure générale. Si vous êtes prévenu d'une coupure, réglez les réfrigérateurs et les congélateurs sur la puissance maximum et placez des bougies et des allumettes à portée de main.

LES SURCHARGES
1 Si plusieurs lampes et appareils s'arrêtent en même temps, c'est probablement qu'un fusible a sauté. Éteignez tout ce qui est relié à ce fusible.

2 Remplacez le fusible. Si les fusibles ne sont pas identifiés, cherchez des traces de brûlé. Regardez si des fils ont brûlé et réparez-les si c'est le cas.

3 Vérifiez l'état des prises et des cordons sur ce circuit et réparez-les si nécessaire.

4 Allumez les lampes et les appareils un par un. Si le fusible saute à nouveau, c'est soit qu'il y a surcharge, soit qu'un appareil est défectueux.

LES COUPURES DE COURANT
● **Lorsque le courant revient.** Remettez à l'heure les horloges. Attendez au moins six heures avant d'ouvrir le congélateur.

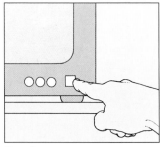

Pendant une coupure
Éteignez vos appareils et les lumières sauf : une ampoule, le réfrigérateur et le congélateur. Une surtension lors du retour du courant pourrait faire sauter un fusible.

IDÉE LUMINEUSE

Gardez en permanence deux bougies dans le réfrigérateur ou le congélateur, vous serez sûr de les trouver en cas de coupure de courant.

LES AUTRES SOURCES D'ÉNERGIE

LES SOURCES d'énergie telles que le gaz et le charbon peuvent être dangereuses. Si vous sentez une odeur de gaz ou de brûlé, cherchez immédiatement d'où elle vient. Une fuite de gaz peut provoquer une explosion, et un feu de cheminée peut mener à l'incendie d'un bâtiment entier.

LES MESURES D'URGENCE EN CAS DE FUITE DE GAZ

1 Si vous sentez une forte odeur de gaz, éteignez cigarettes, bougies et flammes de chauffe-eau. Éteignez les appareils qui pourraient faire des étincelles, comme l'aspirateur. Ne touchez pas aux lampes, laissez-les allumées ou éteintes.

2 Coupez l'arrivée de gaz en fermant le robinet près du compteur. Tournez la tête de robinet jusqu'à ce qu'elle fasse un angle droit avec le tuyau.

3 Ouvrez le plus de fenêtres possible pour que l'air frais dissipe les vapeurs de gaz. Évacuez le bâtiment et prévenez vos voisins. Si quelqu'un est inanimé, emmenez-le dehors pour des soins (voir p. 168).

4 Appelez GDF. Ne tentez pas d'identifier vous-même l'origine du problème en pénétrant dans la pièce d'où vient l'odeur de gaz. Les odeurs de gaz vous asphyxieraient rapidement.

LES FEUX

● **La sécurité.** Si un feu devient incontrôlable, versez de l'eau dessus. Faites nettoyer le conduit de cheminée tous les ans pour éviter que la suie ne s'accumule. Si le conduit prend feu, appelez les pompiers.

● **Les feux lents à démarrer.** Pour faire démarrer un feu, tenez un journal ouvert devant la cheminée en laissant un espace de 3 à 5 cm en bas pour que l'air se dirige sur le feu.

LES ÉCONOMIES D'ÉNERGIE

VOUS pouvez faire des économies substantielles si vous modérez votre consommation d'énergie. Des idées toutes simples existent et des investissements importants, comme l'isolation du grenier ou des canalisations, font une différence considérable à long terme.

LES BOUILLOIRES

Mesurez l'eau avec une tasse.

Ne pas faire bouillir trop d'eau

Faites bouillir exactement la quantité d'eau qu'il vous faut en la mesurant avec une tasse. Si vous utilisez une bouilloire électrique, vérifiez que l'eau recouvre toujours l'élément de chauffage.

LES APPAREILS ÉLECTRONIQUES

● **La télévision.** Ne la laissez pas en veille, mais éteignez-la avec l'interrupteur.

● **Bien choisir les appareils.** Achetez les appareils qui consomment le moins d'énergie et choisissez, selon vos finances, la meilleure qualité.

DANS LA CUISINE

● **Les appareils ménagers.** Équipez-vous avec des appareils qui consomment peu d'énergie, tels que les poêles et les friteuses électriques.

● **Les fours électriques.** Lorsque vous utilisez un four, veillez à tirer bénéfice de toute sa capacité : faites cuire plusieurs plats à la fois.

● **Les cuisinières.** Si le dessus de votre cuisinière est propre, la chaleur se réfléchira mieux.

● **Les fours à micro-ondes.** Utilisez le four à micro-ondes chaque fois que c'est possible. Il consomme beaucoup moins d'énergie que le four traditionnel.

● **Les congélateurs.** Ouvrez le congélateur le moins possible.

● **Les casseroles.** Vérifiez que les couvercles s'adaptent bien sur les casseroles. Utilisez des casseroles de la même taille ou légèrement plus grandes que les brûleurs.

ASTUCE ÉCONOMIQUE

Gardez une tirelire près des interrupteurs et faites payer les membres de votre famille qui oublient d'éteindre la lumière en quittant une pièce.

L'ÉCLAIRAGE

● **La lumière réfléchie.** Placez vos lampes dans les angles des pièces afin que la lumière se réfléchisse sur plusieurs murs à la fois.

CHALEUR ET FROID

UNE MAISON bien isolée conservera la chaleur en hiver et restera fraîche en été, ce qui vous permettra d'économiser de l'argent sur vos factures de chauffage. La dépense initiale engagée pour les travaux d'isolation est rentabilisée en quelques années.

UNE MAISON FRAÎCHE

UNE MAISON CHAUDE

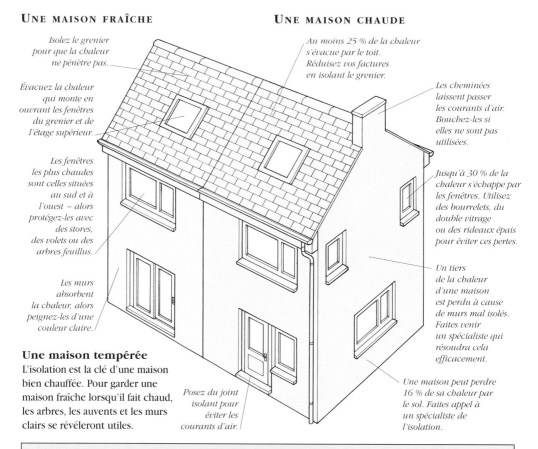

Isolez le grenier pour que la chaleur ne pénètre pas.

Évacuez la chaleur qui monte en ouvrant les fenêtres du grenier et de l'étage supérieur.

Les fenêtres les plus chaudes sont celles situées au sud et à l'ouest – alors protégez-les avec des stores, des volets ou des arbres feuillus.

Les murs absorbent la chaleur, alors peignez-les d'une couleur claire.

Au moins 25 % de la chaleur s'évacue par le toit. Réduisez vos factures en isolant le grenier.

Les cheminées laissent passer les courants d'air. Bouchez-les si elles ne sont pas utilisées.

Jusqu'à 30 % de la chaleur s'échappe par les fenêtres. Utilisez des bourrelets, du double vitrage ou des rideaux épais pour éviter ces pertes.

Un tiers de la chaleur d'une maison est perdu à cause de murs mal isolés. Faites venir un spécialiste qui résoudra cela efficacement.

Une maison peut perdre 16 % de sa chaleur par le sol. Faites appel à un spécialiste de l'isolation.

Posez du joint isolant pour éviter les courants d'air.

Une maison tempérée

L'isolation est la clé d'une maison bien chauffée. Pour garder une maison fraîche lorsqu'il fait chaud, les arbres, les auvents et les murs clairs se révéleront utiles.

RÉDUIRE LES FACTURES DE CHAUFFAGE ET D'AIR CONDITIONNÉ

L'AIR CONDITIONNÉ

- **Les fenêtres.** Installez des auvents à l'extérieur des fenêtres ensoleillées ou plantez des arbres pour faire de l'ombre.
- **Les ventilateurs.** Installez un ventilateur général pour évacuer l'air chaud de toute la maison. Dans la cuisine, un ventilateur lent sera plus efficace qu'un ventilateur rapide.
- **Les climatiseurs.** Installez-les sur le côté ombragé de la maison ou protégez-les derrière un auvent. Nettoyez le filtre régulièrement.

LE CHAUFFAGE

- **Les thermostats.** En baissant le thermostat du chauffage central et de l'eau chaude de quelques degrés, vous pourrez économiser jusqu'à 10 % sur votre facture.
- **Calorifuger.** Si vous calorifugez vos tuyaux, les économies d'énergie seront évidentes.
- **Le double vitrage.** Coûteux à installer, le double vitrage se rentabilise à long terme. Le survitrage est une solution de remplacement plus abordable (voir ci-contre).

- **L'isolation du sol.** Comblez les fissures du plancher et recouvrez les sols de moquette. Faites venir un spécialiste pour l'isolation sous le sol.
- **L'isolation du grenier.** Un quart de la chaleur d'une maison se perd par le toit. Isolez le grenier avec de la laine de verre pour éviter ces déperditions.
- **Les joints isolants.** Achetez des bandes de joint isolant pour éviter les courants d'air autour des portes et des fenêtres.

ÊTRE AU CHAUD

Il n'est pas toujours nécessaire de dépenser beaucoup d'argent pour avoir chaud l'hiver. Portez davantage de vêtements ou des vêtements plus chauds. Fermez les portes des pièces bien chauffées et, si vous n'utilisez jamais certaines pièces, fermez-les et ne les chauffez pas.

LES RADIATEURS
● Empêcher la chaleur de monter. Installez des étagères au-dessus des radiateurs pour que la chaleur se répande.

LES COURANTS D'AIR
● Repérer les courants d'air. Fermez portes et fenêtres. La flamme d'une bougie vous indiquera le courant d'air.

LE SURVITRAGE
● Des solutions temporaires. Fabriquez du survitrage en fixant sur les vitres des feuilles de Plexiglas ou de plastique épais.

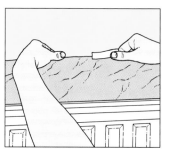

Des réflecteurs de chaleur
Collez du papier aluminium, côté brillant à l'intérieur, sur du carton et mettez-le derrière le radiateur. L'aluminium renverra la chaleur vers la pièce.

L'ennemi des courants d'air
Remplissez la manche d'une vieille veste avec du rembourrage, cousez-la et vous obtiendrez un bourrelet très efficace contre les courants d'air.

Les feuilles de plastique
Collées avec du ruban adhésif, elles font office de survitrage. Faites-les rétrécir avec un sèche-cheveux jusqu'à la bonne dimension et retirez-les l'été.

ÊTRE AU FRAIS

Si votre maison est bien isolée, vous serez protégé du froid et de la chaleur. Lorsqu'il fait chaud, portez des vêtements amples et évitez de vous servir du four et de la cuisinière aux moments les plus étouffants. Ouvrez les fenêtres du dernier étage et créez des courants d'air pour rafraîchir l'atmosphère.

SOLUTIONS NATURELLES
● Éviter la lumière artificielle. Les ampoules dégagent plus de chaleur qu'on ne l'imagine.
● Créer de l'ombre en aménageant le jardin. Plantez des arbres qui donneront de l'ombre à votre maison. Les arbres à feuilles caduques donnent de l'ombre en été, mais laissent passer la lumière en hiver.

RÉDUIRE L'HUMIDITÉ
● La douche. La vapeur peut faire augmenter de façon considérable le taux d'humidité de votre maison. Lorsque vous vous douchez, ouvrez les fenêtres pour laisser s'évacuer un maximum d'humidité.

LAISSER LA CHALEUR DEHORS
● Tirer les rideaux. Tirez les rideaux et fermez les volets pendant les heures les plus chaudes de la journée.

Réfléchir le soleil
Agrafez ou collez du papier aluminium sous la toiture qui renverra la chaleur du soleil vers l'extérieur. La chaleur dans la maison sera réduite de 20 %.

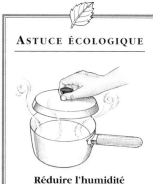

ASTUCE ÉCOLOGIQUE

Réduire l'humidité
Couvrez les casseroles avec un couvercle. Vous consommerez moins d'énergie pour faire cuire les aliments. Fermez la porte de la cuisine pendant que vous cuisinez afin que les autres pièces restent fraîches.

LES RÉPARATIONS COURANTES

FAITES des économies en effectuant vous-même les petites réparations de la maison. Les problèmes que l'on rencontre peuvent souvent être réparés sans grande dépense. Pour les tâches plus compliquées, il vous faudra peut-être l'intervention d'un spécialiste.

LES SOLS

LES GRINCEMENTS et les jours entre les lattes de parquet sont agaçants mais ils sont facilement réparables. Supprimez les bosses des sols en ciment avec un burin et un marteau. Retirez des dalles de vinyle, en les décollant avec un fer chaud en intercalant du papier aluminium pour préserver votre fer.

LES PARQUETS
● Les parquets à l'anglaise. Si une latte est fendue ou cassée, localisez d'abord les clous à chaque extrémité pour trouver les solives. Percez un trou près des solives et découpez la latte avec une scie sauteuse. Remplacez-la.
● Les lattes à rainures et languettes. Sciez le long de la latte abîmée et retirez-la. Remplacez-la par une latte ordinaire, soutenue à chaque extrémité par un renfort de bois vissé à chaque solive.

UNE ISOLATION RAPIDE

De la pâte à bois maison
Comblez les interstices avec du papier mâché fabriqué avec du journal et de la colle à papier peint. Laissez sécher, puis poncez.

LES PARQUETS QUI GRINCENT

Utilisez du talc
Saupoudrez du talc entre les lattes. Si une latte bouge, fixez-la aux solives à l'aide de longs clous, dans un angle.

LES PORTES

POUR empêcher les portes de claquer, installez un groom. Si une porte a du jeu, déplacez la gâche ou posez du joint en caoutchouc à l'intérieur de l'encadrement de la porte. Redressez une porte qui s'affaisse en resserrant ou en déplaçant les charnières. Réparez les parties du bois qui pourrissent.

LES PORTES QUI FROTTENT

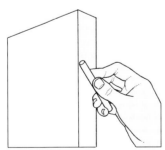

Localiser le problème
Passez de la craie sur le bord de la porte, puis fermez-la. La craie se déposera sur l'encadrement au point de frottement. Poncez cette zone. Pour les portes coulissantes, passez de la graisse sur les rails.

LES CHARNIÈRES

Lubrifier une charnière
Passez la pointe d'un crayon de papier sur la partie centrale d'une charnière qui coince. Sinon, appliquez un peu d'huile sur la charnière avec un chiffon et faites aller et venir la porte.

IDÉE LUMINEUSE

Pour huiler une serrure qui accroche, mettez un peu d'huile sur la clé. Mettez la clé dans la serrure et donnez quelques tours pour lubrifier.

LES ESCALIERS

L E MEILLEUR moyen d'empêcher un escalier de grincer est d'intervenir par en dessous. Si vous ne pouvez pas y accéder, vissez le devant de la marche à la contremarche. Veillez à ce que l'escalier soit bien éclairé et la moquette soigneusement fixée afin que personne ne trébuche.

TROIS MOYENS POUR EMPÊCHER LES ESCALIERS DE GRINCER

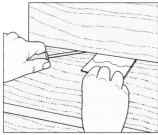 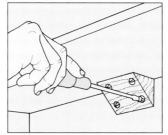 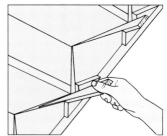

Insérer une cale
Insérez un tournevis entre la marche et la contremarche, glissez un morceau de carton recouvert de colle à bois. À faire jusqu'à ce que la marche ne grince plus.

Ajouter un support en bois
Il faut parfois intervenir sous l'escalier. Collez un morceau de bois triangulaire à l'angle de la marche et de la contremarche. Fixez-le ensuite avec des vis.

Remplacer le limon
Il est parfois nécessaire de remplacer le limon lorsqu'il s'agit d'un escalier ancien. Retirez la vieille colle, appliquez de la colle neuve, puis placez le limon neuf.

LES FENÊTRES

S I VOUS ne pouvez pas remplacer une fenêtre cassée, bouchez-la avec une planche d'aggloméré. Portez toujours des gants épais lorsque vous manipulez du verre. Lorsque le verre est fendu, recouvrez-le temporairement d'un film polyéthylène et de papier adhésif. Veillez à bien sceller les vitres.

LES CARREAUX CASSÉS
● Manipuler du verre cassé. Portez des gants de jardin épais et, si vous devez casser du verre, portez des lunettes de protection. Jetez le verre cassé dans du journal.

REMPLACER UNE VITRE
1 Achetez une vitre qui mesure 1,5 mm de moins que l'encadrement de la fenêtre. Retirez ce qui reste de mastic. Nettoyez le renfoncement et passez une couche d'apprêt.

LES PROBLÈMES

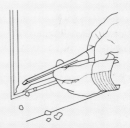

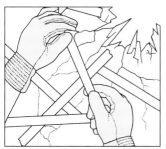 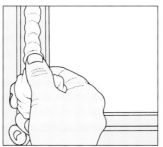

Retirer du verre
Collez du papier adhésif en croisillons sur le carreau cassé. Recouvrez le verre d'un chiffon épais, puis tapez doucement avec un marteau pour retirer les bouts de verre de la fenêtre sans faire d'éclats.

2 Déposez une couche de mastic frais sur le rebord de la fenêtre. Mettez en place la vitre en appuyant sur les bords – pas au centre où elle pourrait se briser. Fixez la vitre à l'aide de pointes de vitrier.

● **Le mastic abîmé.** Lorsque le mastic durcit, il arrive qu'il se brise et tombe. Retirez alors tout le mastic à l'aide d'un burin et remplacez-le.
● **Les fenêtres difficiles à ouvrir.** L'accumulation de peinture est parfois responsable. Décapez la peinture sur les rebords de la fenêtre, poncez-les et repassez une couche de peinture.
● **La condensation.** Pour éviter la condensation sur le châssis en métal de la fenêtre, installez un survitrage.

LA SÉCURITÉ DANS LA MAISON

En PROTÉGEANT votre maison, vous découragerez les cambrioleurs à l'affût d'une occasion. Installez des verrous de sécurité, une alarme et des lumières extérieures. Proposez à vos voisins de surveiller mutuellement vos maisons en cas d'absence.

LES ENDROITS VULNÉRABLES DE LA MAISON

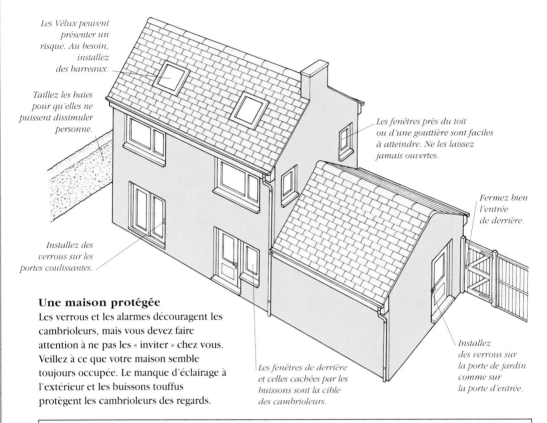

Les Vélux peuvent présenter un risque. Au besoin, installez des barreaux.

Taillez les haies pour qu'elles ne puissent dissimuler personne.

Les fenêtres près du toit ou d'une gouttière sont faciles à atteindre. Ne les laissez jamais ouvertes.

Fermez bien l'entrée de derrière.

Installez des verrous sur les portes coulissantes.

Installez des verrous sur la porte de jardin comme sur la porte d'entrée.

Une maison protégée
Les verrous et les alarmes découragent les cambrioleurs, mais vous devez faire attention à ne pas les « inviter » chez vous. Veillez à ce que votre maison semble toujours occupée. Le manque d'éclairage à l'extérieur et les buissons touffus protègent les cambrioleurs des regards.

Les fenêtres de derrière et celles cachées par les buissons sont la cible des cambrioleurs.

RENFORCEZ LA SÉCURITÉ DE VOTRE MAISON

● **Les alarmes.** Elles doivent être bien visibles.
● **Les portes.** Installez des portes solides. Les portes minces peuvent être ouvertes d'un simple coup de pied. Posez des verrous solides sur les portes donnant sur l'extérieur et une chaîne ou un judas afin de vérifier l'identité d'un visiteur.
● **Les fenêtres.** Installez des verrous sur chaque fenêtre, surtout sur celles proches des gouttières, celles du rez-de-chaussée et les portes-fenêtres. Verrouillez-les chaque fois que vous sortez.

● **Les portes de derrière.** Rendez l'arrière de votre maison aussi difficile d'accès que possible.
● **Le garage.** Fermez bien la porte qui mène du garage à la maison, de même que les portes du garage. Un cambrioleur pourrait opérer à l'intérieur sans être vu.
● **Les haies.** Taillez les haies aussi bas que possible pour que l'on puisse voir un éventuel cambrioleur essayant d'entrer chez vous. Les haies et les buissons épineux peuvent également servir à décourager les cambrioleurs.

● **Les remises à outils.** N'hésitez pas à les cadenasser pour que vos outils ne puissent pas être utilisés pour pénétrer chez vous. Fixez les charnières de la porte à l'intérieur de la remise pour qu'elles ne puissent pas être démontées et la porte retirée.
● **Les échelles.** Pensez à bien enfermer les échelles ou cadenassez-les à l'horizontale contre un mur pour que les cambrioleurs ne puissent pas s'en servir pour pénétrer chez vous par l'étage.

À L'INTÉRIEUR DE LA MAISON

LES VERROUS sont efficaces dans la mesure où les matériaux qui constituent la maison sont solides. Rendez la tâche plus difficile aux cambrioleurs en équipant votre maison de portes et fenêtres de bonne qualité que vous fermerez toujours à clé. Changez les serrures lorsque vous emménagez.

BIEN FERMER LES PORTES ET LES FENÊTRES

● **Les portes intérieures.** Ne les fermez pas à clé. On pourrait penser que vous cachez des objets de valeur et les casser.

● **Les portes extérieures.** Posez-y des verrous spéciaux, du côté des charnières, pour les rendre encore plus difficiles à fracturer.

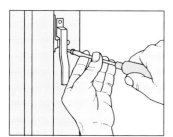

Les fenêtres à battants

Enfoncez une longue vis dans la fenêtre à côté de la poignée pour empêcher qu'on l'ouvre. Faites installer des verrous dès que possible.

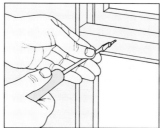

Les fenêtres à guillotine

Installez des verrous ou passez une longue vis en bois à travers les montants qui se rejoignent. Ne vissez pas les fenêtres de façon définitive, en cas d'incendie.

IDÉE LUMINEUSE

Laissez un trousseau de clefs sans nom ni adresse chez un voisin de confiance. Ne laissez jamais vos clefs sous un pot de fleurs ou dans la boîte aux lettres – un voleur pensera à ces cachettes aussi facilement que vous.

FERMER LES RIDEAUX

● **Dans la journée.** Ouvrez les rideaux. Les rideaux tirés indiquent que vous êtes sorti et pourraient masquer quelqu'un.
● **Dans la soirée.** Tirez les rideaux le soir, lorsque les lumières sont allumées, pour que l'on ne puisse pas voir les objets qui vous appartiennent.

VOS BIENS

● **Le marquage.** Inscrivez vos nom et code postal sur vos objets de valeur à l'encre invisible pour prouver à la police qu'ils sont à vous.
● **La photo.** Photographiez vos objets de valeur afin de pouvoir prouver qu'ils sont les vôtres s'ils ont été volés.

LORS D'UN CAMBRIOLAGE

● **Rencontrer un cambrioleur.** Si vous surprenez un cambrioleur, ne le provoquez pas. Montrez-vous coopératif, puis appelez la police. Si, en arrivant chez vous, vous voyez quelqu'un sur les lieux, appelez la police depuis la maison d'un voisin.

LES PRÉCAUTIONS À PRENDRE AVANT DE PARTIR EN VACANCES

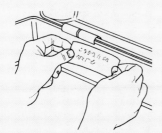

● **Les étiquettes sur les bagages.** En collant votre adresse sur votre valise, vous montrez que votre maison est inoccupée. Collez plutôt l'étiquette à l'intérieur.

● **Le courrier.** Demandez à un voisin de prendre le courrier dans la boîte aux lettres pour qu'il ne s'accumule pas pendant votre absence.
● **Les programmateurs.** Installez des programmateurs qui allumeront la lumière et la télévision le soir.
● **Les portes de garage.** Fermez les portes de garage: si votre voiture n'est pas là, personne ne pourra s'en rendre compte.
● **La voiture.** Si vous partez quelques jours, laissez votre voiture devant la maison.

Demandez à un voisin de retirer la neige ou le givre qui pourraient s'y déposer si vous partez longtemps.
● **Donnez l'impression que la maison est occupée.** Demandez à un voisin de tondre la pelouse, de ramasser les feuilles et de laisser des signes de présence, comme des empreintes de neige dans l'allée.
● **Protéger vos valeurs.** Placez vos objets de valeur dans un coffre à la banque avant de partir. Informez la police de votre départ afin qu'ils surveillent votre maison d'un peu plus près.

L'ALIMENTATION

POUR bien manger, il est inutile de se lancer dans des recettes élaborées, avec des techniques compliquées. Il suffit de choisir de bons ingrédients et de bien les préparer. Rassemblez les ingrédients et le matériel nécessaires avant de commencer et accordez-vous beaucoup de temps et de place dans la cuisine – cela diminue les risques d'accidents et vous évitera également de rater les plats et de vous énerver.

LE MATÉRIEL ET LES INGRÉDIENTS

ESSAYEZ de bien organiser votre cuisine – il est difficile de travailler dans une pièce encombrée de gadgets qui ne servent jamais et d'accessoires qui ne sont pas à leur place. Reportez-vous p. 26 à 30 pour le nettoyage de la cuisine et suivez les conseils ci-dessous pour résoudre les problèmes courants.

RÉSOUDRE LES PROBLÈMES COURANTS

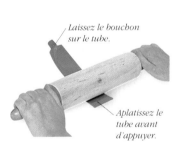

Laissez le bouchon sur le tube.

Aplatissez le tube avant d'appuyer.

Le bouchon est maintenu par une vis.

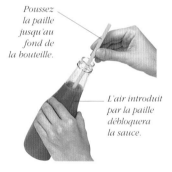

Poussez la paille jusqu'au fond de la bouteille.

L'air introduit par la paille débloquera la sauce.

Vider les tubes de pâte
Pour les vider complètement, poussez ce qui reste au fond avec un rouleau à pâtisserie.

Remplacer une poignée
Si un couvercle perd sa poignée, remplacez-la par un bouchon en liège, qui résistera à la chaleur.

Faire couler la sauce
Si la sauce est dans une bouteille, enfoncez une paille dedans pour y introduire de l'air, puis retirez-la.

COMMENT DÉVISSER UN BOCAL

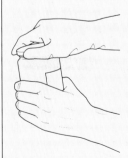

Il existe plusieurs solutions pour ouvrir les bocaux plus facilement.

● **Trouver une prise.** Enfilez un gant en caoutchouc pour avoir une bonne prise sur le couvercle, puis tournez. Pour les petits couvercles, utilisez un casse-noix.

● **Par la chaleur.** Tenez le couvercle sous l'eau chaude pour dilater le métal.

● **Débloquer le couvercle.** Tapez en biais tout autour du couvercle avec une cuillère.

BRÛLURES ET FEUX

● **Éviter les brûlures.** Ne laissez pas dépasser les poignées des casseroles de la cuisinière lorsque vous cuisinez.

● **L'huile enflammée.** Étouffez les flammes avec un couvercle ou jetez du sel, de la terre, des cristaux de soude ou des sels de bains sur les flammes. N'essayez pas d'éteindre l'huile enflammée avec de l'eau.

LES CONSEILS DE BASE

Lorsque vous utilisez votre four, faites cuire plusieurs plats à la fois pour économiser de l'énergie – et rappelez-vous que les plats placés en haut cuiront plus vite que ceux placés en bas. Lorsque vous faites cuire des aliments, couvrez les casseroles – les aliments cuiront plus vite.

LE MATÉRIEL DE CUISINE

● **Les récipients.** Mesurez le volume de vos plats et de vos saladiers. Inscrivez sous chacun d'eux sa contenance, avec du vernis à ongles. Vous trouverez facilement le plat approprié lorsque vous serez pressé.

● **Réchauffer les assiettes.** Les assiettes peuvent se décolorer ou se fendre au four. Mieux vaut les réchauffer en les passant sous l'eau chaude.

● **Les livres de cuisine.** Notez vos recettes dans des cahiers en créant un index qui vous aidera à trouver la recette que vous cherchez. Recouvrez les livres de cuisine que vous utilisez souvent avec du papier aluminium facile à essuyer.

PARFUMER LES PLATS

Quand faut-il ajouter le sel ?
Ajoutez le sel en début de cuisson pour les potages et les plats mijotés et en fin de cuisson sur les rôtis, sinon il durcit la viande. Faites cuire les légumes dans l'eau salée.

IDÉE LUMINEUSE

Pour ne pas salir votre livre de cuisine en le consultant pendant que vous cuisinez, ouvrez-le à la bonne page, puis glissez-le dans un sac en plastique transparent. Le livre restera propre même si vous vous lancez dans une recette salissante.

RATTRAPER DES ERREURS

Filtrez une sauce grumeleuse avec une passoire fine pour qu'elle retrouve une consistance lisse. Si vos plats sont trop épicés, ajoutez de la pomme de terre ou du yaourt. Ajoutez de la pomme de terre à une soupe trop claire et un peu de farine délayée dans du lait à une sauce trop liquide.

LES PLATS TROP GRAS

● **Après la cuisson.** Placez le plat au réfrigérateur et laissez-le refroidir jusqu'à ce que la graisse se dépose au-dessus. Retirez-la avec une cuillère.

La graisse se fige autour des glaçons.

Pendant la préparation
Mettez des glaçons dans les aliments – la graisse se déposera dessus ; retirez-les. Ou passez une feuille de laitue sur la surface du plat.

LES PLATS BRÛLÉS

● **Les plats mijotés.** Versez le ragoût dans une autre cocotte – le brûlé restera au fond. Ajoutez de l'eau et du piment ou du poivre pour camoufler le goût.

● **Les côtelettes.** Faites revenir des légumes (tomates ou champignons), découpez les côtelettes brûlées en morceaux et servez le tout en brochettes.

LES LIQUIDES QUI DÉBORDENT

● **Comment l'éviter.** Rincez la casserole à l'eau froide avant d'y verser le lait. Pour empêcher d'autres liquides de déborder, graissez le bord des casseroles.

● **Pour le rattraper.** Si du lait est sur le point de déborder, retirez la casserole du feu et reposez-la brutalement.

LES ALIMENTS TROP SALÉS

● **Les légumes.** Versez de l'eau bouillante dessus. S'il s'agit de pommes de terre, écrasez-les et ajoutez du lait et un œuf battu.

Les soupes et plats mijotés
Ajoutez une pomme de terre crue, faites-la cuire, puis jetez-la. Sinon, refaites le même plat sans sel du tout, puis mélangez les deux.

FRUITS ET LÉGUMES

A CHETEZ les fruits et les légumes frais en petites quantités afin de ne pas avoir à les conserver trop longtemps. Vérifiez régulièrement l'état des fruits et des légumes et jetez ceux qui sont abîmés pour qu'ils ne contaminent pas les autres.

BIEN LES CONSERVER

C ONSERVEZ les légumes très périssables, comme les salades et les fruits fragiles au réfrigérateur. Si des fruits tels que des bananes deviennent trop mûrs, réduisez-les en purée et congelez-les, vous pourrez les utiliser ultérieurement pour confectionner un gâteau.

CONSERVER LES FRUITS
● **Les pommes**. Disposez-les sur un plateau en les séparant les unes des autres. Retirez celles qui ne sont pas impeccables.
● **Les citrons**. Ils se garderont plusieurs mois au réfrigérateur dans un bocal d'eau froide.

CONSERVER LES LÉGUMES
● **Les champignons frais**. Recouvrez les champignons de papier absorbant humide et mettez-les au réfrigérateur. Ils se garderont plusieurs jours.
● **Les tomates et les concombres**. Ils sont bien meilleurs lorsqu'ils sont laissés hors du réfrigérateur.

LES POMMES DE TERRE

Gérer les excédents
Si vous en avez trop, empêchez-les de germer en plaçant quelques pommes parmi elles. Si vous avez épluché trop de pommes de terre, mettez-les dans l'eau et conservez-les au réfrigérateur.

CONSERVATION DANS L'EAU

Veillez à bien recouvrir les tiges d'eau.

Des légumes croquants
Certains légumes se conservent mieux dans l'eau. Conservez la ciboule et le céleri à la verticale dans un verre d'eau au réfrigérateur. Conservez le cresson et les olives dans un bol d'eau au réfrigérateur.

FAIRE MÛRIR LES FRUITS

D E NOMBREUX fruits continuent à mûrir naturellement après avoir été cueillis, mais il peut être utile de savoir les faire mûrir. Si vous mettez les fruits au réfrigérateur, le processus de maturation sera retardé, alors qu'il sera accéléré si vous placez des fruits bien mûrs dans un endroit sombre.

LES TOMATES

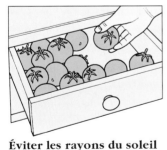

Éviter les rayons du soleil
Faites mûrir les tomates loin des rayons du soleil - un tiroir convient parfaitement. L'exposition au soleil ramollit les tomates sans les faire mûrir plus rapidement.

LES POMMES ET LES POIRES

Ajoutez une pomme mûre dans le sac.

Accélérer la maturation
Faites mûrir les pommes et les poires en les plaçant dans un sac en papier perforé avec une pomme déjà mûre, dans un endroit sombre et frais.

QUELQUES ASTUCES
● **Les fruits verts**. Faites-les mûrir dans un sac en plastique perforé. Les trous laissent passer l'air mais empêchent l'éthylène – un gaz qui favorise la maturation – de s'échapper.
● **Les avocats**. Faites-les mûrir en les plaçant dans un sac en plastique avec un morceau de peau de banane ou en les mettant dans un bol de farine.
● **Les bananes**. Pour empêcher les bananes de mûrir, mettez-les au réfrigérateur – leur peau noircira, mais le fruit restera ferme.

LES SALADES

Laissez une petite éponge sèche dans le compartiment à légumes de votre réfrigérateur – elle absorbera l'humidité et empêchera les aliments de s'abîmer. Pour donner à votre salade un léger goût d'ail, frottez une gousse d'ail coupée en deux à l'intérieur du saladier avant d'y déposer la salade.

PRÉPARER DES SALADES COMPOSÉES

Poussez les légumes avec le dos du couteau pour ne pas émousser la lame.

La soucoupe recouvre le fond du saladier – l'eau s'accumule en dessous.

Égoutter la salade

Placez une soucoupe à l'envers au fond du saladier avant d'y déposer la salade lavée et les autres crudités. L'eau se déposera sous la soucoupe et la salade ne sera pas trop mouillée.

RAVIVER DE LA LAITUE
● **La laitue ramollie.** Faites-la tremper pendant 1 h dans de l'eau additionnée de 10 ml de jus de citron. Pour qu'elle reste croquante, conservez-la dans un sac en plastique au réfrigérateur.
● **La laitue fanée.** Arrosez la laitue avec de l'eau fraîche, enveloppez-la dans le papier absorbant et mettez-la au réfrigérateur pendant 1 h.

PRÉPARER LA SALADE
● **Couper la salade.** Les salades fermes et croquantes peuvent être coupées en lanières. Tenez-les par la racine et découpez-les par le haut en jetant les parties tachées.

Séparer les feuilles de laitue
Séparez-les à la main – si vous utilisez un couteau, les bords de la salade s'oxyderont. Pour les buffets, déchirez les feuilles en petits morceaux qu'il ne sera pas nécessaire de recouper.

PRÉPARER LES LÉGUMES

Pour éviter que les légumes ne perdent leurs vitamines et risquent de s'abîmer, préparez-les juste avant de les cuisiner. Épluchez les légumes avec un couteau très aiguisé ou un économe pour ne pas retirer trop de peau. Vous pouvez aussi simplement les brosser sous l'eau avec un tampon à récurer.

LES AUBERGINES

Saupoudrez les tranches d'aubergine de sel.

Les faire dégorger
Découpez-les, salez-les des deux côtés et laissez-les dégorger 30 mn, en les retournant une fois pour en éliminer l'amertume. Rincez-les et séchez-les avec du papier absorbant.

LES AUTRES LÉGUMES
● **Éplucher les poivrons.** Tenez le poivron au-dessus d'une flamme à l'aide d'une pique à brochette jusqu'à ce que la peau soit entièrement brûlée. Retirez-la en frottant le poivron avec du papier absorbant.
● **Éplucher les tomates.** Laissez les tomates pendant 1 ou 2 mn dans l'eau bouillante, puis plongez-les dans l'eau froide. La peau se fendillera et vous pourrez les éplucher facilement.
● **Couper les oignons.** Si une recette prévoit de l'oignon finement haché, hachez-le avec une râpe. Pour qu'il reste entier, et donc plus facile à râper, ne découpez pas sa tige.

ASTUCE À L'ANCIENNE

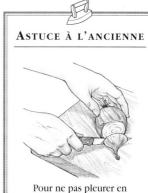

Pour ne pas pleurer en épluchant les oignons, coupez la racine en dernier. Une autre astuce consiste à les éplucher sous l'eau froide. Respirez par la bouche.

FAIRE CUIRE LES LÉGUMES

NE FAITES pas cuire les légumes trop longtemps. Coupez-les en petits morceaux pour les faire cuire et cuisez-les dans le moins d'eau possible. Conservez l'eau dans laquelle les légumes ont cuit et utilisez-la pour confectionner des potages, des bouillons et des sauces – elle est pleine de vitamines.

LA CUISSON À L'EAU

● **Les légumes congelés.** Rendez leur fraîcheur aux légumes congelés en les aspergeant d'eau bouillante avant de les faire cuire.

● **Le chou.** Ajoutez une pincée de bicarbonate de soude à l'eau de cuisson du chou pour éviter les odeurs et pour qu'il reste vert. Sinon, placez un croûton de pain sur le chou pendant qu'il cuit et retirez-le au moment de servir.

● **Le chou-fleur.** Pour empêcher le chou-fleur de jaunir, ajoutez 30 ml de lait à l'eau de cuisson.

LES POIVRONS AU FOUR

Appliquez l'huile avec un pinceau.

Protéger leur peau
Passez de l'huile d'olive sur leur peau avant de les farcir et de les mettre au four pour qu'ils gardent leur couleur et ne se fendillent pas.

FAIRE CUIRE DU MAÏS

Ajoutez du jus de citron frais ou en bouteille.

Du maïs parfait
Ajoutez 5 ml de jus de citron au maïs et il restera bien jaune. Ne salez pas l'eau de cuisson du maïs car il deviendrait dur.

PRÉPARER DES BROCOLIS

Couper les tiges
Faites des incisions en croix à l'extrémité des tiges de brocoli pour que les tiges cuisent aussi vite que les fleurettes.

LE SUCRE DE LA CAROTTE

Dans la sauce tomate
Si votre sauce tomate est acide, ajoutez de la carotte râpée pour l'adoucir. En outre, la carotte épaissira la sauce.

LES AUTRES LÉGUMES

● **Les légumes secs.** Pour éviter qu'ils ne ramollissent, ajoutez une pincée de bicarbonate de soude à l'eau de cuisson.

● **Les champignons.** Poêlez-les à feu vif pour ne pas les durcir.

● **Les épinards.** Après les avoir fait cuire, égouttez-les bien et pressez-les entre deux assiettes pour retirer le maximum d'eau.

● **Les betteraves.** Cuisez-les entières pour qu'elles gardent leur jus. Laissez-les cuire doucement pendant 2 h – leur peau se retirera facilement.

PRÉPARER LES POMMES DE TERRE

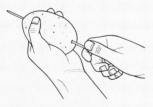

Pour faire cuire plus vite les pommes de terre au four, transpercez-les avec un pic de brochette. Vous pouvez aussi les faire cuire à l'eau 15 mn.

● **La purée.** Pour obtenir une purée légère et fluide, ajoutez 5 g de levure chimique. Si, une fois que vous avez ajouté le lait, la purée devient collante (ce qui se produit lorsque les pommes de terre ont cuit trop longtemps), rendez-la plus légère en ajoutant du lait en poudre.

● **Réchauffer des pommes de terre cuites au four.** Trempez-les dans l'eau et faites-les réchauffer au four, à 150 °C, pendant 20 mn.

● **Des pommes de terre croustillantes.** Après avoir lavé les pommes de terre, frottez-les avec un peu de sel. Tracez une croix dans la peau des pommes de terre, puis faites-les dorer dans de l'huile à four chaud.

● **Les vieilles pommes de terre.** Pour améliorer le goût des vieilles pommes de terre, ajoutez un peu de sucre à leur eau de cuisson. Ajoutez 15 ml de vinaigre blanc pour les empêcher de foncer.

PRÉPARER LES FRUITS

Si vous ne pouvez pas faire cuire des pommes que vous venez d'éplucher, mettez-les dans de l'eau salée pour les empêcher de noircir; rincez-les avant de les utiliser. Une pincée de sel fait ressortir le goût des pommes cuites. Pour réduire la quantité de sucre dans les compotes, ajoutez le sucre après la cuisson.

DÉNOYAUTER ET ÉPLUCHER

● **Pépins et noyaux.** Retirez les pépins de raisins avec l'extrémité d'un trombone. Pour dénoyauter les cerises, utilisez l'extrémité d'un économe.

Versez assez d'eau pour recouvrir les fruits.

Éplucher les fruits

Mettez les fruits à peau fine, tels que les pêches, dans un saladier et versez de l'eau bouillante dessus. Une minute après, videz l'eau et épluchez les fruits.

PRÉSERVER LA FRAÎCHEUR

● **Les fraises.** Rincez et égouttez les fraises avant de retirer le pédoncule. Si vous les lavez après les avoir préparées, l'eau pénétrera dans les fruits et les affadira.

Conserver des bananes jaunes

Ajoutez un peu de porto aux rondelles de bananes pour les empêcher de noircir. Vous pouvez remplacer le porto par du jus d'ananas ou de citron.

LES MELONS

● **La conservation.** Enveloppez les melons que vous conservez au réfrigérateur – le goût et l'odeur ne se transmettront pas aux autres aliments.

Coupez une petite tranche de chaque côté.

Servir du melon

Posez-le à plat sur une assiette après avoir découpé une tranche sur le côté. Cela est utile si vous voulez servir de la salade de fruits dans le melon lui-même.

LES AGRUMES

Si vous conservez les agrumes à température ambiante, vous obtiendrez deux fois plus de jus. Vous pouvez aussi les tremper dans de l'eau chaude pendant 15 mn avant de les presser. Utilisez des écorces d'agrumes séchées pour embaumer la maison ou mettez-en dans les tiroirs pour parfumer le linge.

EXTRAIRE LE JUS

Juste un peu de jus

Faites un trou avec un pic de brochette. Ensuite, emballez le citron dans du papier aluminium et gardez-le au réfrigérateur.

ORANGES ET CITRONS

● **Jus de citrons et d'oranges.** Ils donneront un maximum de jus si vous les passez au micro-ondes avant de les presser.
● **Éplucher les oranges.** Placez-les auparavant dans un bol d'eau bouillante pendant environ 5 mn.
● **Conserver les citrons.** Un citron coupé en deux ne se desséchera pas si vous l'enduisez de blanc d'œuf. N'hésitez pas à congeler la partie que vous n'avez pas utilisée. Si vous n'avez besoin que de petites quantités de citron à la fois, coupez le fruit en quatre et conservez les quartiers dans un sac en plastique au congélateur.

ASTUCE ÉCONOMIQUE

Râpez les écorces de citrons, ajoutez un peu de sucre et conservez ce zeste fait maison au réfrigérateur dans un bocal bien hermétique.

VIANDES, PRODUITS LAITIERS ET ŒUFS

CES ALIMENTS sont les sources de protéines les plus courantes et ils peuvent être préparés de centaines de façons différentes. La viande et le poisson coûtent cher et ne doivent pas être gaspillés – ajoutez les restes à vos plats cuisinés.

PRÉPARER ET FAIRE CUIRE LA VIANDE

IL FAUT saisir la viande à feu vif pour qu'elle conserve tous ses sucs. Retournez la viande à l'aide d'une pince plutôt que d'une fourchette pour éviter de la percer car le jus s'échapperait. Ne salez pas la viande avant de la faire cuire – cela fait sortir le jus. Ajoutez le sel au moment de servir.

LES SAUCISSES
● **Les chapelets de saucisses.** Pour empêcher la viande de sortir, séparez les saucisses quand elles sont presque cuites.

Éviter le rétrécissement
Roulez les saucisses dans de la farine avant de les faire griller. Cela les empêchera de réduire dans la poêle. Vous pouvez aussi les faire bouillir 8 mn avant de les poêler.

DES MÉTHODES POUR POÊLER LA VIANDE
● **Sans matières grasses.** Lorsque vous faites griller des steaks hachés, saupoudrez la poêle de sel au lieu d'y verser un peu d'huile. Les steaks cuiront dans leur jus sans adhérer à la poêle.

● **Les tranches de lard.** Pour les empêcher de se recroqueviller à la cuisson, percez-les avec une fourchette ou trempez-les dans de l'eau froide avant de les poêler.

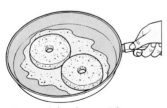

Une méthode rapide
Pour faire cuire des steaks hachés rapidement et uniformément, faites un trou au centre de chacun. Les trous disparaîtront lorsque la viande gonflera en cuisant.

ASSAISONNER LA VIANDE
Assaisonnez un morceau de viande à la fois.

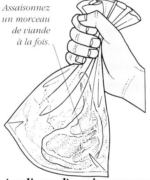

Appliquer l'assaisonnement
Mettez de la farine assaisonnée dans un sac en plastique et ajoutez la viande. Secouez le sac jusqu'à ce que la viande soit recouverte d'une couche d'assaisonnement.

Éviter les éclaboussures
Placez une passoire métallique à l'envers sur une poêle pour empêcher les éclaboussures tout en laissant la vapeur s'échapper. Utilisez une manique pour la retirer.

FAIRE GRILLER LA VIANDE
● **Pour une cuisson plus rapide.** Préchauffez le barbecue et son gril pendant 10 mn.

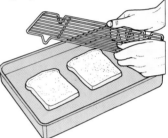

Réduire les risques de feu
Placez des tranches de pain de mie sous le gril qui absorberont la graisse et l'empêcheront de fumer. Cela réduira les risques de voir la graisse s'enflammer.

AGNEAU, PORC ET JAMBON
● **Servir de l'agneau.** Pour éviter que le gras de l'agneau ne se fige, servez la viande sur des assiettes très chaudes.
● **Du porc croquant.** Faites des incisions en forme de croix sur le rôti. Frottez ensuite avec de l'huile puis du sel et faites rôtir.
● **Le jambon.** S'il est trop salé, laissez-le tremper dans du lait pendant 1/2 h.

LA VIANDE DURE
● **Les marinades.** Elles attendrissent la viande. Mélangez le même volume de vinaigre et de bouillon chaud ou d'huile et laissez la viande mariner pendant 1 h dans ce mélange avant de la faire cuire.

LA VOLAILLE ET LE POISSON

LA VOLAILLE doit être décongelée et cuite complètement pour ne pas provoquer d'intoxication. Si vous devez retirer la peau d'un poisson frais, cela sera plus facile si vous le congelez d'abord. Lavez le récipient dans lequel vous avez fait cuire du poisson avec du vinaigre pour éliminer l'odeur.

LA VOLAILLE

● **Le poulet rôti.** Lorsque vous faites rôtir un poulet, assaisonnez l'intérieur et l'extérieur. Placez un demi-citron à l'intérieur du poulet pour parfumer la viande.
● **Le canard et l'oie rôtis.** Percez la peau du canard pour que la graisse puisse s'échapper. Ne percez pas la peau des oies car la chair se dessécherait.

LE POISSON

● **Le poisson glissant.** Pour le manipuler, mouillez vos mains, puis passez-les dans du sel; ou frottez-le avec du vinaigre.
● **Le poisson au court-bouillon.** Ajoutez 15 ml de vinaigre à l'eau de cuisson pour empêcher le poisson de s'émietter.

FAIRE DÉGORGER LE POISSON

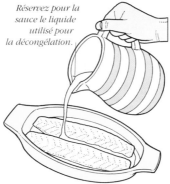

Réservez pour la sauce le liquide utilisé pour la décongélation.

Avec du lait

Décongelez le poisson dans du lait, il aura le goût du poisson frais; utilisez ensuite le lait pour faire la sauce. Faites dessaler les anchois pendant une 1/2 h dans du lait.

RÉDUIRE LES ODEURS

● **Le poisson frit.** Ajoutez du jus de citron à la matière grasse utilisée pour la friture afin de réduire la fumée et les odeurs.

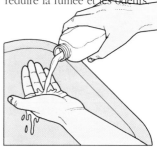

Sur les mains

Frottez vos mains avec du vinaigre, du jus de citron ou du sel, puis rincez-les dans de l'eau tiède avant de les laver. Vous empêcherez l'odeur du poisson de s'incruster.

LES POTAGES ET LES PLATS CUISINÉS

POTAGES et plats cuisinés sont meilleurs s'ils sont faits d'avance; ainsi les saveurs des différents ingrédients ont le temps de bien se mélanger. Ajoutez du thé, de la bière ou du vin aux ragoûts pour attendrir la viande. Ajoutez un peu de purée instantanée pour épaissir une soupe trop claire.

CLARIFIER DU BOUILLON

Ajoutez des coquilles d'œufs

Ajoutez des coquilles d'œufs
Les impuretés se déposeront ainsi à l'intérieur des coquilles. Vous pouvez retirer les coquilles lorsque le bouillon est clair.

LE COURT-BOUILLON

● **Le court-bouillon.** Mettez-y les arêtes et les têtes de poissons. Ne le laissez pas cuire plus de 20 mn, il pourrait devenir amer.
● **Conserver du bouillon.** Congeler le bouillon dans des bacs à glaçons, puis conservez les cubes dans un sac en plastique au congélateur.

LES PLATS CUISINÉS

● **Les plats à four.** Si vous avez cassé le couvercle d'un plat à four, recouvrez le plat de papier aluminium pendant la cuisson.
● **Le bouquet garni.** Faites un bouquet garni en enfermant dans un morceau de mousseline deux branches de persil, une feuille de laurier et une branche de thym.

ASTUCE GAIN DE TEMPS

Avant d'ouvrir une boîte de soupe, secouez-la bien, puis ouvrez-la par en dessous. La soupe glissera hors de la boîte facilement sans adhérer à la boîte de conserve.

LES PRODUITS LAITIERS

L ES PRODUITS laitiers s'abîment vite et doivent être conservés au frais. Sortez le beurre du réfrigérateur environ 1/2 h avant de vous en servir pour qu'il soit plus facile à étaler. Lorsque vous utilisez de la crème fraîche, faites attention de ne pas la laisser bouillir, car elle caillerait.

LA CUISSON AU BEURRE

Ajoutez l'huile lorsque le beurre commence à fondre.

En ajoutant de l'huile
Avant de faire revenir des légumes ou de la viande, ajoutez un peu d'huile végétale ou d'huile d'olive dans la poêle. Cela empêchera le beurre de brûler et donnera une belle couleur dorée aux aliments.

RAMOLLIR DU BEURRE

Posez un bol chaud au-dessus du beurre.

Une méthode rapide
Pour ramollir du beurre avant de l'étaler, placez au-dessus un petit bol chaud à l'envers. Réchauffez le bol en le passant sous l'eau chaude ou en le passant au micro-ondes une fois rempli d'eau froide.

UTILISER LES PRODUITS
● **Faire durer le beurre.** Ajoutez un peu de lait dans le beurre pour le ramollir et le faire durer.
● **Le yaourt.** Remplacez la crème par du yaourt, beaucoup moins riche. Achetez des yaourts nature et parfumez-les vous-même.
● **La glace.** Empêchez la formation de cristaux sur une glace entamée en mettant du papier sulfurisé sur la glace avant de remettre le couvercle.
● **Le lait.** Empêchez le lait de déborder en mettant une bille propre dans la casserole – cela remue le contenu de la casserole. Sinon, suivez la méthode indiquée p. 121.

DES ASTUCES POUR RÉUSSIR UNE CRÈME CHANTILLY
● **Une crème savoureuse.** Utilisez de la crème liquide pour obtenir une chantilly très légère. Si vous avez trop fouetté la crème, ajoutez un peu de lait ou de yaourt pour qu'elle retrouve sa consistance.

● **Des produits de remplacement.** Si vous n'avez plus de crème, vous pouvez utiliser du lait concentré. Ajoutez le jus d'un demi-citron à une boîte de lait et il se transformera en crème fouettée bien ferme.

L'aluminium empêche les éclaboussures.

Empêcher les éclaboussures
Lorsque vous préparez de la crème Chantilly, recouvrez le saladier avec de l'aluminium et passez les batteurs du mixer au travers pour éviter les éclaboussures.

La crème ne prend pas
Si la crème fouettée ne prend pas, ajoutez un blanc d'œuf, placez-la au réfrigérateur, puis fouettez-la de nouveau. Sinon, ajoutez quelques gouttes de jus de citron à la crème.

LE FROMAGE

● **Conserver le fromage.** Empêchez un fromage de se dessécher en étalant une fine couche de beurre sur l'entame. Emballez le fromage dans du papier absorbant humide puis dans du film étirable et gardez-le au réfrigérateur.
● **Râper le fromage.** Placez le fromage 15 mn au congélateur pour qu'il soit plus facile à râper.
● **Le vieux fromage.** N'hésitez pas à utiliser du vieux fromage pour garnir des sandwiches, en le râpant et en le mélangeant à de l'oignon.

LES ŒUFS

L**A COULEUR** de la coquille n'a aucune conséquence sur la qualité. Les œufs se conservent mieux s'ils sont posés sur l'extrémité la plus fine. Si vous devez les battre, laissez-les à température ambiante. Pour savoir si un œuf est frais, placez-le dans un bol d'eau froide – s'il monte à la surface, il n'est pas frais.

SÉPARER LES ŒUFS
● Retirer le jaune. Si des gouttes de jaunes d'œufs sont tombées dans les blancs, retirez-les avec des coquilles – de préférence, avec l'extrémité la plus étroite.

Le verre sépare le blanc du jaune.

Séparer les œufs
Pour séparer un œuf facilement, cassez-le au-dessus d'une soucoupe et placez un petit verre sur le jaune. Tenez fermement le verre contre la soucoupe et versez le blanc d'œuf dans un récipient.

LES ŒUFS CUITS À L'EAU
● Découper des œufs durs. Trempez votre couteau dans de l'eau bouillante. Pour hacher les œufs, coupez-les dans la longueur avant de les hacher dans la largeur.

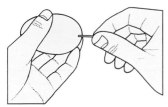

Les empêcher de craquer
Faites un trou d'épingle à une extrémité de l'œuf avant de le mettre à bouillir. L'air pourra ainsi s'échapper. Si la coquille d'un œuf s'est fendue, ajoutez du vinaigre à l'eau de cuisson.

BATTRE LES ŒUFS
● Un saladier propre. Rincez le saladier à l'eau froide avant de battre des jaunes d'œufs dedans – ils n'adhéreront pas au bord du saladier.

Un peu de sel et de vinaigre aide les blancs d'œufs à monter.

Battre des blancs en neige
Ajoutez 5 ml de vinaigre blanc et une pincée de sel aux blancs d'œufs s'ils ne veulent pas monter. Sachez que la présence de jaune, même minime, rend les blancs beaucoup plus difficiles à monter.

POUR DÉCORER UN PLAT

Remuez doucement pour ne pas casser les œufs.

Centrer les jaunes
Lorsque vous faites durcir des œufs, remuez-les doucement mais continuellement pour que les jaunes ne se placent pas d'un côté. Une fois cuits, plongez-les dans l'eau froide, puis écalez-les.

ASTUCE À L'ANCIENNE

Le jaune d'œuf ternit l'argent. Pour ne pas avoir à nettoyer l'argenterie, utilisez plutôt des coquetiers en plastique ou en acier inoxydable.

DES ASTUCES DE CUISSON
● Les œufs pochés. Ajoutez quelques gouttes de vinaigre blanc dans l'eau pour empêcher les œufs pochés de se déformer. Créez un tourbillon dans l'eau et cassez l'œuf dans le puits.
● Les œufs brouillés. Pour augmenter la quantités d'œufs brouillés, ajoutez 15 g de chapelure pour trois œufs.

CONSERVER LES ŒUFS
● Les jaunes d'œufs. Les jaunes d'œufs se conservent plusieurs jours au réfrigérateur recouverts d'eau froide.
● Congeler les œufs. Placez-les dans des récipients en plastique en indiquant bien le contenu.

LA MAYONNAISE
● Faite maison. Lorsque vous faites de la mayonnaise, ajoutez l'huile goutte à goutte pour qu'elle prenne bien. Essayez de ne pas vous interrompre avant d'avoir complètement terminé.

LES FÉCULENTS

CE SONT des aliments essentiels. Le pain sèche rapidement à température ambiante, mais le pain rassis a aussi son utilité. Rangez les pâtes et le riz dans des récipients hermétiques. Les pâtes fraîches se conservent au réfrigérateur.

LE PAIN

CONSERVEZ le pain de mie au réfrigérateur. Le pain et la chapelure se conservent bien au congélateur, mais il ne faut pas les y laisser plus de deux mois. Lorsque vous coupez du pain frais, trempez d'abord votre couteau à pain dans l'eau bouillante – ainsi il tranchera le pain facilement.

LE PAIN GRILLÉ
● **Les tranches fines.** Lorsque vous faites griller des tranches fines, mettez deux tranches à la fois, cela empêchera le pain de se déformer ou de se casser.

LA CHAPELURE
● **Le pain rassis.** Pour faire de la chapelure, mettez du pain rassis dans un sac en plastique et écrasez-le avec un rouleau à pâtisserie.
● **Un produit de remplacement.** Si vous n'avez plus de chapelure, utilisez des corn flakes ou des céréales similaires passées au mixer.

LE PAIN FRAIS

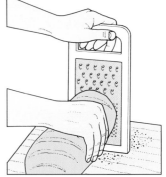

Gardez le pain frais
Placez une tranche de pomme ou de pomme de terre dans la boîte à pain. Nettoyez-la une fois par semaine pour que les moisissures ne se développent pas (voir p. 29).

Râper du pain frais
Le pain frais ne se transforme pas facilement en chapelure. Si vous devez utiliser du pain frais pour faire de la chapelure, congelez-le avant de le râper.

CONSERVER ET CONFECTIONNER DES SANDWICHES
● **Les congeler.** Préparez-les d'avance et congelez-les. Sortez-les du congélateur plusieurs heures avant de les consommer.

Découpez le pain en sandwiches après avoir disposé les garnitures à l'intérieur.

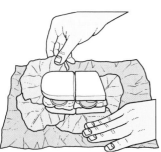

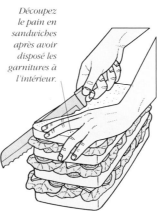

Conserver des sandwiches
Si vous faites des sandwiches la veille d'un départ, enveloppez-les dans des feuilles de laitue puis dans de l'aluminium et mettez-les toute la nuit au réfrigérateur, ils resteront frais et moelleux.

Des sandwiches à étages
Préparez-les en découpant un pain de mie dans l'épaisseur et en posant les ingrédients choisis entre chaque tranche de pain. Assemblez le pain, puis découpez-le à la verticale.

LE PAIN FAIT MAISON
● **Doser le sel.** Ajoutez la bonne quantité de sel lorsque vous faites du pain – l'excès de sel détruit la levure, mais le manque de sel fait monter la pâte trop vite.
● **Recouvrir la pâte.** La pâte à pain doit être couverte pour monter correctement. Utilisez un torchon humide ou du film étirable, tout aussi efficace.
● **Du pain rapide.** Avant de faire de la pâte à pain, passez la farine à four doux pendant quelques minutes. Ainsi la pâte cuira plus rapidement.
● **Du pain croustillant.** Pour obtenir une pâte croustillante sur du pain fait maison, passez un peu d'huile avec un pinceau sur le pain avant de l'enfourner.

LE PAIN RASSIS

Ne jetez pas le pain rassis – il peut être ramolli selon les méthodes ci-dessous ou transformé en chapelure (voir ci-contre). Vous pouvez également poêler les tranches de pain de mie après les avoir trempées dans du lait et de l'œuf et les servir saupoudrées de sucre semoule.

LE PAIN, LES PETITS PAINS ET LES BISCUITS

Utilisez un pinceau.

Les biscuits ne doivent pas se chevaucher.

Ramollir du pain
Appliquez de l'eau à l'aide d'un pinceau sur le pain sec, puis enveloppez-le dans du papier aluminium. Réchauffez-le à four moyen pendant 10 mn ou jusqu'à ce qu'il soit moelleux.

Ramollir les petits pains
Les petits pains sèchent très rapidement. S'il vous en reste, trempez-les dans du lait, puis passez-les à four chaud quelques minutes. L'intérieur sera moelleux et la croûte croustillante.

Des biscuits bien secs
Passez les biscuits ramollis à four chaud pendant quelques minutes sur une plaque à gâteaux pour qu'ils redeviennent croustillants. Sinon passez-les 30 s au micro-ondes à pleine puissance.

LES PÂTES ET LE RIZ

Ajoutez des pâtes à la soupe pour qu'elle soit plus consistante. Si les pâtes ont collé pendant la cuisson, séparez-les avec un peu d'huile d'olive dans une casserole propre. Pour que le riz reste chaud, placez-le dans un récipient au-dessus d'une casserole d'eau bouillante et recouvrez d'un torchon.

LES MÉTHODES DE BASE POUR FAIRE CUIRE LES PÂTES

● Les pâtes fraîches. Faites-les cuire dans une grande casserole remplie d'eau bouillante salée. Laissez-les cuire 5 mn ou jusqu'à ce que les pâtes montent à la surface. Servez bien chaud.

● Empêcher les pâtes de coller. Lorsque les pâtes sont cuites, ajoutez 15 ml d'eau froide dans la casserole avant de les égoutter.

PRÉPARER DU RIZ

● Le riz trop cuit. Si le riz est trop cuit, rincez-le sous l'eau froide, puis égouttez-le bien. Étalez le riz sur du papier sulfurisé et passez-le à four moyen pendant environ 30 mn.

Ajoutez de l'huile avant que l'eau ne bout.

Ne vous brûlez pas avec le métal chaud.

Ajoutez du jus de citron frais ou en bouteille.

Les empêcher de déborder
Ajoutez un peu d'huile ou de beurre à l'eau de cuisson des pâtes pour éviter qu'elle ne déborde ou que les pâtes collent entre elles.

Des petites portions
Pour faire cuire une petite quantité de pâtes, placez-les dans une passoire en métal au-dessus d'une casserole d'eau bouillante.

Du riz parfait
Ajoutez un peu de jus de citron pendant la cuisson pour que le riz ne colle pas. Ajoutez du beurre pour empêcher l'eau de déborder.

LES PETITS « PLUS »

L ES INGRÉDIENTS essentiels pour faire la cuisine sont ceux qui donnent davantage de saveur aux aliments. Savoir mettre les aliments en conserve et réaliser des sauces sont des connaissances très utiles à tous les cuisiniers.

LES FRUITS OLÉAGINEUX

C ONSERVEZ les noix dans un endroit sombre, sec et frais pour qu'elles ne s'abîment pas. Les noix seront plus faciles à ouvrir si vous les réchauffez rapidement au four ou au micro-ondes. Pour les hacher facilement, mettez-les dans un sac en plastique et écrasez-les avec un rouleau à pâtisserie.

LES NOIX

Immersion dans l'eau salée
Mettez les noix à tremper toute une nuit dans l'eau salée. Ainsi, la coquille se cassera facilement et la chair restera entière.

LE BEURRE DE CACAHUÈTES

Utilisez du miel liquide sur le beurre de cacahuètes.

L'empêcher de se dessécher
S'il se dessèche, ajoutez une cuillère de miel et il redeviendra onctueux. Mélangez bien le miel au beurre de cacahuètes.

UTILISER LES OLÉAGINEUX

● **Les châtaignes.** Coupez une fente sur le côté plat de chaque châtaigne. Couvrez-les d'eau et faites-les cuire 10 mn. Retirez l'écorce avec un couteau.

● **Les noix de coco.** Percez les yeux avec un clou et videz le lait. À l'aide d'un marteau, cassez-les pour accéder à la chair.

● **Les noix du Brésil.** Conservez-les au congélateur – elles s'éplucheront sans se briser.

● **Les noix.** Si les noix ont un goût de rance, couvrez-les d'eau bouillante, égouttez-les, puis faites-les chauffer dans un plat à four moyen pendant 20 mn.

LES HUILES

P OUR que les aliments n'adhèrent pas à la poêle, faites-la chauffer avant d'ajouter l'huile de cuisson. Mettez une pincée de sel dans les poêles pour éviter les projections d'huile. Ajoutez 15 ml de vinaigre à l'huile de friture avant d'y plonger les aliments pour qu'ils n'absorbent pas trop de graisse.

RÉUTILISER L'HUILE

Filtrer les impuretés
Nettoyez l'huile de friture en la filtrant avec une passoire métallique très fine. Conservez-la dans un récipient hermétique.

QUELLE HUILE CHOISIR ?

● **Les différentes huiles.** Pour cuisiner, utilisez des huiles telles que l'huile de maïs, de sésame, d'olive, d'arachide, de tournesol et de soja. Évitez les huiles de noix de coco et de palme riches en acides gras saturés. L'huile d'arachide convient pour la friture.

LA FRITURE

● Faire disparaître les arrière-goûts. L'huile peut être réutilisée jusqu'à ce qu'elle fonce. Faites frire des tranches de pommes de terre jusqu'à ce qu'elles soient dorées pour ôter les arrière-goûts.

ASTUCE À L'ANCIENNE

Une poêle antiadhésive
Préparez une poêle neuve en faisant bouillir du vinaigre dedans. Cela évitera que les aliments adhèrent à la poêle par la suite.

LES HERBES ET LES CONDIMENTS

Les herbes séchées ont plus de goût que les herbes fraîches. Confectionnez du vinaigre aux herbes en laissant macérer une poignée d'herbes fraîches dans 600 ml de vinaigre pendant deux semaines. Secouez le récipient quotidiennement. Filtrez et conservez dans un récipient hermétique.

PRÉPARER LES HERBES

CONSEILS D'UTILISATION
● **Le sel.** Mettez quelques grains de riz dans la salière pour empêcher le sel de l'obstruer. Si vous doublez les proportions d'une recette, ne doublez pas la quantité de sel, mettez-en une fois et demi.
● **Le persil.** Ajoutez le persil dans un plat juste avant la fin de la cuisson.

L'AIL

L'huile doit complètement recouvrir les gousses d'ail.

Les couper facilement
Au lieu de couper les herbes sur une planche à découper avec un couteau, il est plus facile de les couper au ciseau directement au-dessus d'un saladier.

Mâchez du persil pour purifier votre haleine si vous sentez l'ail.
● **L'estragon.** Avant de l'utiliser, faites-le tremper dans de l'eau tiède pour faire ressortir sa saveur.

Le conserver dans l'huile
Épluchez les gousses d'ail et mettez-les dans une bouteille d'huile pour les conserver. Vous pourrez ensuite utiliser l'huile parfumée dans votre vinaigrette.

LES PRODUITS SUCRÉS

Mettez quelques gâteaux secs dans votre sucre en poudre pour l'empêcher de cristalliser. Conservez le sucre roux au congélateur pour qu'il ne cristallise pas. Si une recette prévoit du sucre semoule et que vous n'en avez plus, utilisez du sucre cristallisé passé au mixer.

LE SUCRE ROUX
● **Le ramollir.** S'il a cristallisé, il se ramollira en deux jours si vous placez une tranche de pain ou de pomme dans l'emballage.

MESURER DU SIROP
● **Par soustraction.** Posez la bouteille de sirop sur la balance et retirez des cuillerées de sirop jusqu'à ce que le poids de la bouteille diminue de la quantité désirée.

SOLUTIONS DE SECOURS
● **Remplacer du sucre roux.** En pâtisserie, si vous n'avez plus de sucre roux, remplacez-le par du sucre blanc et de la mélasse. Comptez 15 ml de mélasse pour 225 g de sucre blanc.

Une solution rapide
Si votre sucre roux est cristallisé et qu'il vous en faut une petite quantité, râpez-le avec les petits trous d'une râpe à fromage.

L'empêcher de coller
Avant de mesurer du sirop, beurrez le verre graduateur. Si vous utilisez une cuillère, passez-la sous l'eau chaude.

Ramollir miel ou confiture
S'ils cristallisent, placez le pot dans un saladier d'eau bouillante pendant quelques minutes jusqu'à ce qu'ils se liquéfient.

LES SAUCES ET LES SOUFFLÉS

L ES RESTES de sauce peuvent être réchauffés et ajoutés à des légumes ou mélangés à la garniture de tartes salées. Si une sauce est grumeleuse, passez-la au mixer jusqu'à ce qu'elle devienne onctueuse. En cas d'urgence, vous pouvez remplacer une sauce par une soupe en conserve.

PRÉVENIR LES DIFFICULTÉS

● **Les sauces grasses.** Ajoutez un peu de bicarbonate de soude qui absorbera le gras et reportez-vous p. 121.

● **Les grumeaux.** Si les grumeaux ne disparaissent pas au mixer, filtrez la sauce avec une passoire.

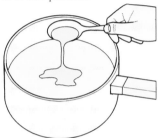

Éviter la « peau »

Après avoir préparé une sauce, recouvrez-la d'une fine couche de beurre fondu ou de crème. Juste avant de servir, mélangez le beurre ou la crème à la sauce, ce qui la rendra encore plus savoureuse.

LES SAUCES DE RÔTI

● **Recette rapide.** Saupoudrez le jus de viande de farine dans le plat de cuisson. Ajoutez de l'eau, du bouillon ou du vin jusqu'à la consistance désirée.

● **Épaissir une sauce.** Mélangez de l'eau et de la farine jusqu'à obtention d'une pâte, puis ajoutez celle-ci petit à petit à la sauce du rôti pendant que vous la portez à ébullition.

SAUCES DIVERSES

● **Sauce au fromage.** Relevez-la avec une pincée de piment de Cayenne, un doigt de jus de citron ou de moutarde.

● **Sauce diététique.** Ajoutez un cube de bouillon instantané dans l'eau de cuisson des légumes pour les parfumer.

● **Sauce hollandaise.** Si elle commence à tourner, ajoutez un peu d'eau chaude en remuant sans arrêt.

LA SAUCE BÉCHAMEL

● **La réchauffer.** La béchamel se garde une semaine au réfrigérateur. Réchauffez-la de préférence au bain-marie.

Mélangez tous les ingrédients, puis faites-les cuire à feu doux.

La béchamel rapide

Mettez dans une casserole le beurre, la farine, le lait et l'assaisonnement. Faites chauffer ces ingrédients en remuant sans cesse pour empêcher la formation de grumeaux.

CONFECTIONNER ET SAUVER LES SOUFFLÉS

● **Des soufflés légers.** Ajoutez une pincée de sel aux blancs d'œufs pendant que vous les montez en neige.

● **Les soufflés sucrés tombés.** Transvasez-les à la cuillère dans un plat en verre et servez-les agrémentés de crème chantilly.

ASTUCE GAIN DE TEMPS

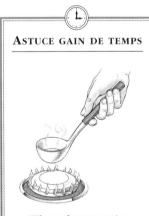

S'il vous faut une petite quantité de beurre fondu, d'eau bouillante ou de lait chaud, réchauffez-la dans une louche en métal directement au-dessus du feu. La longue poignée évite de se brûler.

FAIRE DES CRÊPES

● **Une bonne astuce.** Lorsque vous faites des crêpes, faites chauffer la poêle avant d'y mettre la matière grasse pour que les crêpes n'adhèrent pas à la poêle. Servez les crêpes sur des assiettes chaudes.

● **Verser la pâte.** Faites votre pâte à crêpe dans une carafe au lieu d'un saladier. Ainsi, vous pourrez la verser directement dans la poêle.

● **Éviter les crêpes brûlées.** Frottez la poêle avec de la pomme de terre crue, ce qui empêchera les crêpes de trop coller à la poêle.

● **Des petits plus.** Ajoutez de la bière à la pâte pour que les crêpes soient plus légères.

● **Conserver les crêpes.** Déposez les crêpes sur une assiette en les séparant avec du papier sulfurisé pour qu'elles ne se collent pas entre elles. Enveloppez-les dans du film étirable et conservez-les au réfrigérateur ou au congélateur. Réchauffez-les au four ou au micro-ondes.

LES CONFITURES

Conservez les pots en verre et leurs couvercles; ils vous serviront pour la confiture. Lorsque vous mettez la confiture en pots, posez-les sur un torchon ou une planche en bois. Réchauffez votre thermomètre sous l'eau chaude avant de le mettre dans de la confiture chaude – sinon il pourrait se casser.

PRÉPARER LES POTS À CONFITURE

Le vernis à ongles protège l'encre.

Mettre les pots à température

Lavez les pots, puis posez-les à l'envers sur une plaque de cuisson, à four froid. Faites chauffer le four très doucement et laissez-y les pots pendant 10 mn. Ils ne se casseront pas lorsque vous les remplirez de confiture chaude.

Étiqueter et décorer

Passez une couche de vernis à ongles transparent sur les étiquettes pour que l'encre ne bave pas. Attendez que la confiture ait refroidi avant d'étiqueter les pots, sinon les étiquettes ne colleront pas.

RÉDUIRE L'ÉCUME

● **Avec du beurre.** Ajoutez une noix de beurre à la confiture au moment où elle prend, ou frottez la bassine avec du beurre avant de l'utiliser.
● **Dans les pots.** Évitez l'écume dans les pots en ajoutant 30 ml de vinaigre à l'eau que vous utilisez pour les stériliser.

FAIRE PRENDRE LA CONFITURE

● **Si la confiture ne prend pas.** Ajoutez 15 ml de jus de citron pour 450 g de fruits. (Vérifiez avec la casserole hors du feu.)
● **La confiture en pot liquide.** Placez les pots dans un plat rempli d'eau chaude à four doux pendant quelques minutes.

ÉVITER LES DIFFICULTÉS

● **Gagner du temps.** Faites chauffer le sucre servant à faire les confitures dans un plat à four moyen pendant que vous faites cuire les fruits.
● **Les bassines à confiture.** Ne remplissez pas les bassines à confiture à plus de la moitié car la confiture pourrait déborder.

LA CONGÉLATION

Disposez un filet à l'intérieur des tiroirs de votre congélateur pour que les petits aliments ne tombent pas.

● **Journal de bord du congélateur.** Gardez un registre de tout ce que contient le congélateur en précisant la date à laquelle chaque aliment a été congelé.
● **Le bouillon.** Congelez-le dans des bacs à glaçons, pour l'utiliser plus tard. Dégraissez le bouillon avant de le congeler (voir p. 121).
● **Des aliments bien séparés.** Disposez les fruits, les légumes et les légumes secs sur un plateau sans qu'ils se chevauchent. Une fois congelés, mettez-les en sacs. Pour les soupes et les plats cuisinés,

placez un sac en plastique dans un récipient et versez le plat ou la soupe dans le sac. Une fois congelé, retirez le sac du récipient qui vous rendra d'autres services.
● **Les gâteaux.** Faites cuire plusieurs gâteaux à la fois, congelez-les et servez-les lors de dîners impromptus.
● **Les herbes.** Déposez le persil et la menthe hachés dans des bacs à glaçons, en tassant bien, recouvrez-les d'eau et mettez-les au congélateur. Vous pourrez les utiliser dans des sauces.

GÂTEAUX ET SUCRERIES

Les GÂTEAUX et biscuits faits maison sont en général bien meilleurs que ceux que l'on achète dans le commerce. La pâte pouvant être congelée, il est conseillé de doubler les recettes afin de confectionner ultérieurement des gâteaux sans perdre de temps.

COMMENT PRÉPARER UN GÂTEAU

Placez un plateau rempli d'eau au fond du four pour empêcher les gâteaux de brûler pendant la cuisson. Évitez d'ouvrir la porte du four pendant qu'un gâteau est en train de cuire ; si vous l'ouvrez pour vérifier la cuisson, refermez la porte doucement, sinon le gâteau risque de s'effondrer.

CONSEILS GÉNÉRAUX

● **Beurrer les plats**. Utilisez les emballages de beurre en papier aluminium pour beurrer les moules à gâteaux.

● **Décoller les gâteaux**. Si un gâteau attache au fond du moule, posez le moule sur un chiffon humide pendant quelques minutes, puis essayez à nouveau de sortir le gâteau.

● **Les fruits secs**. Faites-les tremper dans du thé pendant une nuit pour faire ressortir leur goût. Roulez-les dans de la farine avant de les ajouter à la pâte à gâteaux, ils ne tomberont pas au fond du plat.

LES INGRÉDIENTS MANQUANTS

Produits de substitution

S'il vous manque un œuf, remplacez-le par 5 ml de vinaigre blanc. Pour fabriquer votre propre farine à gâteaux, ajoutez 10 g de levure chimique à 225 g de farine ordinaire.

DÉMOULAGE FACILE

Tirez sur l'aluminium pour décoller le gâteau.

Avec du papier aluminium

Placez du papier aluminium au fond du plat avant d'y verser la pâte. Cela empêchera le centre - la partie qui risque d'attacher - d'être en contact avec le plat.

DÉCOUPER UN GÂTEAU EN DEUX

Placez le fil autour du gâteau.

Croisez les extrémités du fil.

Le fil de coton assure une coupure parfaite.

1 Utilisez du fil de coton solide pour couper en deux un gâteau de Savoie. Passez le fil autour du gâteau, puis croisez les deux extrémités.

2 Tirez les deux extrémités fermement pour que le fil coupe le gâteau, puis soulevez la partie supérieure. Avec cette méthode, la coupure sera propre.

EMPÊCHER LES MOULES DE ROUILLER

● **Les moules neufs**. Pour que les plats neufs ne rouillent pas, graissez-les et faites-les chauffer au four pendant 15 mn.

● **Les moules anciens**. Après avoir lavé un moule, passez-le à four chaud quelques minutes pour qu'il soit sec avant rangement.

RATTRAPER LES ERREURS

● **Le centre affaissé**. Si le centre d'un gâteau s'est affaissé, découpez-le à l'aide d'un verre et jetez-le. Servez le reste du gâteau.

● **Un gâteau trop sec**. Si un cake aux fruits semble sec, percez le dessus avec une aiguille à repriser et arrosez-le légèrement de whisky ou de cognac. Laissez le gâteau s'imbiber avant de le servir.

● **Un gâteau brûlé**. Découpez la partie brûlée, retournez le gâteau et recouvrez la base avec un glaçage.

● **Un gâteau fendu**. C'est sans doute que vous avez utilisé trop de levure. Découpez la partie supérieure du gâteau, retournez-la et garnissez le milieu de crème.

COMMENT DÉCORER UN GÂTEAU

Fabriquez une poche à douille improvisée en découpant l'angle d'un sac en plastique solide ou en faisant un cornet avec du papier sulfurisé.

Pour décorer un gâteau avec plusieurs motifs, délimitez les formes à l'aide d'emporte-pièce ou tracez vos propres décors avec des coups d'épingle.

GLAÇAGES ET NAPPAGE

● **Avant le glaçage.** Pour éviter que le glaçage ne coule le long du gâteau, saupoudrez ce dernier d'un peu de sucre glace.

● **Glaçage au sucre.** Ajoutez 2,5 ml de glycérine pour empêcher ce glaçage de devenir cassant lorsqu'il durcit.

● **Le sucre de couleur.** Pour le réaliser, versez quelques gouttes de colorant alimentaire dans un petit sac en plastique avec 10 g de sucre en poudre. Fermez le sachet, et mélangez le sucre et le colorant entre vos doigts pendant quelques minutes.

● **Du sucre glace.** Si vous voulez rallonger ce qui vous reste de sucre glace, ajoutez-y un petit peu de farine.

LES DÉCORS EN CHOCOLAT

Faire des formes

Faites des copeaux en chocolat avec un économe après avoir laissé durcir le chocolat au réfrigérateur. Pour des formes plates, versez du chocolat fondu sur du papier sulfurisé. Mettez-le au frais, puis découpez.

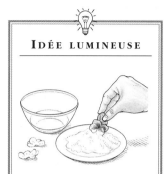

IDÉE LUMINEUSE

Décorez les gâteaux avec des fleurs naturelles trempées dans du blanc d'œuf battu en neige, puis dans du sucre en poudre. Déposez-les sur le gâteau. Elles se conservent quelques jours au réfrigérateur dans un récipient hermétique.

COMMENT CONSERVER ET SERVIR LES GÂTEAUX

Les cakes se conservent longtemps et sont encore meilleurs si on les laisse reposer, bien emballés, pendant quelques mois. Les gâteaux tels que les génoises et les quatre-quarts doivent être dégustés rapidement. Saupoudrez les plats avec du sucre en poudre pour éviter que les gâteaux n'y adhèrent.

CONSERVATION DANS DES BOÎTES EN FER

Utilisez une demi-pomme.

Soulevez la boîte posée sur son couvercle.

Des gâteaux moelleux

Placez une demi-pomme dans votre boîte à gâteaux pour qu'ils restent moelleux. Vous pouvez aussi recouvrir la partie entamée du gâteau avec une tranche de pain maintenue par des cure-dents en bois.

À l'envers

Posez un gâteau recouvert de glaçage sur le couvercle d'une boîte à gâteaux - le gâteau sera ainsi plus facile à manipuler sans risquer d'abîmer le glaçage. N'oubliez pas de laisser la boîte à l'envers au moment de l'ouvrir.

PRÉSERVER LA FRAÎCHEUR

● **En découpant le gâteau.** Lorsque vous ne découpez que quelques tranches, prenez les tranches au centre en coupant le gâteau en deux, puis rassemblez les deux morceaux qui restent. Ainsi, le gâteau restera frais plus longtemps.

CONGELER LES GÂTEAUX

● **Les petites portions.** En prévision de pique-niques, découpez un gâteau en tranches et congelez les parts individuellement.

● **Pain d'épices.** Ne mettez pas de clous de girofle dans votre pain d'épices si vous comptez le congeler. La saveur des clous de girofle s'intensifie avec la congélation.

COMMENT PRÉPARER DES PÂTES À TARTES

L E SECRET pour réussir les pâtes à tartes, c'est le froid – vos mains, les matières grasses, l'eau et le plan de travail doivent être le plus froids possible. Laissez la pâte reposer au moins une demi-heure au réfrigérateur avant de l'étaler, afin qu'elle ne rétrécisse pas pendant la cuisson.

ÉTENDRE LA PÂTE

● **Fariner le matériel.** Saupoudrez de farine le plan de travail et le rouleau à pâtisserie ; ne mettez jamais la farine sur la pâte.

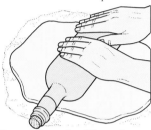

Un rouleau à pâtisserie
Une bouteille de vin remplie d'eau froide fera un rouleau à pâtisserie idéal car la pâte restera fraîche. Étalez toujours la pâte dans la même direction.

LA MATIÈRE GRASSE

Râper le beurre
Le beurre s'incorpore mieux en petits morceaux. Laissez-le au réfrigérateur jusqu'au moment de préparer la pâte et râpez-le avec les gros trous d'une râpe à fromage.

UNE PÂTE RÉUSSIE

● **La manipuler avec soin.** La pâte à tarte sera légère si vous incorporez le beurre à la farine du bout des doigts. Veillez à ne pas trop travailler la pâte.
● **Une pâte croustillante.** Remplacez 15 ml d'eau par la même quantité de vinaigre blanc.
● **Une pâte friable.** Remplacez 15 ml d'eau par la même quantité de jus d'orange ou de citron.
● **Conserver les pâtes à tartes.** La pâte brisée peut être conservée – si vous n'incorporez ni l'eau ni le sel – pendant deux semaines au réfrigérateur. Ajoutez les ingrédients manquants juste avant d'utiliser la pâte.

FAIRE CUIRE LES TARTES

L ORSQUE vous réchauffez une tarte, placez un petit récipient rempli d'eau dans le four pour que la pâte ne se dessèche pas. Les tourtes doivent être cuites en bas du four, pour que le fond de tarte ait le temps de cuire complètement sans que la pâte du dessus ne brûle.

LES PÂTES MAL CUITES

● **Les plats en verre.** Si vous faites cuire une tarte dans un plat en verre, posez-le dans le four sur une plaque à gâteaux métallique. La pâte cuira mieux.

TECHNIQUES PARTICULIÈRES

● **Les cheminées.** Placez des morceaux de pailles en plastique au centre des tourtes.

Garnissez le fond de tarte de haricots secs.

Appliquer une protection
Étalez du blanc d'œuf sur un fond de tarte avant de le garnir pour l'empêcher de se ramollir. Étalez du beurre fondu sur un fond de tarte cru avant de le congeler.

Les fonds de tarte
Faites cuire un fond de tarte couvert de papier aluminium, puis de légumes secs ou de riz, pendant 15 mn. Retirez le tout et laissez cuire la pâte encore 5 mn.

LES DIFFICULTÉS COURANTES

● **Les pâtes dures.** Cela se produit lorsque l'on a mis trop d'eau dans la pâte – et vous n'arrangerez rien en rajoutant de la farine. Mesurez toujours soigneusement vos ingrédients.
● **Les pâtes trop friables.** Cela se produit lorsque l'on n'a pas mis assez d'eau dans la pâte. Elle devient friable et laisse passer la garniture. Vérifiez toujours la consistance de la pâte en la malaxant et ajoutez plus d'eau froide si nécessaire.
● **Les pâtes trop fines.** Si la pâte gonfle à travers la garniture, c'est qu'elle n'est pas assez lourde pour rester en place. Vous éviterez ce problème en faisant d'abord cuire le fond de tarte.

LES BISCUITS

Conservez de la pâte à biscuits au réfrigérateur en permanence cela vous permettra de préparer des biscuits rapidement. Placez les gâteaux dans des récipients hermétiques, mais sans mélanger les différentes sortes car ils peuvent contenir des quantités variables d'humidité.

APRÈS LA CUISSON

Détachez les biscuits pendant qu'ils sont encore chauds.

Les empêcher de coller
Les biscuits se décolleront facilement de la plaque si vous la posez sur un torchon humide. Retirez-les pendant qu'ils sont encore chauds.

Torchon humide.

ASTUCES SUPPLÉMENTAIRES
● Empêcher la pâte de s'étaler. Mettez les plaques de cuisson au frais avant d'y déposer la pâte à biscuits.
● Les biscuits friables. Déposez une feuille de papier sulfurisé sur les plaques lorsque vous confectionnez des biscuits friables.
● Pour saupoudrer du sucre. Utilisez une salière ou un récipient à épices vides pour saupoudrer du sucre sur les biscuits.
● Des biscuits moelleux. Vos biscuits sécheront moins vite si vous laissez un morceau de pain dans leur boîte.

DÉCOUPER LES BISCUITS
● Gagner du temps. Trempez les emporte-pièce dans de la farine, ils ne colleront pas. Ou faites un boudin avec la pâte et coupez-le en tranches fines.

FAIRE CUIRE LES BISCUITS
● Un essai avant la première fournée. Commencez par faire cuire un seul gâteau pour voir le temps de cuisson approprié sans gâcher une fournée entière.

LES SUCRERIES

Lorsque vous faites des bonbons, ajoutez un peu de vinaigre ou une pincée de sel aux ingrédients avant la cuisson pour qu'ils paraissent moins sucrés. Si vous utilisez de la gélatine, veillez à ce qu'elle soit complètement dissoute avant de l'incorporer aux autres ingrédients.

LE CHOCOLAT
● Faire fondre du chocolat. Beurrez la casserole avant d'y faire fondre du chocolat, ainsi il n'adhérera pas à ses parois lorsque vous le verserez dans un autre récipient.
● Du chocolat de substitution. Si vous n'avez plus de chocolat, ajoutez 60 g de cacao en poudre à 5 g de beurre et utilisez ce mélange à la place du chocolat.

AUTRES SUCRERIES
● Les tartes aux fruits. Lorsque vous faites cuire le fond de tarte avec les fruits, saupoudrez-le d'un peu de chapelure ou de semoule très fine pour absorber le jus des fruits.
● Les bavarois. Passez le moule sous l'eau froide avant d'y verser la préparation pour qu'il soit plus facile à démouler.

LES MERINGUES
● Les manipuler. Pour retirer les meringues de la plaque de cuisson sans les casser, placez la plaque sur un torchon mouillé dès sa sortie du four.

Des meringues croquantes
Pour obtenir systématiquement des meringues croquantes, ajoutez 5 ml de vinaigre blanc pour trois blancs d'œufs.

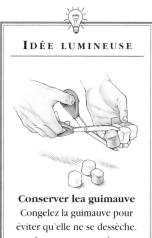

IDÉE LUMINEUSE

Conserver lea guimauve
Congelez la guimauve pour éviter qu'elle ne se dessèche. Lorsque vous voulez l'utiliser, découpez-la avec des ciseaux de cuisine bien aiguisés. Cette tâche sera encore plus facile si vous trempez les ciseaux dans l'eau chaude au préalable.

LES BOISSONS

LES BOISSONS chaudes courantes comme le café et le thé peuvent être plus savoureuses si on leur ajoute des ingrédients supplémentaires. Il est parfois préférable d'utiliser de l'eau en bouteille plutôt que l'eau du robinet pour confectionner les boissons.

LES BOISSONS CHAUDES

CONSERVEZ le café moulu dans un récipient hermétique au réfrigérateur. En utilisant de l'eau minérale dans votre cafetière, vous allongerez sa durée de vie et obtiendrez un meilleur café. Pour faire ressortir le goût du thé, placez un morceau d'écorce d'orange séché dans votre boîte de thé.

DES BOISSONS SAVOUREUSES

● **Le meilleur des cafés instantanés**. Versez du lait froid dans la poudre de café instantané avant d'y verser l'eau bouillante, puis mélangez longuement.

● **Les restes de café**. Congelez-les dans des bacs à glaçons et utilisez-les pour refroidir votre café lorsqu'il est trop chaud.

● **Parfumez vos boissons**. Laissez fondre un bonbon au citron ou à la menthe dans votre tasse de thé au lieu d'y mettre un sucre. Parfumez votre café en versant de l'extrait de vanille ou d'amande dans l'eau servant à faire le café.

LE CAFÉ

Un bon café
Ajoutez une pincée de sel au café moulu avant de l'utiliser pour lui ôter son amertume. Retirez le filtre dès que le café est fait pour qu'il garde son arôme.

LES RESTES DE THÉ

Utiliser les restes de thé
Faites macérer dans du thé les fruits secs que vous utilisez en pâtisserie – tels que les raisins secs et les pruneaux : ils seront plus charnus et plus savoureux.

LES BOUTEILLES THERMOS

Les sucres empêchent le développement des moisissures.

Entretien et rangement
Placez-y quelques morceaux de sucre pour éviter qu'elles ne sentent le renfermé. Rangez-les sans les refermer. Pour les nettoyer, remplissez-les d'eau chaude additionnée de bicarbonate de soude et laissez agir une nuit.

LE CHOCOLAT CHAUD

Battez le chocolat chaud au fouet.

Éviter les difficultés
Battez le chocolat chaud dans une casserole avec un fouet jusqu'à ce qu'il devienne mousseux pour éviter la formation d'écume, ou passez-le au mixer juste avant de servir. Avant de le mettre dans la casserole, rincez-la à l'eau froide.

ASTUCE À L'ANCIENNE

Placez une cuillère en métal dans un verre avant d'y verser un liquide chaud – cela empêchera le verre de se fêler.

LES BOISSONS SUCRÉES

Pour être rafraîchissantes, les boissons sucrées non alcoolisées doivent être servies fraîches. Si votre réfrigérateur est plein, mettez-les dans des seaux remplis de glaçons. Pour que les boissons pétillantes ne perdent pas leurs bulles, collez du ruban adhésif autour des bouchons.

CONFECTIONNER JUS DE FRUITS ET BOISSONS FRAÎCHES

● **Avec des fruits frais.** Râpez des zestes d'oranges, de citrons ou de citrons verts, ajoutez du sucre et assez d'eau bouillante pour recouvrir le tout. Laissez refroidir, filtrez, puis ajoutez ce mélange aux jus de fruits avec de l'eau froide jusqu'à obtention d'une saveur rafraîchissante.
● **Des verres décorés.** Pour que les enfants aient des verres décorés à l'occasion d'un anniversaire, trempez le bord des verres dans du blanc d'œuf puis dans une soucoupe remplie de sucre de couleur ou de vermicelles multicolores.
● **Du punch bien présenté.** Lorsque vous faites du punch, congelez des grappes de raisin et ajoutez-les au plat pour le décorer.

● **Le thé glacé.** Empêchez le thé glacé de mousser, en versant l'eau dans la carafe ou le verre avant le thé instantané.

Presser les agrumes
Pour que les agrumes donnent plus de jus, faites-les rouler sur un plan de travail avant de les presser. Si vous souhaitez garder du jus de fruits, fermez bien le récipient pour conserver la vitamine C.

RAFRAÎCHIR DU PUNCH

● **Des glaçons décoratifs.** Congelez des écorces de citron ou d'orange découpées en fines lamelles dans des glaçons.

Servir du punch bien frais
Lorsque vous servez du punch, congelez-en une partie dans des bacs à glaçons. Ajoutez ces glaçons au punch pour le rafraîchir – ils ne le dilueront pas comme le feraient des glaçons à l'eau.

LES BOISSONS ALCOOLISÉES

Rangez les bouteilles d'alcool (sauf le vin) à la verticale. Si un bouchon a gonflé, faites-le tremper dans de l'eau bouillante pour le rendre malléable. Vous trouverez p. 161 comment estimer la quantité de boissons nécessaire pour une réception, et p. 39-40 comment faire disparaître les taches.

CONSERVER DU VIN

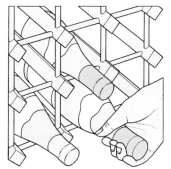

Les conditions idéales
Rangez les bouteilles à l'horizontale pour que le vin reste au contact du bouchon – cela empêche le bouchon de se dessécher. Le vin doit être stocké dans une pièce à température constante et fraîche.

LES FONDS DE BOUTEILLE

Congelez les restes de vin dans des bacs à glaçons.

Du vin pour cuisiner
S'il vous reste du vin, congelez-le dans un bac à glaçons. Ajoutez les glaçons à des sauces ou des plats cuisinés. Si du vin blanc est devenu acide, ajoutez-le à votre vinaigre ou utilisez-le dans une marinade.

SERVIR DU VIN

● **Remplir les verres.** Ne remplissez pas les verres à vin à plus de la moitié pour que le vin conserve tout son bouquet.
● **Le champagne.** Lorsque vous ouvrez une bouteille de champagne, tenez-la à 45° et tournez la bouteille, pas le bouchon.

LE CIDRE

● **Pour l'apéritif.** Servez du cidre après l'avoir fait réchauffer à feu doux sur la cuisinière. Réchauffez les petites quantités de cidre au micro-ondes.
● **Pour remplacer le vin.** Le cidre brut peut très bien remplacer le vin dans certains plats cuisinés.

LA VIE QUOTIDIENNE

*B*IEN *tenir une maison ne signifie pas que l'on doive y consacrer toute son énergie. Il existe des astuces pour que les différentes tâches de la maison soient plus simples et plus rapides à effectuer. Si vous organisez bien votre intérieur, vous ne passerez pas tout votre temps à nettoyer et à ranger, mais vous aurez le loisir de vous détendre et d'apprécier votre maison. Suivez votre inspiration pour que votre intérieur convienne autant à vos goûts qu'à vos besoins.*

RANGER ET CONSERVER

L AISSEZ les objets dans les pièces où ils sont le plus souvent utilisés et veillez à ce que toute la famille prenne l'habitude de les remettre en place. Organisez vos tiroirs de façon à trouver facilement les objets courants. Utilisez souvent les mêmes objets pour gagner du temps et de l'argent.

RANGEMENT PRATIQUE

Sous les étagères
Gardez les bocaux dont les couvercles se vissent et fixez les couvercles sous les étagères avec des vis. Utilisez-les pour ranger le sucre ou les haricots secs ou, dans un atelier, les clous et les vis.

LES RALLONGES

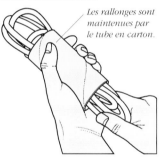

Les rallonges sont maintenues par le tube en carton.

Ranger les rallonges
Rangez-les dans des tubes en carton de papier toilette ou de papier absorbant. Roulez-les bien pour qu'elles ne s'emmêlent pas et qu'elles ne dépassent pas des tiroirs ou des placards.

COMMENT RANGER DIVERS OBJETS

● **Les nappes.** Saupoudrez les toiles cirées propres d'un peu de talc avant de les ranger pour éviter l'apparition de taches d'humidité et de moisissure.
● **Le film étirable.** Rangez-le au réfrigérateur, il collera moins sur lui-même et sera facile à dérouler.

● **Les journaux.** Empilez-les dans un carton au bas duquel vous aurez découpé une fente – lorsque vous aurez besoin d'un journal, tirez par la fente.
● **Les accessoires.** Rangez-les dans des boîtes dans le bas des placards.

CONSERVER ET PRÉSERVER

● **Les boîtes.** Gardez les petites boîtes pour y ranger boutons et épingles. Rangez cartes postales et photos dans des cartons. Inscrivez le contenu à l'extérieur de chaque boîte.
● **Les bouillottes.** Découpez l'extrémité d'une vieille bouillotte (côté bouchon), bourrez-la de vieux collants et refermez-la avec du ruban adhésif épais. Vous obtiendrez un coussin idéal pour vos genoux.
● **Les étiquettes et les timbres.** Repassez à fer chaud à travers une feuille de papier les timbres et étiquettes qui se sont collés entre eux jusqu'à ce qu'ils se décollent.
● **Les coupures de journaux.** Pour les conserver, faites-les tremper dans un litre d'eau de Seltz additionné d'un comprimé de lait de magnésie pendant une heure. Retirez-les, posez-les sur une serviette et séchez-les en tamponnant doucement.

EMBALLER ET EMPAQUETER

DE NOMBREUX paquets envoyés par la poste n'arrivent pas à bon port parce qu'ils ont été mal emballés. Avec un peu de soin, il est possible d'utiliser plusieurs fois le matériel d'emballage, tel que le papier kraft et la ficelle. Utilisez les cartons de congélation en polystyrène pour protéger vos envois.

CONSEILS POUR EMBALLER LES OBJETS

La chaleur fait fondre la colle sur le papier.

ASTUCE GAIN DE TEMPS

Collez un petit bouton sous l'extrémité du ruban adhésif. Vous pourrez ainsi facilement la retrouver la prochaine fois que vous devrez à nouveau l'utiliser.

Réutiliser le papier

Ne jetez pas le papier cadeau qui a déjà servi. Vous pourrez le défroisser et retirer les morceaux d'adhésif au fer à repasser et ainsi le réutiliser.

Mesurer le cadeau

Découpez la quantité appropriée de papier cadeau en mesurant le cadeau avec un bout de ficelle. Utilisez la ficelle pour mesurer la quantité nécessaire de papier.

PROTÉGER LES OBJETS FRAGILES

● **La porcelaine.** Enveloppez les objets en porcelaine dans plusieurs épaisseurs de papier humide. En séchant, le papier rétrécira et protégera l'objet.

● **Les objets fragiles.** À la place de plastique à bulles, utilisez des boîtes à œufs ou du pop-corn pour garnir la boîte et éviter que l'objet ne se brise.

● **Les documents.** Enroulez autour d'un tube en carton les articles que vous ne voulez pas plier. Fixez-les avec du papier adhésif.

EXPÉDIER DES OBJETS PAR LA POSTE

ASSUREZ-VOUS que le paquet à expédier est soigneusement fermé et qu'il comporte le nom du destinataire écrit en gros. Inscrivez également vos nom et adresse sur le paquet pour qu'il vous soit retourné au cas où il ne pourrait pas être remis à son destinataire.

EXPÉDIER EN SÉCURITÉ

● **Les objets de valeur.** Envoyez les objets de valeur en recommandé, éventuellement avec accusé de réception.

● **Les vœux de rétablissement.** Lorsque vous écrivez à une personne hospitalisée, indiquez son adresse au dos de l'enveloppe. Ainsi, si elle quitte l'hôpital avant d'avoir reçu sa lettre, elle la recevra chez elle.

● **Les cartes postales.** Lorsque vous partez en vacances, faites des étiquettes autocollantes avec l'adresse de ceux à qui vous comptez écrire. Plus besoin de votre carnet d'adresses.

UTILISER DE LA FICELLE

Tirez le bout de la ficelle à travers le couvercle.

Ranger la ficelle

Pour empêcher la ficelle de s'emmêler, rangez-la dans un bocal muni d'un couvercle qui se visse. Percez-y un trou et glissez-y la ficelle.

Ficeler un paquet

Mouillez la ficelle : elle ne glissera pas entre vos doigts pendant que vous l'attacherez et, en séchant, elle rétrécira et restera en place.

LES PLANTES ET LES FLEURS

L ES PLANTES et les fleurs coupées embellissent la maison. Le secret pour que vos plantes poussent bien, c'est de leur fournir des conditions de vie aussi proches que possible de celles qu'elles auraient dans la nature, de les nourrir et de les arroser avec soin.

SOIGNER LES PLANTES

C ERTAINES plantes se portent d'autant mieux qu'on les néglige; d'autres requièrent beaucoup de soins. Vous vous rendrez compte à l'usage – ou à l'aide d'un livre – de la quantité d'eau et de soleil dont chaque plante a besoin. Si vous avez un jardin, sortez vos plantes l'été, elles pousseront mieux.

LES RÈGLES DE BASE

● **Le choix de la terre.** N'utilisez pas de la terre de jardin pour les plantes en pot. Elle n'est pas stérile et peut produire des bactéries qui se développeront dans la maison. Achetez le mélange de terre approprié pour les plantes d'intérieur.

● **Augmenter le taux d'humidité.** Les plantes vertes ayant besoin d'humidité, vaporisez-les une fois par semaine avec de l'eau.

● **Nettoyer les plantes.** Nettoyez les plantes dont les feuilles sont brillantes avec de la glycérine. Vous pouvez aussi faire briller les feuilles des plantes en les nettoyant avec un mélange d'eau et de lait.

Regroupez les plantes de forme et de taille différentes.

Assurez-vous que les plantes ne sont pas malades avant de les regrouper.

Regrouper les plantes

Les plantes se portent mieux si elles sont regroupées, en particulier si l'atmosphère est sèche. Vérifiez que les plantes ont toutes les mêmes besoins en eau, chaleur et humidité.

NOURRIR LES PLANTES

Mettez de l'engrais maison dans le pot de fleurs.

Utiliser les restes

Pour nourrir les plantes, ajoutez à la terre un peu de thé froid, quelques feuilles de thé infusées ou du marc de café. L'eau dans laquelle ont bouilli des œufs est aussi bénéfique pour les plantes.

REMPOTER LES PLANTES

Créer un bon écoulement

Avant de mettre la terre dans un pot, disposez une couche de morceaux de terre cuite, tuile ou pierre. Cela facilitera l'écoulement de l'eau et empêchera les racines de la plante de s'engorger d'eau.

PRÈS DES FENÊTRES

● **Les jardinières.** Recouvrez la terre des jardinières avec du gravier pour éviter les projections sur les carreaux lorsqu'il pleut.

● **L'hiver.** La nuit, éloignez les plantes des fenêtres pour les protéger du froid. Ne les laissez pas près des radiateurs.

VOS NOUVELLES PLANTES

● **En quarantaine.** Installez les plantes que vous venez d'acheter loin des autres pendant quelques semaines, pour être sûr qu'elles n'ont pas de maladie.

● **Les plantes rempotées.** Ne leur donnez pas d'engrais pendant deux ou trois mois – sinon leurs racines pourraient ne pas se développer.

ARROSER LES PLANTES

ARROSEZ les plantes avec de l'eau à température ambiante. Laissez l'eau reposer pendant une nuit avant de l'utiliser afin que les produits chimiques qu'elle contient s'évaporent ou se déposent. Vérifiez si une plante a besoin d'être arrosée en touchant la terre avec vos doigts.

ARROSAGE DE VACANCES

● **Dans la baignoire.** Lorsque vous partez en vacances, placez vos plantes dans la baignoire sur une bonne épaisseur de serviettes pliées reposant dans quelques centimètres d'eau.

● **Avec de la ficelle.** Pour que vos plantes reçoivent de l'eau pendant votre absence, placez un morceau de ficelle dans un seau d'eau et l'autre extrémité dans la terre de vos plantes. Le seau doit être surélevé par rapport à la plante. La ficelle s'imbibera d'eau.

AVEC DU THÉ

Un engrais occasionnel
Pour donner un coup de fouet à vos plantes, arrosez-les avec du thé froid. Ne le faites pas trop souvent car la caféine contenue dans le thé pourrait ne pas leur convenir.

LES POTS SUSPENDUS

L'arrosage avec des glaçons
Pour éviter les éclaboussures, arrosez vos plantes suspendues en posant quelques glaçons sur la terre. Mais évitez l'usage régulier des glaçons car ils sont trop froids.

PROBLÈMES DE CROISSANCE

SURVEILLEZ vos plantes pour voir si elles sont porteuses de parasites ou si elles ne fleurissent pas. Les plantes d'intérieur se portent mieux si on leur fait faire un quart de tour régulièrement – cela répartit l'apport de soleil. Les plantes ont besoin d'une bonne ventilation, mais évitez les courants d'air.

LES PARASITES

● **Le remède.** Mettez la plante dans un sac en plastique avec une bandelette imbibée d'insecticide pendant quelques jours.

Serrez fortement le ruban adhésif.

Réparer une tige cassée
Fabriquez une attelle avec deux cure-dents en bois et un morceau de ruban adhésif. Vérifiez de temps à autre que les deux morceaux sont effectivement en train de se souder.

LES EFFETS SPÉCIAUX

● **Les tuteurs.** Fabriquez un tuteur avec une tringle à rideaux réglable. Fixez la plante au tuteur avec du fil de cuivre.

Pliez le cintre à la forme désirée.

Fabriquer une treille
Fabriquez votre treille pour le lierre avec un cintre métallique. Coupez le crochet et pliez le cintre à la forme désirée (losange, cœur ou étoile). Enfoncez les deux extrémités dans le pot.

SOINS PARTICULIERS

● **Saintpaulia.** Pour les faire fleurir, donnez-leur de l'engrais à tomates. Ces plantes se plaisent dans de petits pots, alors ne soyez pas tenté de les rempoter. Posez-les sur un rebord de fenêtre ensoleillé.

● **Les bulbes.** Arrosez toujours les plantes à bulbes par la soucoupe pour que la terre absorbe l'eau. Ne laissez pas l'eau se répandre sur les feuilles. Conservez les bulbes dans des filets en plastique suspendus pour qu'ils soient bien ventilés.

● **Les plantes grasses.** Les cactus et les autres plantes grasses, originaires du désert, ont besoin de très peu d'eau. Utilisez des pinces pour rempoter cactus et plantes grasses.

LES FLEURS COUPÉES

LES FLEURS coupées vivent bien plus longtemps si l'on prend certaines précautions – alors ne rentrez pas précipitamment du jardin en pensant composer immédiatement un bouquet. Les fleurs achetées dans le commerce demandent plus de soins que les fleurs que l'on fait pousser dans son jardin.

PRÉPARER LES FLEURS COUPÉES POUR FAIRE DES BOUQUETS

Coupez-les en biais.

L'aspirine prolonge la vie des fleurs.

1 Utilisez une paire de ciseaux, un sécateur ou un couteau aiguisé pour couper la tige de chaque fleur en biais. Fendez l'extrémité des tiges épaisses avant de les disposer dans un vase afin qu'elles puissent absorber le maximum d'eau.

2 Retirez des tiges toutes les feuilles qui, une fois la fleur dans le vase, seront sous l'eau. Sinon, elles risquent de pourrir et de contaminer l'eau; celle-ci deviendrait alors saumâtre et les fleurs faneraient rapidement.

3 Faites dissoudre deux aspirines dans l'eau pour prolonger la vie des fleurs. Si vous utilisez un vase transparent, ajoutez 15 ml d'eau de Javel pour 1 litre d'eau – cela empêchera l'eau de se troubler.

COMPOSER DES BOUQUETS

CERTAINES personnes sont naturellement plus douées que d'autres pour composer des bouquets. Si vos talents sont limités, utilisez des vases étroits dans lesquels les fleurs se disposeront quasiment toutes seules. Sinon, placez un pique-fleurs au fond du vase.

RÉSOUDRE LES PROBLÈMES COURANTS

Rallonger des tiges courtes
Pour que des fleurs courtes paraissent plus longues, enfoncez les tiges dans des pailles avant de les mettre dans l'eau. Veillez à ce qu'il y ait suffisamment d'eau pour qu'elle atteigne les tiges.

Ranimer des fleurs
Coupez l'extrémité des tiges et tenez les fleurs à la verticale dans un peu d'eau bouillante pendant quelques secondes. Laissez-les plusieurs heures à la verticale avec de l'eau froide jusque sous la corolle.

ASTUCES DE COMPOSITIONS
● **Les vases hauts.** Si un vase est trop profond pour les fleurs, disposez au fond des serviettes en papier, du papier absorbant ou des journaux froissés.
● **Placer les fleurs.** Pour que les fleurs restent bien placées, mettez dans le vase des rouleaux de mise en plis en plastique reliés par du ruban adhésif.
● **Les fleurs centrales.** Pour que les fleurs au centre d'un bouquet restent à leur place dans un vase très large, utilisez du grillage que vous aurez préalablement froissé.
● **Des vases originaux.** Disposez vos bouquets dans des récipients originaux, tels que de vieilles théières, des verres à vin et des carafes.

PRÉPARER DIFFÉRENTES SORTES DE FLEURS

Vérifiez quel est le traitement nécessaire aux différentes sortes de fleurs et pensez à les combiner lorsque vos bouquets sont constitués de fleurs variées. Remplissez les tiges creuses des dahlias et des lupins avec de l'eau et bouchez-les avec du coton avant de les mettre dans les vases.

PRÉPARER LES ROSES

LES TIGES DE TULIPES

Traitez les tulipes fraîches pour les empêcher de s'affaisser.

PRÉPARER LES LIS

Les anthères des lis font des taches.

Les pétales et les tiges
Retirez les pétales abîmés et coupez les épines avec un cutter. Fendez les tiges ou écrasez-les avec un marteau. Les roses de Noël se fanent très rapidement, sauf si les tiges sont écrasées quasiment jusqu'en haut.

Garder des tiges droites
Enveloppez les tiges de papier journal mouillé bien serré et mettez-les à la verticale dans 5 cm d'eau pendant au moins 1 h. Percez ensuite le haut de chaque tige avec une épingle, juste sous la corolle, pour laisser pénétrer de l'air.

Anthères et tiges
Coupez les anthères des fleurs telles que les lis pour empêcher le pollen de tacher les pétales ainsi que les papiers peints et les vêtements. Coupez les tiges en biais et plongez les fleurs dans l'eau jusqu'à la corolle.

LES FLEURS SÉCHÉES ET ARTIFICIELLES

Les fleurs séchées peuvent être aussi décoratives que les fleurs fraîches, surtout si elles ont séché naturellement. Toutefois, leur couleur pâlit à la lumière du soleil et elles doivent être remplacées régulièrement. Avec un peu de soin, les fleurs en soie peuvent rester très belles pendant des années.

LES FLEURS SÉCHÉES
● **Choisissez** : pieds-d'alouette, delphinium et saintpaulia. Cueillez-les lorsque les boutons viennent de s'ouvrir.

LES FLEURS EN SOIE
● **Les nettoyer**. Mettez-les dans un sac en plastique avec 30 g de sel. Secouez bien pour que la poussière se dépose sur le sel.

ASTUCE À L'ANCIENNE

Modifiez la couleur des fleurs coupées en les plaçant dans de l'eau chaude additionnée d'un peu de colorant alimentaire. Ne mettez pas trop de colorant et appliquez ce traitement à des fleurs de couleur claire.

Comment les faire sécher
Attachez les fleurs en petits bouquets avec de la ficelle et suspendez-les à l'envers dans un endroit frais, sec et sombre jusqu'à complète évaporation de l'humidité.

Dépoussiérage
Retirez la poussière sur les fleurs en soie ou séchées à l'aide d'un sèche-cheveux soufflant de l'air chaud. Attention, la poussière peut alors se déposer sur les murs.

LA COUTURE

EN RÉPARANT vous-même vêtements et tissus d'ameublement vous pouvez gagner du temps et faire des économies. Il n'est pas nécessaire d'être un expert pour faire ces réparations, la plupart d'entre elles ne demandent rien de plus qu'un peu de bon sens.

LES RÈGLES DE BASE

CONSTITUEZ une boîte à couture que vous garderez à portée de main. Elle doit contenir plusieurs aiguilles de tailles différentes, du fil de couleurs variées, des boutons, des épingles, des épingles à nourrice et des ciseaux coupants. Cet assortiment devrait vous permettre d'effectuer les réparations courantes.

LE FIL

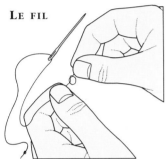

La couture sans problème
Lorsque vous doublez votre fil, faites un nœud au bout de chaque extrémité. Pour enfiler votre aiguille plus facilement, pulvérisez un peu de laque sur vos doigts.

MATÉRIEL COMPLÉMENTAIRE
● **Pour retirer des fils.** Utilisez une pince à épiler pour les fils de bâti ou des boutons en train de se découdre.
● **Utiliser un dé.** Mouillez votre doigt avant d'enfiler votre dé pour créer un phénomène de succion.

LES TISSUS
● **Le tissu épais.** Pour coudre les coutures, frottez le tissu avec un savon à peine humide.
● **Le tissu soyeux.** Lorsque vous devez coudre avec une machine à coudre, mettez un mouchoir en papier sur le tissu pour l'empêcher de glisser.
● **Le tissu très fin.** Avant de couper du tissu, passez votre paire de ciseaux sous l'eau chaude, puis séchez-la bien. Vous obtiendrez ainsi une coupure nette et franche.

LES PELOTES À ÉPINGLES

Éviter la rouille
Fabriquez une pelote à épingles en remplissant un petit sac en tissu de marc de café séché. Il évitera la rouille. Vous pouvez aussi enfoncer les épingles dans un savon.

L'ENTRETIEN DES ÉPINGLES
● **Pour les ramasser.** Gardez un aimant à portée de main. Si vous laissez tomber une seule épingle, cherchez-la à l'aide d'une lampe de poche.

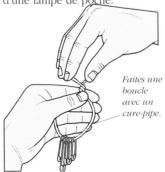

Faites une boucle avec un cure-pipe.

Les épingles à nourrice
Enfilez vos épingles à nourrice sur un cure-pipe. Attachez les extrémités et rangez-les dans votre boîte à couture où vous les trouverez facilement.

LES MACHINES À COUDRE
● **Affûter les aiguilles.** Cousez à travers un morceau de toile ou de papier de verre très fin.
● **Huiler les machines.** Quand vous huilez ou démontez votre machine, posez-la sur un buvard pour ne pas salir le tissu, le fil et la surface en dessous. Lorsque vous avez terminé, cousez plusieurs rangs sur du buvard pour éliminer les traces d'huile.
● **Bloquer votre machine.** Si votre machine se déplace quand vous l'utilisez, posez-la sur l'envers d'un morceau de moquette car le caoutchouc l'empêchera de glisser.
● **La pédale qui glisse.** Collez un morceau de mousse en caoutchouc sous la pédale pour l'empêcher de glisser lorsque vous l'utilisez.
● **Retirer les peluches autour de la bobine.** Utilisez un pinceau fin ou la brosse d'un rasoir électrique.

LES FILS
● **Le fil neutre.** Gardez-en dans votre boîte à couture et utilisez-le lorsque vous n'avez pas la couleur requise.
● **Démêlage.** Si votre fil s'emmêle pendant que vous cousez à la main, frottez-le sur une savonnette bien dure.
● **Ranger le fil synthétique.** Gardez-le au réfrigérateur – cela évitera l'électricité statique pendant que vous l'utilisez.

LES FERMETURES À GLISSIÈRE ET LES BOUTONS

ORNÉ de boutons appropriés, n'importe quel vêtement, même bon marché, peut avoir de l'allure. Retirez les boutons des vêtements usés et gardez-les pour un usage ultérieur. Lorsque vous achetez des boutons, achetez toujours au moins un bouton de plus, vous n'aurez pas à remplacer la série.

LES BOUTONS

● **Rangement.** Après avoir retiré les boutons d'un vêtement, cousez-les ensemble ou enfilez-les sur une épingle à nourrice.

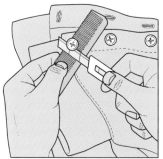

Retirer les boutons serrés
Si un bouton est difficile à retirer, glissez un peigne sous le bouton pour le soulever et coupez le fil avec un couteau aiguisé ou un cutter. Veillez à ne pas couper le tissu.

LES FERMETURES À GLISSIÈRE

● **Les réutiliser.** Avant de la coudre, redonnez de la tenue à une vieille fermeture à glissière en la vaporisant avec de l'amidon.

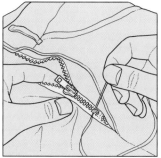

Réparations
Si le bas d'une fermeture est abîmé, tirez la glissière jusque sous des dents cassées et découpez-les. Remontez la fermeture et faites un point juste au-dessus des dents manquantes.

COUDRE LES BOUTONS

● **Laisser un espace.** Placez une pince à cheveux, une allumette ou une épingle sous le bouton que vous êtes en train de recoudre pour qu'il ne soit pas fixé trop près du tissu et que la boutonnière puisse passer aisément.
● **Les boutons à quatre trous.** Cousez les trous deux par deux. Ainsi, le bouton ne tombera pas, même si un fil se découd.

LES BOUTONS SPÉCIAUX

● **Les boutons des vêtements d'enfants.** Cousez les boutons des vêtements d'enfants avec du fil dentaire ou du fil élastique pour qu'ils tombent moins vite.
● **Les petits boutons.** Rangez les tout petits boutons dans des boîtes à pilules en plastique.

LES TECHNIQUES DE COUTURE

VOS TRAVAUX de couture seront tous inutiles si vous ne vous appliquez pas à les commencer et à les finir correctement, que ce soit à la main ou à la machine. Vérifiez que votre fil est bien fixé à chaque extrémité. Repassez les coutures à fer chaud avec une pattemouille pour les aplatir.

LES BOUTONNIÈRES

Couper du tissu épais
Pour découper des boutonnières droites facilement dans du tissu épais, placez le morceau du tissu au-dessus d'une savonnette. Utilisez un cutter ou une lame de rasoir pour faire les incisions.

GAGNER DU TEMPS

● **Coudre des insignes.** Fixez les insignes en tissu sur le vêtement avec une goutte de colle, puis cousez le long du bord.
● **Remplacer un élastique.** Épinglez le nouvel élastique à l'extrémité de l'ancien. Tirez sur l'ancien pour le retirer ce qui mettra en place le nouveau morceau.

LE TRICOT

● **Rattraper des mailles.** Pensez à avoir toujours un cure-pipe dans votre boîte à ouvrage; il vous servira à tenir les mailles tant que vous ne les avez pas rattrapées.

IDÉE LUMINEUSE

Pour éviter les nœuds lorsque vous tricotez avec plusieurs pelotes, placez-les dans un filet à fruits en plastique et tirez un fil de chaque couleur à travers un trou différent du filet.

LES ENFANTS ET LES ANIMAUX

PROTÉGEZ les enfants en prenant des précautions pour éviter les accidents et en leur apprenant comment éviter les dangers. Prenez également soin des animaux. Ils vous témoigneront leur reconnaissance en apportant leur affection à toute la famille.

LA SÉCURITÉ DES ENFANTS

NE LAISSEZ pas les bébés et les très jeunes enfants dehors lorsque vous entrez dans un magasin et portez-les dans les escaliers. Mettez-les dans un parc lorsque vous allez ouvrir la porte, répondre au téléphone ou faire le ménage. Un bébé peut être transporté dans un porte-bébé si sa tête est bien soutenue.

ÉVITER LES ACCIDENTS

● **Les portes en verre.** Collez, à la hauteur des enfants, des étiquettes en couleurs pour qu'ils ne risquent pas de s'y cogner.
● **Les pianos.** Collez un bouchon à chaque extrémité du piano pour éviter que le couvercle ne se referme sur les mains de l'enfant inopinément.
● **Les prises.** Mettez des cache-prise. Ils empêcheront les jeunes enfants d'y enfoncer les doigts.
● **Les appareils ménagers.** Ne laissez pas les cordons électriques à portée de main des enfants.

LES PORTES

Une sonnette d'alarme
Fixez une clochette sur votre porte de jardin, afin d'entendre si un enfant l'ouvre. Fermez votre porte d'entrée à clef.

LES MEUBLES

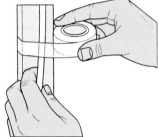

Fixez les fils électriques
aux pieds des meubles avec du ruban adhésif; cela empêchera les enfants de tirer sur les fils et de risquer ainsi de s'assommer.

S'OCCUPER DES BÉBÉS

IL EST primordial que la mère d'un bébé prenne soin de sa propre santé et se facilite la vie autant que possible. Lorsque vous rentrez à la maison avec un nouveau-né, essayez d'éviter les visites pendant une semaine, le temps de faire connaissance avec votre bébé et de vous remettre de l'accouchement.

LES BIBERONS

Organiser le réfrigérateur
Rangez les biberons à la verticale dans le réfrigérateur en les plaçant dans un emballage de bouteilles en carton. Ainsi regroupés, les biberons seront alors bien plus faciles à prendre.

LES COUCHES

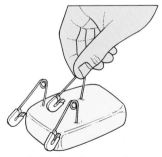

Les épingles à nourrice
Si elles s'émoussent, enfoncez-les dans une savonnette – cela les empêchera aussi de rouiller. Utilisez du papier adhésif si le ruban d'une couche jetable ne colle plus.

LES REPAS ET LE CONFORT

● **Les aliments solides.** Préparez une purée de légumes frais, congelez-la dans des bacs à glaçons et réchauffez-la quand vous en avez besoin.
● **Les biberons de nuit.** Pendant le biberon, mettez une bouillotte sur le matelas du bébé pour qu'il soit encore chaud lorsque vous le recoucherez.
● **La stérilisation des biberons.** Placez quelques billes dans le stérilisateur pour qu'elles attirent le calcaire contenu dans l'eau.
● **Le shampooing.** Déposez une ligne de vaseline sur le front du bébé pour que le shampooing ne lui coule pas dans les yeux.

LES BÉBÉS QUI COMMENCENT À MARCHER

LES BÉBÉS qui commencent à marcher ont envie d'être indépendants plus rapidement qu'ils n'en sont capables. Facilitez-leur les choses le plus possible pour qu'ils n'aient pas à apprendre par la douleur. Faites des économies en fabriquant des jouets à partir d'objets courants de la maison.

ASTUCES POUR LES REPAS
● **Immobiliser les assiettes.** Posez l'assiette sur un porte-savon comportant des ventouses des deux côtés.

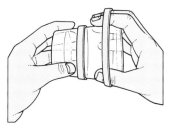

Les verres
Placez deux élastiques autour d'un verre, à environ 2,5 cm l'un de l'autre. Si votre enfant est malade et allongé, apportez-lui à boire dans un bocal fermé, en passant une paille au travers du couvercle.

LES MALADIES ET LES PEURS
● **Les comprimés.** Donnez-les en les cachant dans une cuillerée de confiture ou de miel.
● **Les échardes.** Avant de retirer une écharde, ramollissez la peau en l'imbibant d'huile de cuisine, puis appliquez un glaçon pour réduire la douleur.
● **Retirer les sparadraps.** Retirez les sparadraps sans douleur en passant un morceau de coton imbibé d'huile d'amande douce sur la peau avant de le retirer.
● **Le coucher.** Lorsqu'un enfant quitte son lit à barreaux pour un lit ordinaire, placez le matelas du lit à barreaux par terre à côté de lui; si l'enfant tombe de son lit pendant la nuit, il ne se fera pas mal.

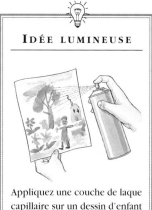

IDÉE LUMINEUSE

Appliquez une couche de laque capillaire sur un dessin d'enfant – elle agit comme un fixateur, empêchant les couleurs de se décolorer et de baver. La laque renforce également le papier.

LES VÊTEMENTS D'ENFANTS

VOUS pouvez parfaitement habiller votre enfant avec des vêtements de seconde main. Ils peuvent vous être donnés par des amis ou la famille ou trouvés dans des magasins de vêtements d'occasion. Fabriquez des tenues de jeux à partir de vieilles salopettes et de vieux manteaux.

L'ENTRETIEN
● **Les bottes.** Découpez deux formes identiques dans du papier autocollant de couleur et collez-les au dos des bottes. Ainsi, dans les vestiaires, elles se distingueront facilement.
● **Les retouches.** Rallongez les manches en leur cousant des poignets tricotés vendus dans le commerce.
● **Attacher les gants.** Pour éviter que l'enfant perde ses gants, reliez-les par un morceau d'élastique, puis passez-le entre les manches du manteau.
● **Les robes.** Mettez les robes à sécher dehors à l'envers. Lorsque vous déferez l'ourlet pour les rallonger, il aura déteint et sera de la même couleur que le reste.

CHAUSSURES ET BOTTES
● **Les lacets.** Passez-les dans de la cire d'abeille ou du savon avant de les enfiler sur les chaussures pour que les nœuds tiennent plus longtemps.

Les chaussures d'enfants
Pour que l'enfant apprenne à bien mettre ses chaussures, collez de l'adhésif ou faites un repère à l'intérieur de la chaussure droite. Expliquez que cette chaussure doit toujours aller sur le pied droit.

LES VÊTEMENTS DE JEU
● **Protéger les vêtements.** Pulvérisez de l'imperméabilisant sur les genoux, poignets et cols pour qu'ils restent propres.

Fixer les bretelles croisées
Pour empêcher les bretelles des salopettes de tomber continuellement, cousez une pression à l'endroit où les bretelles se croisent dans le dos. La pression sera facile à défaire.

Nourrir les animaux

Renseignez-vous auprès d'un vétérinaire ou dans un ouvrage spécialisé sur l'alimentation nécessaire à votre animal pour qu'il reste en bonne santé.

Nourrissez-le à heures régulières et n'oubliez pas qu'il aime, lui aussi, avoir des menus variés. Laissez-lui toujours à disposition une gamelle d'eau fraîche.

ÊTRE EN BONNE SANTÉ
● **Les dents.** Donnez des os à moelle aux chiens et aux chats, mais jamais d'os de poulet ou d'arêtes de poisson.

Une fourrure brillante
Ajoutez un œuf cru ou 30 à 45 ml de graisse animale fondue ou d'huile de foie de morue à la pâtée de votre chien, sa fourrure sera très soyeuse. L'huile végétale ne produit pas le même effet.

NOURRIR LES CHATS
● **Les grosses boîtes.** Divisez-les en plusieurs portions. Mettez-les au congélateur et sortez-les au fur et à mesure.
● **La nourriture appropriée.** Ne donnez pas d'aliments pour chiens à votre chat – ils ne contiennent pas assez de protéines et de vitamines.

NOURRIR LES CHIENS
● **Les gamelles.** Les emballages de viande en polystyrène peuvent très bien servir de gamelle pour le chien.
● **L'huile de thon.** Ajoutez l'huile contenue dans les boîtes de thon au repas de votre chien, il sera encore plus savoureux.

ASTUCE ÉCOLOGIQUE

Gardez l'eau de cuisson des légumes et ajoutez-la aux aliments secs de votre animal pour lui apporter saveur et vitamines supplémentaires. Laissez l'eau refroidir avant de l'ajouter aux aliments.

Soins et entretien

Les chiens et les chats doivent être brossés et prendre de l'exercice régulièrement. Ils ont aussi besoin de manger de l'herbe de temps en temps. Si

vous n'avez pas de jardin, faites-en pousser dans une jardinière. Habituez votre chiot à se laisser nettoyer les dents, ce qui lui évitera d'avoir mauvaise haleine.

ÉLIMINER LES ODEURS
● **Avec du vinaigre.** Placez un petit récipient de vinaigre dans la pièce où dort un chien ou près de la litière du chat.

Mesurez la quantité de borax.

Désodoriser la litière
Ajoutez un volume de borax à six volumes de litière pour chat ou 225 g de bicarbonate de soude à un plateau de litière.

ÉLIMINER LES PARASITES
● **Décourager les puces.** Frottez la fourrure de l'animal avec de l'essence de peau d'orange ou appliquez de l'essence de menthe pouliot sous son collier.
● **Le collier antipuce.** Confectionnez un collier anti-puce en bourrant un rouleau de tissu épais avec de la tanaisie et de l'herbe aux chats.
● **Retirer les tiques.** Tamponnez les tiques avec du white-spirit pour qu'ils se retirent mieux. N'essayez pas de les arracher : la tête risque de rester enfoncée et de provoquer une infection.
● **Détruire les lentes.** Pour détruire les œufs des poux (les lentes), lavez votre animal tous les quinze jours avec de l'eau et du vinaigre blanc à 5 %.

NETTOYER LES ANIMAUX

● **Laver les chiens.** Posez une vieille passoire à thé sur le trou d'évacuation du lavabo ou de la baignoire pour éviter de le boucher avec les poils.
● **Le rinçage.** Ajoutez du vinaigre ou du citron à l'eau de rinçage pour éliminer les odeurs de savon.
● **Lavage à sec.** Frottez le chien avec du bicarbonate de soude, puis brossez-le. Le bicarbonate de soude nettoie et supprime les odeurs.
● **La fourrure emmêlée.** Éliminez les nœuds avec un shampooing suivi d'un après-shampooing. Lorsque la fourrure est sèche, frottez les nœuds avec du talc et démêlez-les.

LES DIFFICULTÉS

Dresser un animal à respecter les règles de la maison demande du temps et des efforts, mais à long terme cela en vaut la peine. Demandez conseil à l'éleveur ou au vétérinaire. Commencez le dressage pendant que l'animal est jeune, avant qu'il ne prenne de mauvaises habitudes difficiles à corriger.

PROTÉGER LES MEUBLES
● Empêcher les animaux de grimper sur les meubles. Saupoudrez les meubles capitonnés de poivre.

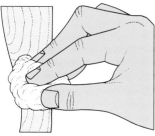

Les empêcher de mordiller
Passez de l'essence de girofle (disponible chez les pharmaciens) sur les pieds des meubles : les chiens n'aiment ni l'odeur ni le goût amer du clou de girofle.

LE COMPORTEMENT CANIN
● **L'adaptation.** Aidez un chiot à à dormir sans sa mère en plaçant dans son panier une bouillotte entourée d'une serviette de bain. Un réveil dans son panier lui rappellera les battements cardiaques de sa mère.
● **Les petits accidents.** Nettoyez la tache d'urine avec de l'eau vinaigrée et de l'ammoniaque. Cela supprimera les odeurs et empêchera le chiot de recommencer au même endroit.
● **La solitude.** Si vous devez laisser un chiot tout seul, donnez-lui quelque chose vous appartenant (un chausson), pour lui tenir compagnie. Vous pouvez aussi laisser la radio allumée pour le réconforter.

PRÉVENIR LES ACCIDENTS
● **La nuit.** Collez du ruban adhésif fluorescent sur le collier de votre animal pour qu'il ne se fasse pas renverser dans l'obscurité.
● **Les balcons.** À moins d'habiter au rez-de-chaussée, gardez vos animaux loin des balcons et des fenêtres.
● **À laisser hors de portée des chiots** : fils électriques, produits ménagers et objets de valeur.
● **En voiture.** Mieux vaut ne pas laisser un animal voyager dans une voiture sans être attaché. Mettez le chat dans une caisse, le chien derrière une barrière ou attaché à une ceinture de sécurité, à l'arrière.

LES PETITS ANIMAUX

Les petits animaux, tels que les lapins et les cochons d'Inde, peuvent être des animaux de compagnie agréables. Ils sont adultes très rapidement et sont faciles à manipuler. Les petits animaux coûtent moins cher à nourrir que les gros animaux, mais représentent tout de même une responsabilité.

LES SOINS
● **Le choix du nombre.** Demandez à votre vétérinaire si l'espèce que vous avez choisie préfère la compagnie ou la solitude. Les hamsters, comme les souris et les rats, sont des animaux solitaires, mais les cochons d'Inde et les lapins aiment avoir un compagnon.
● **Les jouets.** Donnez à vos animaux des objets de la maison (ni pointus ni toxiques) avec lesquels ils pourront jouer.
● **Les poules.** Pour empêcher les poules d'abîmer une de vos plantes favorites, recouvrez-la d'une cage métallique. Les poules pourront manger les pousses qui passent au travers de la cage, mais la plante continuera de pousser.

LES LAPINS
● **Des cages sûres.** Pour empêcher les rongeurs d'entrer dans un clapier extérieur, accrochez-le à une poutre.

Une litière naturelle
Conservez les feuilles mortes tombées à l'automne et l'herbe séchée : elles feront une litière gratuite pour les lapins et les autres petits animaux. Stockez-les dans un endroit bien sec.

LES OISEAUX DU JARDIN
● **Les nourrir.** L'hiver, mélangez des graines et des couennes de lard avec du beurre fondu et mettez-les dehors..

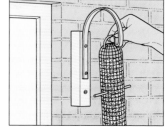

Attirer les oiseaux
Installez devant une fenêtre un filet rempli de graines. Remettez des graines au fur et à mesure pour éviter que les oiseaux ne partent se nourrir ailleurs.

LA BEAUTÉ ET L'HYGIÈNE

O N PEUT se ruiner en produits soi-disant miraculeux pour la peau, les cheveux et le corps, alors qu'il suffit d'adopter une bonne hygiène alimentaire et quelques soins maison pour se sentir bien et être en forme.

LES COSMÉTIQUES

N E JETEZ pas vos produits de beauté parce qu'ils se sont desséchés – ils sont trop coûteux pour être gaspillés. La plupart des flacons et des pots peuvent être réutilisés, tandis que leur contenu peut généralement servir à nouveau une fois réhydraté avec de l'eau ou de l'huile.

LE VERNIS À ONGLES

Ramollir du vernis
Placez le flacon de vernis à ongles dans un bol d'eau chaude pour qu'il retrouve sa consistance d'origine. Conservez votre vernis à ongles au réfrigérateur pour l'empêcher d'épaissir.

LE ROUGE À LÈVRES
● Les tubes vides. Pour aller au fond du tube, utilisez un petit pinceau. Nettoyez les tubes vides à l'eau chaude et rangez-y vos pinces à cheveux.

Tenez l'extrémité cassée au-dessus d'une flamme.

Comment le réparer
Faites chauffer les extrémités au-dessus d'une flamme jusqu'à ce qu'elles aient suffisamment fondu pour être collées, puis mettez le rouge à lèvres au réfrigérateur.

LE MASCARA

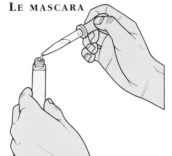

Prolonger son utilisation
Versez quelques gouttes d'eau chaude dans le tube presque terminé. Faites tourner la brosse à l'intérieur du tube pour bien mélanger. Le mascara ainsi ramolli pourra alors servir à nouveau.

LE PARFUM
● L'acheter. Si vous voulez changer de parfum, n'achetez pas au départ un grand flacon. Procurez-vous un échantillon ou achetez la plus petite taille.
● Le ranger. Le parfum doit être conservé au frais et à l'abri de la lumière. Exposé à la lumière et à la chaleur, il s'abîme.
● Le porter. Le parfum tient mieux sur une peau grasse que sur une peau sèche, alors, avant de vous parfumer, hydratez votre peau avec un peu de vaseline ou de crème.
● Des tiroirs parfumés. Découpez une vieille peau de chamois en petits morceaux, aspergez-les légèrement de parfum et mettez-les dans vos tiroirs de lingerie.

PRÉSERVEZ VOS PRODUITS
● Le rangement. Pour empêcher les flacons de se renverser dans les tiroirs, découpez un cercle dans le couvercle de boîtes en carton et posez-les dedans.
● Les bouchons coincés. Versez un peu d'huile végétale dessus. Tenez le flacon près d'une source de chaleur et tapotez doucement autour du bouchon.
● Les pinceaux. Pour qu'ils restent doux, lavez-les avec de l'après-shampooing.
● Les crayons. Avant de tailler les crayons de maquillage, mettez-les au réfrigérateur. La mine aura beaucoup moins de chances de se casser.

ASTUCE À L'ANCIENNE

Lorsqu'il fait chaud, rangez certains de vos produits, tels que le lait démaquillant ou la crème de jour, au réfrigérateur. Lorsque vous les appliquerez, ils vous rafraîchiront, et ceux qui contiennent des ingrédients naturels ne risqueront pas de tourner.

UNE BEAUTÉ NATURELLE

CONFECTIONNEZ des produits de beauté naturels avec des fruits et des légumes. Ces mélanges maison vous coûteront moins cher que des produits commercialisés et ils ne contiennent pas de produits chimiques comme la plupart des cosmétiques vendus dans le commerce.

PARFUMER LE BAIN

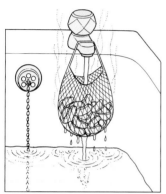

La fraîcheur du citron
Remplissez un filet avec des écorces de citron frais et faites couler l'eau du bain à travers. L'essence de citron sera bonne pour votre peau et parfumera agréablement l'eau de votre bain.

DES PRODUITS NATURELS
● **Les yeux gonflés.** Appliquez sur les yeux fatigués et gonflés de la pomme de terre épluchée et râpée dans un mouchoir propre, des sachets de thé froids ou des tranches de concombre.
● **Les cils épais.** Pour avoir de beaux cils, tamponnez vos yeux avec de l'huile de ricin avant de vous coucher. Ne laissez pas l'huile couler dans vos yeux.
● **Les dents plus blanches.** Lavez-les avec du bicarbonate de soude.
● **L'haleine fraîche.** Mâchez du persil.
● **Supprimer les odeurs de transpiration.** Saupoudrez les pieds et l'intérieur des chaussures avec du bicarbonate de soude.

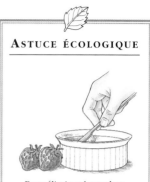

ASTUCE ÉCOLOGIQUE

Pour éliminer les taches tenaces sur vos dents – telles que les taches de tabac –, trempez votre brosse à dents dans de la fraise écrasée. Brossez-vous soigneusement les dents, puis rincez-les avec de l'eau chaude additionnée d'un peu de sel.

LES MAINS ET LES ONGLES

PORTEZ toujours des gants lorsque vous effectuez des tâches ménagères – ils empêcheront vos mains et vos ongles de se dessécher et de s'abîmer. Lorsque vous appliquez du vernis à ongles, mettez vos doigts dans un bol d'eau glacée entre chaque couche pour qu'elles sèchent plus vite.

SOIGNER SES ONGLES
● **Des ongles solides.** Pendant 10 mn, une fois par semaine, trempez vos doigts dans de l'eau chaude et du bicarbonate de soude.

Ramollir les peaux
Trempez vos doigts dans un bol d'huile d'olive chaude. Repoussez les peaux avec un Coton-Tige. Appliquez régulièrement de la crème contenant de la vitamine E.

NETTOYER SES MAINS
● **Les mains très sales.** Pour les nettoyer, massez vos mains avec une pâte épaisse composée de flocons d'avoine et d'eau.

Retirer les taches
Pour éliminer les taches et blanchir la peau de vos mains, frottez-les avec un demi citron ou du jus de citron. Pour supprimer les odeurs, utilisez du vinaigre.

LA PEAU DOUCE
● **Une crème pour les mains.** Mélangez deux volumes de glycérine et un volume de jus de citron.
● **La peau douce.** Pour adoucir la peau rêche des pieds et des mains, frottez-la avec un mélange à part égale d'huile de cuisine et de sucre en poudre.

VERNIR SES ONGLES
● **Faire tenir le vernis.** Passez du vinaigre sur vos ongles avant de leur appliquer du vernis.
● **Déboucher les flacons.** Empêchez les bouchons des flacons de vernis à ongles de rester collés en appliquant un peu de vaseline à l'intérieur du bouchon.

LES SOINS DE LA PEAU

Pour éviter l'apparition de boutons, rien de tel qu'une peau parfaitement propre. Pour retirer les points noirs, placez votre visage au-dessus d'un récipient rempli d'eau chaude car la vapeur ouvrira les pores de la peau. Nettoyez souvent votre peau si vous habitez dans une région très polluée.

LES COUPS DE SOLEIL

● **Réduire la douleur.**
Tamponnez la peau brûlée par le soleil avec un sachet de thé froid ou du vinaigre de cidre.

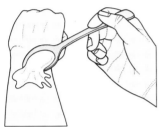

Un remède naturel
Appliquez une fine couche de yaourt nature sur les coups de soleil. Vous pouvez aussi calmer la sensation de brûlure en prenant un bain d'eau tiède additionnée de 300 ml de vinaigre de cidre.

LE NETTOYAGE DE PEAU

Saupoudrez le sucre sur le lait démaquillant.

Fabriquer un exfoliant
Ajoutez 5 g de sucre en poudre à votre lait démaquillant ou à de la mousse de savon. Vous obtiendrez ainsi un produit de gommage économique pour adoucir les parties rêches de votre corps.

SOINS DE BASE

● **Lait pour le corps.** Mélangez un volume égal de glycérine et d'eau de rose pour obtenir un lait pour le corps que vous appliquerez tous les soirs.
● **Pour adoucir la peau.** Mettez une poignée de flocons d'avoine dans l'eau du bain. Cela ne laissera pas de dépôt comme de nombreuses huiles pour le bain.
● **Les coudes.** Pour adoucir leur peau, posez-les quelques minutes dans la peau d'un avocat. Pour les blanchir, posez-les dans des écorces de citrons.
● **Un bain de lait.** Lorsque vous remplissez la baignoire, saupoudrez un peu de lait en poudre dans l'eau courante pour obtenir un bain relaxant qui adoucira votre peau.

LES MASQUES

Lorsque vous avez du temps, profitez-en pour vous faire un masque à la maison. Allongez-vous, détendez-vous en écoutant de la musique douce. Confectionnez vos masques avec les ingrédients naturels que l'on trouve dans une cuisine. Ils seront peu coûteux et très bons pour la peau.

LES SOINS DE LA PEAU

● **Les masques exfoliants.**
Fabriquez votre propre exfoliant en mélangeant de la farine de maïs, du miel et des noix hachées. Appliquez sur votre visage du bout des doigts et laissez agir 5 mn avant de rincer.
● **Le fond de teint.** Avant d'appliquer du maquillage liquide, passez une éponge humide sur votre visage.
● **Les toniques.** Confectionnez votre propre tonique en mélangeant un volume égal d'eau de rose et d'hamamélis. Appliquez-le sur votre visage avec du coton. Ce mélange ne contenant pas d'alcool, il ne vous laissera pas une sensation de tiraillement.

DES TRAITEMENTS POUR LA PEAU FAITS MAISON

POUR PEAU SÈCHE

● **Concombre et yaourt.** Coupez en morceaux un concombre non épluché et mélangez-le avec du yaourt. Étalez ce mélange sur votre visage, puis rincez.
● **Le jaune d'œuf, l'huile et le citron.** Mélangez un jaune d'œuf avec 2,5 ml d'huile d'olive et 2,5 ml de jus de citron. Nettoyez votre visage, puis appliquez ce mélange (sauf contour des yeux). Laissez 10 mn, rincez.

POUR PEAU GRASSE

● **Blanc d'œuf et farine de maïs.** Mélangez un blanc d'œuf avec 30 g de farine de maïs. Appliquez sur votre visage et laissez agir plusieurs minutes, jusqu'à sentir un tiraillement. Frottez votre visage avec un gant sec pour retirer le plus de produit, puis rincez soigneusement à l'eau froide. Pour raffermir la peau et resserrer les pores, appliquez juste un blanc d'œuf battu.

DE BEAUX CHEVEUX

Il existe toutes sortes de traitements naturels pour avoir de beaux cheveux. Il est primordial de les couper régulièrement pour supprimer les fourches. L'alimentation, le stress, l'humeur, le tabac et la pollution peuvent également modifier la santé de vos cheveux.

LE DERNIER RINÇAGE

● **Des cheveux brillants.** Si vous êtes brune ou rousse, appliquez du café ou du vinaigre de cidre juste avant le dernier rinçage.

Les cheveux blonds brillants
Versez 300 ml d'eau bouillante sur 10 g de feuilles séchées ou une poignée de feuilles de camomille séchées ou fraîches. Laissez-les infuser, filtrez, puis appliquez comme un après-shampoing.

SOIGNER SES CHEVEUX

● **Un beaume embellisseur.** La mayonnaise est excellente pour les cheveux secs. Appliquez 100 ml sur vos cheveux avant de les laver, recouvrez-les de papier aluminium ou de film étirable et laissez agir 15 mn. Rincez, puis shampouinez.
● **Huile chaude.** Passez deux serviettes de toilette sous de l'eau très chaude, puis faites-les essorer dans le lave-linge. Imprégnez vos cheveux d'huile d'olive, recouvrez-les de papier aluminium ou de film étirable avant d'enrouler les serviettes autour de votre tête pour ne pas les salir. Attendez 20 mn avant de faire un shampooing.
● **Les cheveux fins.** Rincez-les avec de la bière.

UN APRÈS-SHAMPOING NATUREL

● **Amande et romarin.** Faites chauffer du romarin haché et 15 ml d'huile d'amande douce, de glycérine et de lanoline. Retirez du feu et ajoutez un œuf en battant bien (ne le laissez pas cuire). Shampouinez vos cheveux, puis faites pénétrer ce mélange. Laissez agir 10 mn, puis rincez soigneusement vos cheveux.

DES TRAITEMENTS ÉCONOMIQUES

Faites des économies lorsque c'est possible et, de temps en temps, permettez-vous un soin du visage, une manucure ou une visite dans un centre de remise en forme. Achetez les produits que vous utilisez fréquemment en grandes quantités et vérifiez que tubes et flacons sont bien vides avant de les jeter.

LE PARFUM INUTILISÉ

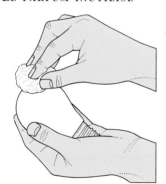

Parfumer la maison
Si vous n'aimez pas un parfum suffisamment pour le porter, déposez-en une petite quantité sur les ampoules électriques. Lorsqu'elles seront allumées, elles diffuseront l'odeur du parfum.

LES RESTES DE SAVON

Ajoutez de l'eau bouillante aux restes de savon.

Récupérer le savon
Gardez les bouts de savon dans un bocal. Ajoutez le jus d'un citron et remplissez le bocal d'eau bouillante. Mélangez, puis ajoutez 5 ml de glycérine. Utilisez ce mélange pour vous laver les mains.

D'AUTRES ÉCONOMIES

● **Le shampooing.** Mettez quelques gouttes d'eau dans une bouteille de shampooing presque vide. Secouez bien et posez la bouteille à l'envers pendant quelques minutes. Utilisez ce savon liquide pour la douche.
● **Le coton.** Achetez du coton hydrophile chirurgical car c'est le moins cher.
● **Brillant à lèvres.** Pour faire briller vos lèvres, appliquez un peu de vaseline directement sur vos lèvres ou sur votre rouge à lèvres.
● **Le talc.** Pour que votre talc dure plus longtemps, recouvrez de ruban adhésif tous les trous de la boîte de talc sauf trois.

VOITURES ET GARAGES

VOTRE voiture est un objet de valeur que vous devez entretenir et nettoyer. Vérifiez souvent que tout fonctionne bien, surtout avant d'entreprendre un long voyage. Donnez la voiture en révision régulièrement et prenez le temps de ranger votre garage.

NETTOYER VOTRE VOITURE ET VOTRE GARAGE

SI VOUS n'avez pas le temps de laver votre voiture vous-même, faites-le faire ou passez-la au lavage automatique. N'oubliez pas de nettoyer l'intérieur.

Conservez à l'esprit qu'en entretenant votre voiture vous prolongerez sa durée de vie et préserverez sa valeur.

DES PARE-BRISE PROPRES

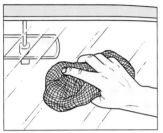

Essuyer les insectes
Nettoyez l'extérieur des pare-brise avec des filets à provisions en plastique. Reliez plusieurs filets ensemble et frottez bien pour retirer tous les insectes. Ensuite, lavez le pare-brise et essuyez-le avec du vinaigre blanc.

ASTUCES DE NETTOYAGE

● **Le rinçage.** Ajoutez 225 ml de kérosène à l'eau de lavage et vous n'aurez pas besoin de rincer la voiture. Cela évite la rouille et fait glisser la pluie.

● **Les essuie-glaces.** Si vos essuie-glaces ne nettoient plus correctement, lavez le pare-brise, puis nettoyez les essuie-glaces avec de l'alcool.

● **La moquette.** Si le sel utilisé sur les routes a laissé des taches sur la moquette, lavez-la avec un volume égal d'eau chaude et de vinaigre. Laissez sécher, puis passez l'aspirateur.

● **Les autocollants.** Retirez-les avec du dissolvant.

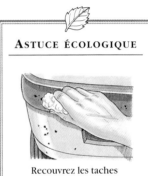

ASTUCE ÉCOLOGIQUE

Recouvrez les taches de goudron sur les voitures avec un peu d'huile de lin ou d'eucalyptus. Une fois le goudron ramolli, essuyez l'huile avec du papier imprégné d'huile propre.

NETTOYER LE GARAGE

Pour que le garage reste propre, il suffit généralement de le balayer et de nettoyer les taches de graisse et d'huile sur le sol.

● **Les taches d'huile fraîches.** Saupoudrez-les avec une bonne quantité de litière pour chat, puis écrasez-la sous votre talon. Lorsque la litière a absorbé l'huile, ramassez-la avec un balai et jetez-la.

● **Avec de la lessive Saint-Marc.** Retirez le plus d'huile possible avec un couteau de vitrier. Mouillez la tache, puis saupoudrez de lessive Saint-Marc. Pendant qu'elle se dissout, frottez les taches avec une brosse en chiendent pendant 15 à 20 mn. Ajoutez de la lessive et frottez encore. Rincez à l'eau claire.

● **Les taches anciennes.** Appliquez un détachant approprié, laissez agir 5 mn. Saupoudrez de lessive, brossez avec un balai rigide, puis rincez avec le tuyau d'arrosage.

● **Les taches particulièrement tenaces.** Utilisez du nettoyant pour four. Laissez agir, puis rincez.

AUTRES ASTUCES

● **Parfumer la voiture.** Laissez sous votre siège de voiture un voile assouplissant.

● **Un protecteur.** Avant les longs voyages, pulvérisez de l'huile de cuisine sur l'avant de la voiture pour empêcher les insectes d'adhérer.

● **L'air conditionné.** Pour qu'il continue à bien fonctionner, mettez-le en marche pendant 5 mn chaque semaine d'hiver.

● **Les jerricanes d'huile propres.** Fermez-les avec le couvercle en plastique des boîtes de chicorée.

● **Les chromes.** Nettoyez-les avec de l'aluminium humide.

● **Les pare-brise.** Nettoyez-les avec un chiffon propre qui ne peluche pas et un peu de vinaigre blanc.

LES PROBLÈMES LIÉS À LA MÉTÉO

NE VOUS laissez pas prendre au dépourvu si vous tombez en panne. Transportez un nécessaire d'urgence comprenant une couverture, de l'eau, des gâteaux secs et une lampe électrique. Un téléphone portable peut être très utile si vous tombez en panne sur une portion de route qui n'a pas de téléphone.

LES SERRURES GELÉES
● **Chauffer les serrures.** Utilisez un sèche-cheveux électrique soufflant de l'air tiède. Sinon, pulvérisez un produit dégivrant sur la serrure.

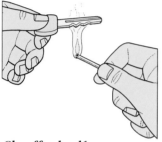

Chauffer la clé
Réchauffez la clé avec un briquet ou une allumette, puis glissez-la dans la serrure et attendez quelques minutes avant de la tourner. Recommencez si nécessaire.

BLOQUÉ DANS LA NEIGE
● **Avec de la litière à chats.** Si votre voiture est bloquée par la neige ou le verglas, utilisez de la litière à chats pour donner de l'adhérence.

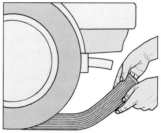

Avec des tapis de sol
Retirez les tapis de sol de la voiture et placez-les juste sous les roues arrière. Cela peut suffire à fournir l'adhérence nécessaire pour faire repartir la voiture.

PRÉCAUTIONS À PRENDRE
● **La réserve d'eau pour pare-brise.** Vérifiez son niveau, surtout lorsqu'il fait chaud car elle risque de s'évaporer.
● **Empêcher les portes de geler.** Frottez de l'huile végétale sur les garnitures en caoutchouc des portes.
● **Démarrer facilement le matin.** Rangez votre voiture en marche arrière dans votre garage.
● **Les moteurs froids.** Si votre voiture refuse de démarrer par temps froid, essayez de réchauffer le carburateur avec un sèche-cheveux.
● **Un réservoir d'essence plein.** Un réservoir plein donnera plus de poids et d'adhérence à votre voiture pour circuler sur des routes verglacées.

L'ENTRETIEN COURANT

UN PROBLÈME simple peut entraîner de sérieuses complications, par exemple en vous faisant manquer un rendez-vous. Vérifiez régulièrement l'état des petits accessoires, comme les ampoules, pour éviter des problèmes mineurs et parfois même d'avoir à faire intervenir un service de dépannage.

L'ENTRETIEN COURANT
● **L'essence.** Transportez toujours un jerricane vide.
● **Roue de secours.** Lorsque vous vérifiez la pression des pneus, n'oubliez pas la roue de secours. Regonflez-la en même temps que les autres pneus.
● **L'éclairage.** Transportez des ampoules de rechange.
● **Les pneus.** Vérifiez souvent l'état des pneus et retirez les cailloux ou les clous logés dans la chape.
● **Les essuie-glaces.** Laissez une paire d'essuie-glaces de rechange dans votre voiture.
● **Les câbles de démarrage.** Si votre batterie est usée, laissez des câbles de démarrage dans votre voiture.

LES ANTENNES
● **Les antennes rétractables.** Rentrez-les toujours lorsque vous garez votre véhicule pour éviter qu'elles ne soient abîmées.

Une antenne temporaire
Un cintre métallique peut faire office d'antenne. Coupez le crochet, pliez le cintre en forme de losange et enfoncez-le dans la prise.

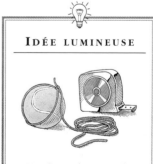

IDÉE LUMINEUSE

Une fois garé, mesurez la distance entre le mur et votre pare-brise arrière. Accrochez une balle au plafond à cet endroit ; la prochaine fois que vous vous garerez, lorsque la balle touchera le pare-brise, vous saurez que vous ne devez pas reculer davantage.

L'ART DE RECEVOIR

P OUR recevoir des amis à dîner, il faut être bien organisé. Vos invités ne passeront pas une soirée agréable si vous êtes débordé, essayant à la fois de servir l'apéritif, de préparer le repas et de tenir une conversation.

LES DÎNERS

L ES DÎNERS assis sont généralement un peu plus formels que les buffets ou les repas entre amis où chacun apporte un plat. Terminez vos préparatifs bien à l'avance pour éviter la bousculade de dernière minute et pour avoir le temps de bien accueillir vos invités.

LES INVITÉS

● **Le choix.** Choisissez vos invités pour qu'ils s'entendent bien. N'invitez pas plus de personnes que vous n'avez de chaises et évitez les personnes qui dominent la conversation. Donnez à vos invités une heure d'arrivée en précisant l'heure à laquelle vous comptez servir le dîner.

LE REPAS

● **Prévoir le menu.** Ne prévoyez pas de servir uniquement des plats chauds, ou vous passerez toute votre soirée à la cuisine. Laissez-vous assez de temps pour vous procurer tous les ingrédients dont vous aurez besoin. Ne vous lancez pas dans des plats inédits.

LES PRÉPARATIFS

● **Faire une liste.** Faites une liste générale de tout ce dont vous aurez besoin pour l'occasion (plats, boissons, nappe...).
● **Un emploi du temps.** Établissez un emploi du temps précis des tâches à effectuer. Ne laissez pas tous les préparatifs à la dernière minute.

DRESSER LA TABLE

Comment dresser le couvert
Disposez les couverts sur la table en fonction du menu, en commençant par l'extérieur. Ici, la table est mise pour un repas comportant quatre plats, dont un potage, un plat de poisson, un plat principal et un dessert. Placez les verres au centre ou à droite de la place.

Verre à vin blanc.

Verre à vin rouge.

Les couverts à dessert se placent au-dessus de l'assiette.

La fourchette à poisson se place à l'extérieur car elle est utilisée en premier.

Verre à eau.

Si vous servez du poisson, prévoyez un couteau à poisson.

Disposez la cuillère à soupe à côté des couteaux, à droite de l'assiette.

Placez le couteau à pain sur l'assiette ou avec les autres couteaux.

PLACER SES INVITÉS

● **Avant le dîner.** Si l'apéritif est pris au salon, veillez à ce qu'il y ait assez de chaises.
● **À table.** Préparez un plan de table à l'avance et indiquez la place de chaque invité sur un petit carton, afin d'éviter d'éventuelles situations embarrassantes.

LES VÊTEMENTS

● **Le choix de l'habillement.** Prévoyez votre tenue au cas où l'un de vos invités téléphonerait pour vous demander comment il doit s'habiller.
● **Les manteaux.** Prévoyez un endroit pour ranger les manteaux de vos invités sans qu'ils soient fripés ou écrasés.

L'ÉTIQUETTE

● **La ponctualité.** Soyez à l'heure. Il est très embarrassant pour un invité d'arriver alors que l'hôtesse n'est pas encore prête.
● **Évitez les clans.** Essayez d'empêcher les gens qui seront côte à côte pendant le dîner de se parler pendant l'apéritif.

LES GOÛTERS D'ENFANTS

LES ENFANTS les adorent, mais ils se transforment parfois en cauchemar pour les parents. S'il s'agit de très jeunes enfants, n'en invitez pas trop car ils pourraient se sentir perdus et être malheureux. Ne laissez pas les enfants manger ni s'exciter plus que de raison.

LES JEUX

● Organiser l'après-midi. Choisissez les activités à l'avance et préparez un emploi du temps approximatif.

● Se faire aider. Embauchez une tierce personne pour animer les activités pendant que vous vous occupez du goûter.

● Les récompenses. Achetez des récompenses pour les jeux et, si possible, veillez à ce que chaque invité en gagne une.

LE MENU DE LA FÊTE

● Les menus appréciés des enfants. Servez des aliments simples qui se mangent avec les doigts sans trop vous préoccuper de leur valeur nutritive.

PROTÉGER LES MEUBLES

Doubler les nappes
Protégez les tables en plaçant du film étirable sous les nappes. Faites de même sur le piano et partout où les enfants risquent de poser ou de renverser des aliments et des boissons. L'idéal serait qu'ils goûtent dans la cuisine.

IDÉE LUMINEUSE

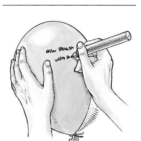

Les invitations
Gonflez de gros ballons de couleurs vives et écrivez l'invitation dessus avec un feutre. Dégonflez les ballons, glissez-les dans une enveloppe et donnez-les à vos invités.

LES AUTRES RÉCEPTIONS

LA PLUPART des autres occasions sont moins formelles que les dîners assis. La clé pour que tout le monde s'amuse, c'est l'organisation. Si vous planifiez bien tout à l'avance, vous aurez le temps de bien tout préparer, mais aussi d'apprécier la fête le jour J.

LES BUFFETS

● Les chaises. Préparez des plats que l'on peut manger debout, mais installez quelques tables et chaises pour les personnes qui préfèrent s'asseoir.

● Les accessoires. Achetez des clips permettant de fixer le gobelet à l'assiette. Évitez les assiettes en carton – elles se déforment et ne supportent pas les plats chauds.

● Les boissons. Prévoyez beaucoup de boissons non alcoolisées pour les personnes qui conduiront au retour.

● La préparation des plats. Préparez-les à l'avance et gardez-les au chaud. Conservez les desserts et les salades au réfrigérateur, prêts à recevoir assaisonnements et garnitures.

LES PIQUE-NIQUES

● La nourriture. Enveloppez les sandwiches en indiquant dessus le nom de leurs destinataires.

● L'assaisonnement. Les flacons de médicaments, soigneusement lavés, ont la taille idéale pour emporter l'assaisonnement.

LES GRANDES FÊTES

● Noël. Achetez le papier cadeau et les cartes de vœux pendant les soldes, juste après les fêtes, et les cadeaux tout au long de l'année lorsque vous trouvez ce qui convient. Cela vous évitera de grever votre budget à l'époque de Noël.

● Les mariages. Faites un gros nœud avec le tissu de la robe de mariée. Accrochez-le dans l'entrée pour accueillir vos invités.

ESTIMER LES QUANTITÉS DE BOISSONS

Utilisez ces indications pour évaluer la quantité de boissons à acheter pour une réception. Les gens boivent davantage pendant une petite réception qu'au cours d'une grande soirée.

● Le vin. Comptez 1/2 bouteille de vin par personne. 1 bouteille de champagne permet de remplir 6 flûtes.

● Le porto. 1 bouteille standard contient 16 verres.

● Les alcools. 1 bouteille d'alcool contient 30 mesures.

● Les boissons non alcoolisées. Avec 1 bouteille de 500 ml, vous servirez 3 personnes; mélangée à de l'alcool, vous remplirez 5 verres.

DÉMÉNAGER

LES DÉMÉNAGEMENTS sont parfois traumatisants, surtout si l'on possède de nombreux objets qui devront être emballés et transportés. Que vous changiez de quartier ou que vous partiez à l'autre bout du pays, un déménagement demande beaucoup d'organisation.

AVANT DE DÉMÉNAGER

PRÉPAREZ votre déménagement en prévoyant les tâches à effectuer dans la maison que vous quittez et dans celle où vous allez vous installer. En vous organisant, vous limiterez les difficultés. Faites appel à un déménageur établi de longue date pour bénéficier de son expérience.

EMBALLER

● **Le tri**. Passez en revue tous vos biens et débarrassez-vous de ceux que vous ne voulez plus garder.

● **Assurance**. Vous ne serez assuré en cas de bris que si c'est l'entreprise de déménagement qui a assuré la mise en carton. Ce sont des professionnels, alors faites-leur confiance pour les objets fragiles.

● **Les enfants**. Si vous avez de jeunes enfants, confiez-les à des amis ou à de la famille. Mettez les animaux au chenil pendant quelques jours, le temps de vous organiser.

DÉMÉNAGER LES PLANTES

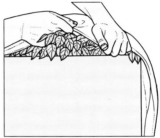

Transporter les plantes
Transportez-les vous-même plutôt que de les confier au déménageur. Arrosez-les bien deux jours avant. Placez-les dans des caisses, calez les pots avec du papier journal et recouvrez de polyéthylène.

DÉMÉNAGER LES CADRES

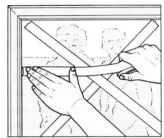

Pour protéger les vitres
Protégez les vitres en appliquant de l'adhésif en croisillons – cela empêchera aussi le verre de s'effriter s'il se casse. Après avoir retiré l'adhésif, nettoyez la vitre avec de l'alcool à brûler.

VOTRE CHANGEMENT D'ADRESSE

Communiquez votre nouvelle adresse à vos relations et informez les services publics de votre déménagement.

● **EDF-GDF**. Prévoyez un rendez-vous pour faire relever les compteurs et faites-vous envoyer les factures à votre nouvelle adresse. Prévoyez aussi les rendez-vous pour les branchements dans votre nouveau logement.

● **Les médecins et la sécurité sociale**. Prévenez votre généraliste, votre dentiste, etc., et demandez-leur de vous recommander un confrère.

● **Les banques**. Prévenez votre banque, ainsi que vos éventuels conseillers financiers, de votre changement d'adresse.

● **Les écoles**. Prévenez les écoles de votre départ; cherchez une école dans votre nouvelle localité. Renseignez-vous sur les possibilités d'inscription et sur les moyens de transport desservant les écoles.

● **Les abonnements et les associations**. Annulez votre inscription à la bibliothèque et dans les clubs locaux. Démissionnez de vos fonctions dans les associations locales, telles que l'association de parents d'élèves.

● **Assurance**. Prévenez votre compagnie d'assurance de votre déménagement et donnez-lui votre nouvelle adresse. Vérifiez si votre police d'assurance va augmenter ou baisser dans votre nouvelle résidence.

● **Les impôts**. Informez le service des impôts de votre déménagement.

● **Les sociétés de vente par correspondance**. Avisez-les de votre changement d'adresse.

● **La poste**. Faites réexpédier votre courrier à votre nouvelle adresse pendant un an : vous aurez le temps d'avertir toutes vos relations de votre changement d'adresse.

● **Les entreprises**. Prévenez de votre départ toutes les entreprises locales avec lesquelles vous avez passé un contrat, par exemple les sociétés de protection contre les cambriolages.

● **Les crédits**. Faites parvenir votre nouvelle adresse à vos organismes de crédit.

● **Le téléphone**. Prévenez les Telecom de votre départ plusieurs semaines à l'avance pour que votre facturepuisse vous être adressée.

LE JOUR DU DÉMÉNAGEMENT

L E DÉMÉNAGEMENT se déroulera plus facilement si une personne attend le camion à la nouvelle maison pendant qu'une autre reste sur place pour surveiller la mise en carton. Si vous déménagez par vos propres moyens, organisez-vous de la même façon. Au besoin, demandez de l'aide à des amis.

LE NÉCESSAIRE DE SURVIE

Préparez un nécessaire comprenant tout ce dont vous aurez besoin dès votre arrivée dans votre nouvelle maison. Vous n'aurez pas envie d'attendre le camion pour vous faire un café.

● **La literie.** Emportez assez de draps et de couvertures pour pouvoir faire tous les lits dès qu'ils arriveront. Faites les lits en priorité car, après votre déménagement, vous n'aurez sûrement pas le courage de les faire plus tard.

● **Nourriture et matériel.** Emportez du thé ou du café, du lait, du sucre, de quoi déjeuner, des tasses, des assiettes, une bouilloire, un ouvre-boîtes, une casserole et des couverts.

● **Les produits de première nécessité.** N'oubliez pas papier toilette, produit à vaisselle, torchon, savon, ampoules électriques et trousse de secours.

● **Les outils.** Emportez les outils les plus courants au cas où vous auriez à réparer quelque chose ou à préparer l'installation d'une machine. Prévoyez une clé à molette, un marteau, une paire de pinces et un tournevis. Emportez des bougies et une lampe électrique au cas où l'électricité ne serait pas branchée.

● **Les vêtements.** Emportez des vêtements pour le lendemain au cas où vous seriez trop fatigué pour défaire vos valises.

À L'ARRIVÉE

● **La nouvelle maison.** Passez-la en revue, en vérifiant que les propriétaires précédents n'ont pas emporté ce qu'ils s'étaient engagés à laisser ou qu'ils ne vous ont pas laissé des détritus. En cas de problème, appelez votre notaire immédiatement.

● **Les meubles.** Lorsque le camion de déménagement arrive, faites visiter la maison au chef d'équipe en lui précisant l'emplacement des gros meubles. Demandez-lui de mettre les objets fragiles à part pour vérifier leur état.

● **Les dégâts.** Constatez immédiatement les dégâts et faites une déclaration d'assurance au plus vite.

VOTRE NOUVELLE MAISON

N E VOUS leurrez pas : vous ne pourrez pas vous asseoir et vous reposer tant que tout n'aura pas été déballé et que les déménageurs ne seront pas repartis. Vous devez être vigilant pour que tout se déroule bien. Vérifiez que tout ce qui vous appartient est bien arrivé et qu'il n'y a pas eu d'objets brisés.

UN PLAN D'ACTION

● **Protéger la moquette.** Disposez des journaux sur la moquette pour éviter les traces de boue. Donnez un plan de la maison aux déménageurs en leur expliquant comment vous avez étiqueté les cartons.

● **Les boissons.** Prévoyez des boissons – sans alcool – pour étancher la soif des déménageurs.

● **Les enfants.** Si vous avez de jeunes enfants avec vous, ne les laissez pas gêner les déménageurs. Emportez des jouets pour les occuper.

● **Les animaux familiers.** Si vos animaux ont voyagé avec vous, enfermez-les dans une pièce et demandez aux déménageurs de terminer par celle-là.

DÉMÉNAGER PAR SOI-MÊME

● **Louer une camionnette.** Louez une camionnette et déménagez sans déménageurs. Cela vous coûtera beaucoup moins cher.

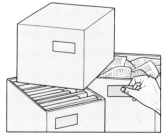

Étiqueter les cartons
Collez du ruban adhésif de couleurs différentes sur les cartons et les meubles pour indiquer dans quelle pièce ils doivent aller. En arrivant dans la maison, collez sur chaque porte la couleur appropriée.

LES DÉMÉNAGEURS

● **Le pourboire.** Prévoyez de leur donner un pourboire qui s'ajoutera à la somme convenue sur le contrat de déménagement.

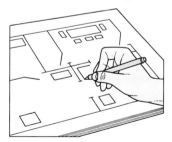

Utiliser un plan
Donnez au chef d'équipe un plan de la maison, montrant où vous voulez installer les gros meubles. Ainsi, vous n'aurez pas à déplacer ces meubles lourds par la suite.

SANTÉ ET PRÉVENTION

LA PRÉVENTION des accidents est primordiale dans une maison, en particulier si le foyer compte des jeunes enfants, des personnes âgées ou handicapées. Regardez votre maison avec un œil neuf pour repérer les dangers possibles. Gardez à l'esprit que, même s'il n'est pas inutile d'avoir appris dans un livre les gestes de secourisme, rien ne remplacera jamais une formation dans un centre spécialisé.

LA TROUSSE DE PREMIERS SECOURS

Rangez les produits de premiers secours dans une boîte facile à trouver pour les adultes mais hors de portée des enfants. Remplacez les articles au fur et à mesure que vous les utilisez et jetez ceux qui sont périmés. Complétez votre trousse à pharmacie avec des analgésiques tels que l'aspirine ou le paracétamol, mais conservez les autres médicaments dans une armoire à pharmacie fermant à clé. Les articles montrés ici constituent une trousse de secours de base pour la maison.

● **Les pommades.** Achetez une pommade antihistaminique contre les piqûres d'insectes et une crème adaptée pour lutter contre les coups de soleil.
● **Les pansements.** Votre trousse doit contenir des compresses et des pansements stériles, deux compresses oculaires et de la gaze. Achetez une série de pansements adhésifs pour les petites blessures.
● **Les bandages.** Prévoyez deux pansements triangulaires, des bandes (en crêpe) et un doigtier.
● **Les attaches et les instruments.** Prévoyez de l'adhésif hypoallergénique ou des épingles à nourrice pour fixer les bandes, une pince à épiler pour les échardes et des ciseaux pour découper pansements et bandes.

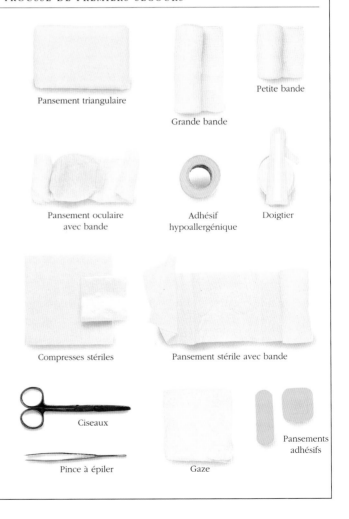

Pansement triangulaire

Grande bande

Petite bande

Pansement oculaire avec bande

Adhésif hypoallergénique

Doigtier

Compresses stériles

Pansement stérile avec bande

Ciseaux

Pince à épiler

Gaze

Pansements adhésifs

LA SÉCURITÉ DANS LA MAISON

En prenant des précautions simples, on peut éviter des accidents et même sauver des vies. La cuisine est la pièce la plus dangereuse de la maison, suivie par la salle de bains. Essuyez toujours ce qui a été renversé pour que personne ne glisse et installez une poignée de sécurité sur la baignoire si nécessaire.

UNE CUISINE SÛRE

Installez des systèmes de sécurité sur les placards.

Tournez les manches de casseroles.

Éviter les accidents

Tournez les manches de casseroles vers l'intérieur de la cuisinière. Installez des systèmes de sécurité sur les placards et cachez les allumettes et apprenez aux enfants les règles de sécurité.

LA SÉCURITÉ EN GÉNÉRAL

● **Les portes vitrées.** Remplacez les vitres ordinaires par des vitres Securit qui ne font pas d'éclats lorsqu'elles se brisent.
● **Les pare-feu.** Si vous devez laisser un feu sans surveillance, placez un pare-feu devant la cheminée.
● **Les tapis.** Fixez tapis et carpettes à leur place avec de l'adhésif antidérapant.
● **L'éclairage.** Veillez à bien éclairer les endroits dangereux de la maison, tels que les escaliers et les paliers.
● **Les fers à repasser.** Si l'on frappe à la porte ou que le téléphone sonne, éteignez votre fer à repasser.
● **Les prises.** Si vous avez des enfants, protégez les prises qui ne servent pas à l'aide de cache-prises.

ÉVITER L'INCENDIE

● **Les détecteurs de fumée.** Installez-les à chaque étage de votre maison. Vérifiez leur état régulièrement.
● **Les couvertures ignifugée.** Gardez une couverture ignifugée dans la cuisine.
● **Les cendriers.** Prévoyez des cendriers pour les fumeurs.
● **Les charnières.** Si votre maison présente un risque d'incendie, équipez les portes de grooms.
● **Les exercices d'évacuation.** Assurez-vous que les enfants savent qu'il ne faut jamais retourner dans un bâtiment en feu même pour chercher un animal familier (voir p. 166).
● **Les meubles.** Évitez les meubles anciens garnis de mousse de polyuréthanne. Elle peut s'enflammer et dégager des fumées toxiques.

APPELER LES SERVICES D'URGENCE

Dressez une liste des numéros de téléphone importants, gardez l'original dans votre journal de bord. Collez-la à un endroit précis, par exemple à l'intérieur d'une porte de placard. Ajoutez à cette liste des instructions écrites qui aideront la personne qui téléphone en cas de panique.

LES NUMÉROS D'URGENCE

Inscrivez le numéro de téléphone des services et des personnes suivants :

● Services d'urgence (pompiers, police, ambulance).
● Médecin et dentiste (avec leurs heures de consultation).
● L'hôpital le plus proche (avec service d'urgences).
● Les membres de la famille (y compris numéro de bureau).
● Les coordonnées d'une pharmacie ouverte le soir.
● Les numéros d'urgence pour l'électricité, le gaz et l'eau.
● Un service de taxi.
● Le vétérinaire.

TÉLÉPHONER

● **L'information utile.** Si vous appelez les services d'urgence, on vous demandera votre numéro de téléphone, le lieu précis de l'urgence, l'âge, le sexe et l'état des personnes impliquées dans le sinistre ainsi que le détail des risques éventuels, tels qu'une fuite de gaz.
● **Préparer les enfants.** Enseignez à vos enfants comment prévenir les services d'urgence pour qu'ils sachent réagir si vous êtes blessé.
● **Les incendies.** Si votre maison est en feu, appelez les pompiers depuis la maison d'un voisin ou une cabine téléphonique.

GARDER SON SANG-FROID

Rester calme

Lorsque vous appelez les services d'urgence, essayez de répondre à toutes les questions avec précision. Laissez votre correspondant raccrocher en premier.

RÉAGIR DEVANT UNE URGENCE

LE FAIT de savoir comment réagir devant une urgence peut limiter, voire éviter les dégâts et les blessures. Vous trouverez respectivement p. 108 et 111 la conduite à tenir en cas d'inondation ou de fuite de gaz.

QUE FAIRE EN CAS D'INCENDIE

LE FEU est effrayant et se propage rapidement. Si vous ne parvenez pas à l'éteindre, il est primordial d'évacuer le bâtiment; si vous vivez en appartement, mettez l'alarme en marche, puis occupez-vous de vous-même et de votre famille. Ne laissez pas la panique s'installer.

LES PETITS FEUX

● **Les feux de cheminées.** Si un feu devient incontrôlable, aspergez-le d'eau. Si le conduit de cheminée brûle, appelez les pompiers. Éloignez meubles et tapis de la cheminée.

● **Les feux électriques.** Ne mettez pas d'eau dessus. Si un appareil, tel qu'une télévision ou un ordinateur, est en feu, coupez l'électricité et étouffez les flammes avec une couverture ou un manteau.

● **Les feux de poêle.** Si une poêle s'enflamme, éteignez immédiatement le gaz ou l'électricité. Couvrez la poêle avec un torchon humide ou un grand couvercle de casserole.

● **Contrôler un feu.** Fermez les portes et les fenêtres de la pièce. Les appels d'air favorisent l'extension du feu.

LES BÂTIMENTS EN FEU

Fermez bien la porte.

Bloquez le bas de la porte avec un tapis.

Ouvrez la fenêtre pour laisser entrer de l'air frais.

Appelez à l'aide par la fenêtre.

Échapper à l'incendie

Si vous ne pouvez pas sortir d'un immeuble en flammes, enfermez-vous le plus loin possible du feu; bloquez le bas de la porte avec du tissu, si possible mouillé; ne sautez pas par une fenêtre à moins que cela ne devienne impératif pour rester en vie. Ouvrez une fenêtre et appelez à l'aide.

> **ATTENTION**
> Lorsque vous évacuez un bâtiment, emportez dans vos bras bébés et jeunes enfants. Ne retournez jamais dans un bâtiment en feu. Prévenez les pompiers si quelqu'un est à l'intérieur.

LES VÊTEMENTS EN FEU

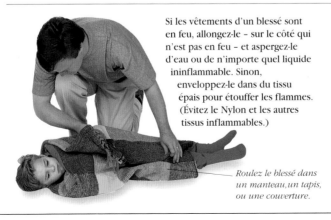

Si les vêtements d'un blessé sont en feu, allongez-le – sur le côté qui n'est pas en feu – et aspergez-le d'eau ou de n'importe quel liquide ininflammable. Sinon, enveloppez-le dans du tissu épais pour étouffer les flammes. (Évitez le Nylon et les autres tissus inflammables.)

Roulez le blessé dans un manteau, un tapis, ou une couverture.

LES RÉACTIONS À ÉVITER

● **Alimenter les flammes.** Ne laissez pas le blessé paniquer et se précipiter dehors car l'air activerait les flammes.

● **Élargir les brûlures.** Ne faites pas rouler le brûlé sur le sol – les brûlures pourraient s'étendre.

SE SAUVER SOI-MÊME

● **Éteindre les flammes.** Enveloppez-vous dans du tissu épais et allongez-vous. Essayez de garder votre calme.

LES ÉLECTROCUTIONS

ELLES sont généralement dues à des interrupteurs défectueux ou à des cordons électriques effilochés. Le risque d'électrocution est accru si l'on manipule un appareil, même en bon état, avec des mains mouillées ou pieds nus sur un sol mouillé. Reportez-vous p. 111 pour les règles de sécurité.

COUPER LE CONTACT

1 Si quelqu'un s'est électrocuté, commencez par couper le courant au disjoncteur. Si vous n'y arrivez pas, n'hésitez pas à arracher le câble.

Utilisez un manche à balai en bois – pas en plastique ni en métal.

2 Si vous ne pouvez pas couper le courant, montez sur une surface isolante, et éloignez le blessé de la source de courant à l'aide d'un manche en bois.

3 Enveloppez les pieds du blessé dans une serviette sèche et tirez-le loin de l'appareil. En dernier recours, tirez-le par ses vêtements (s'ils sont secs).

4 Si le blessé s'est évanoui, vérifiez son pouls et sa respiration. Si nécessaire, tentez la réanimation (voir p. 168). Si la victime n'a pas l'air blessée, faites-la se reposer et appelez un médecin. Donnez des soins pour le choc et les brûlures (voir p. 170).

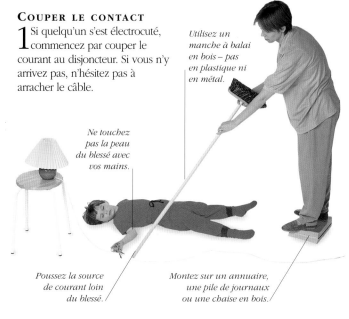

Ne touchez pas la peau du blessé avec vos mains.

Poussez la source de courant loin du blessé.

Montez sur un annuaire, une pile de journaux ou une chaise en bois.

LES NOYADES

SOYEZ très vigilant avec l'eau si vous avez de jeunes enfants, et encouragez tous les membres de votre famille à apprendre à bien nager aussi jeune que possible. N'oubliez pas : un enfant peut se noyer dans 2,5 cm d'eau. Réduisez les risques en surveillant sans arrêt les enfants lorsqu'ils sont dans l'eau.

LES SOINS À APPORTER EN CAS DE NOYADE

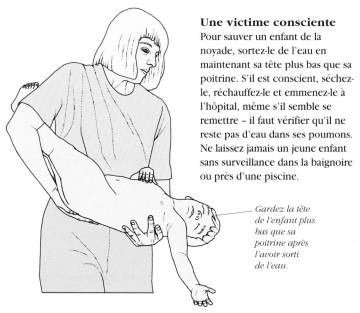

Une victime consciente
Pour sauver un enfant de la noyade, sortez-le de l'eau en maintenant sa tête plus bas que sa poitrine. S'il est conscient, séchez-le, réchauffez-le et emmenez-le à l'hôpital, même s'il semble se remettre – il faut vérifier qu'il ne reste pas d'eau dans ses poumons. Ne laissez jamais un jeune enfant sans surveillance dans la baignoire ou près d'une piscine.

Gardez la tête de l'enfant plus bas que sa poitrine après l'avoir sorti de l'eau.

LA PERTE DE CONNAISSANCE
● **La réanimation.** Si la victime a perdu connaissance, vérifiez son pouls et sa respiration. Relancez la respiration par la respiration artificielle et le massage cardiaque (voir p. 168). Procédez avec prudence au cas où les poumons seraient remplis d'eau.

LES CONSÉQUENCES
● **L'hypothermie.** La victime peut développer une hypothermie. Retirez les vêtements mouillés, séchez la victime et essayez de la réchauffer.
● **L'eau dans les poumons.** Emmenez la victime à l'hôpital pour vérifier qu'elle n'a pas d'eau dans les poumons.

LA RÉANIMATION

LORSQUE vous êtes devant un blessé inanimé, vérifiez en priorité que les poumons et le cœur fonctionnent, en écoutant la respiration et en cherchant le pouls. Si vous suspectez la présence d'une blessure au cou ou au dos, manipulez le blessé avec précaution.

LE B.A. BA DE LA RÉANIMATION

LORSQUE vous êtes confronté à un blessé sans connaissance, les trois premières choses à évaluer sont l'état des voies aériennes, la respiration et la circulation. Si le blessé respire et que vous avez senti son pouls, placez-le en position de sécurité (voir ci-dessous) et appelez une ambulance.

ÉVALUER LES DOMMAGES

Soulevez le menton pour faire basculer la tête.

Regardez et écoutez si le blessé respire.

Ouvrir les voies aériennes
Ouvrez la bouche du blessé et retirez soigneusement tout ce qui encombre la bouche et le fond de la gorge. Ouvrez les voies aériennes en plaçant une main sur le front du blessé, deux doigts sous son menton, et en renversant légèrement sa tête en arrière.

Vérifier la respiration
En laissant les voies aériennes ouvertes, placez votre joue contre la bouche et le nez du blessé pendant 5 s, écoutez et essayez de sentir s'il expire de l'air. En même temps, regardez attentivement la poitrine du blessé pour voir si la cage thoracique bouge.

Vérifier le rythme cardiaque
Placez un doigt à côté de la trachée pendant 5 s. Si vous sentez le pouls, mais pas de respiration, commencez la respiration artificielle (voir ci-contre). S'il n'a ni pouls ni respiration, appelez une ambulance et commencez la réanimation cardiaque.

LA POSITION DE SÉCURITÉ

LA POSITION décrite ci-dessous est la plus sûre pour une personne inanimée, car la langue ne peut pas bloquer la gorge et les liquides peuvent s'écouler par la bouche. Cela réduit considérablement les risques de voir le blessé s'étouffer en vomissant.

PLACER UN BLESSÉ EN POSITION DE SÉCURITÉ

1 Pliez le bras proche de vous à un angle droit. Posez l'autre main sur la joue opposée. Laissez la jambe proche de vous tendue et pliez l'autre pour que son genou fasse un angle droit.

2 Tenez la main du blessé sur sa joue, tirez vers vous la cuisse de la jambe pliée et couchez le blessé sur le côté. En partant de cette position, il est tout à fait possible de bouger une personne lourde.

3 Guidez la tête du blessé en le retournant. Renversez sa tête en arrière et tirez sa mâchoire vers l'avant pour ouvrir les voies aériennes. Surveillez les signes de réanimation (voir ci-dessus) jusqu'à ce que l'ambulance arrive.

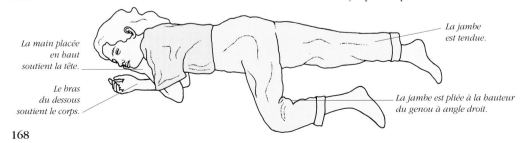

La main placée en haut soutient la tête.

Le bras du dessous soutient le corps.

La jambe est tendue.

La jambe est pliée à la hauteur du genou à angle droit.

168

LA RESPIRATION ARTIFICIELLE

S I UN blessé inanimé ne respire pas, vous devez lui insuffler de l'air dans les poumons. Insufflez de l'air 10 fois par minute et vérifiez le pouls toutes les 10 respirations. Continuez aussi longtemps que possible – jusqu'à ce que le blessé se remette à respirer, ou jusqu'à l'arrivée des secours.

ADMINISTRER LE BOUCHE-À-BOUCHE

Recouvrez complètement la bouche du blessé pour que l'air ne puisse pas s'échapper.

Surveillez que la poitrine se dégonfle.

1 Allongez le blessé sur le dos. Retirez ce qui obstrue éventuellement la bouche. Posez une main sur son front, pincez ses narines et, de l'autre main, faites basculer sa tête en arrière.

2 Placez votre bouche sur celle du blessé, en l'appliquant bien. Insufflez de l'air jusqu'à ce que la poitrine se soulève, puis éloignez votre bouche. Prenez de l'air, puis recommencez, en insufflant 10 fois par minute.

3 Continuez la deuxième étape jusqu'à ce que le blessé respire de lui-même ou jusqu'à l'arrivée des secours. Arrêtez-vous toutes les 10 respirations pour vérifier le pouls. Si le pouls disparaît, commencez le massage cardiaque.

LA RÉANIMATION CARDIO-PULMONAIRE

L A RÉANIMATION cardio-pulmonaire associe la respiration artificielle et le massage cardiaque. Si le blessé ne respire pas et n'a pas de pouls, insufflez deux fois de l'air, puis comprimez la poitrine quinze fois. Alternez ces deux actions jusqu'à l'arrivée des secours.

LE MASSAGE CARDIAQUE

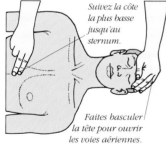

Suivez la côte la plus basse jusqu'au sternum.

Faites basculer la tête pour ouvrir les voies aériennes.

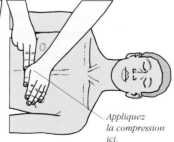

Appliquez la compression ici.

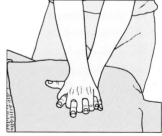

1 Allongez le blessé sur une surface dure. Pour localiser l'endroit où se fait le massage cardiaque, cherchez à l'aide de l'index et du majeur les côtes les plus basses. Faites glisser vos doigts jusqu'à ce que le majeur atteigne le point de rencontre entre les côtes et le sternum – vous sentirez une dépression.

2 Votre index doit maintenant reposer sur le sternum du blessé. Faites alors glisser la paume de votre autre main jusqu'à ce qu'elle rejoigne l'index. La paume de votre main se trouve maintenant exactement placée sur le point de compression.

3 Ne bougez pas la paume de votre main. Placez l'autre main dessus et entrelacez vos doigts. Penchez-vous sur le blessé, en gardant les bras tendus. Appuyez sur 5 cm, puis relâchez sans retirer vos mains. Si vous pensez que le pouls et la respiration ont repris, arrêtez le massage et vérifiez.

169

SOIGNER LES BLESSURES

MÊME si vous savez qu'un blessé a besoin d'un médecin ou d'aller à l'hôpital, vous pouvez alléger son inconfort, réduire les risques de choc et éviter l'aggravation des blessures. Des réactions rapides et efficaces peuvent sauver une vie.

LES SAIGNEMENTS

IL EST important de faire cesser les saignements aussi vite que possible. Retirez les vêtements autour de la blessure et lavez le sang et la saleté. Pour arrêter le saignement, il est parfois nécessaire d'appliquer un point de compression. Rassurez le blessé et soyez prêt à l'aider en cas d'état de choc.

SOIGNER LES BLESSURES GRAVES

Levez la blessure au-dessus du niveau du cœur.

Allongez le blessé pour que la blessure soit facile à surélever.

3 Laissez le linge en place et recouvrez la blessure d'un pansement stérile. Bandez la plaie en veillant à maintenir la blessure au-dessus du cœur. Le bandage doit être serré mais sans couper la circulation. Si le sang commence à traverser le bandage, placez un autre linge par-dessus.

1 Tenez un linge propre sur la blessure en appuyant fermement avec la paume de votre main. Pour réduire le saignement, la blessure doit être au-dessus du niveau du cœur. Si un corps étranger est enfoncé dans la blessure, n'essayez pas de le retirer vous-même.

2 Allongez le blessé à l'horizontale en veillant à laisser la blessure au-dessus du cœur. Glissez un petit coussin sous sa tête pour qu'il soit confortablement installé. Continuez d'appuyer fermement sur la blessure jusqu'à ce que le saignement diminue.

4 Lorsque le saignement commence à ralentir, emmenez le blessé à l'hôpital en conservant bien la blessure au-dessus du niveau du cœur. Si un objet est enfoncé dans la blessure, placez des rouleaux de gaze sous le pansement pour qu'il n'appuie pas sur l'objet en question.

IDENTIFIER ET TRAITER LES SIGNES DE CHOC

Le manque d'oxygène provoque l'état de choc. Cela peut se produire en cas d'insuffisance du système circulatoire, au cours d'une crise cardiaque, ou en cas de perte de liquide provoquée par des saignements, une brûlure, des vomissements ou une diarrhée. Dans ce cas, le sang se retire des parties vitales, la peau devient grise et froide et le pouls commence à battre très vite. Pour aider un blessé en état de choc, empêchez-le de bouger, surélevez ses jambes pour accélérer le retour du sang vers les organes vitaux. Desserrez ses vêtements et réchauffez-le. Appelez une ambulance et soyez prêt à commencer la réanimation (voir p. 168). Ne donnez ni à manger ni à boire.

Surélevez les jambes pour améliorer la circulation.

Surélevez le membre blessé pour réduire le saignement.

COUPURES ET ÉCORCHURES

Les coupures et les écorchures mineures peuvent être soignées sans médecin, sauf en présence d'un corps étranger ou de risques d'infection.

1 Lavez la coupure avec de la gaze imbibée d'eau et de savon. Un tissu qui peluche pourrait s'accrocher à la plaie.

2 Appuyez sur la blessure avec de la gaze propre pour arrêter le saignement.

3 Recouvrez totalement la blessure avec un pansement ou un bandage assez large (au besoin, mettez d'abord un désinfectant).

LES BRÛLURES

CALMEZ les brûlures sous l'eau froide pour éviter que les tissus ne s'abîment davantage et pour réduire la douleur. En cas d'incendie, assurez-vous que le blessé et vous-même êtes à l'abri avant de commencer à le soigner. Reportez-vous p. 167 pour les soins à apporter en cas d'électrocution.

SOIGNER LES BRÛLURES GRAVES

1 Éloignez le blessé de ce qui a occasionné la brûlure. Versez de l'eau froide sur la brûlure pendant au moins 10 mn.

2 Retirez très doucement les vêtements et les bijoux autour de la brûlure, en découpant les vêtements s'ils collent à la plaie.

3 Continuez à rafraîchir la brûlure en la plongeant dans de l'eau froide ou n'importe quel autre liquide froid, tel que du lait.

4 Recouvrez la brûlure avec un pansement stérile ou du plastique propre. Si la brûlure est large, utilisez un drap ou une taie d'oreiller propre. N'appliquez pas de pommade ou de gras.

5 Faites voir le blessé à un médecin dès que possible. Si le blessé est en état de choc, donnez-lui les soins appropriés (voir ci-contre). Ne lui proposez rien à manger ou à boire.

Refroidissez la brûlure avec de l'eau froide.

Ne retirez pas les vêtements avant d'avoir passé la brûlure sous l'eau.

Évitez de toucher la brûlure.

LES PETITES BRÛLURES
● **Traitement.** Rafraîchissez la brûlure pendant au moins 10 mn (voir ci-dessus). Retirez bijoux et vêtements avant que la peau ne se mette à gonfler.
● **Pansement.** Recouvrez les petites brûlures avec un linge propre qui ne peluche pas. Les brûlures pouvant s'infecter, protégez-les avec du film étirable ou un sac en polyéthylène.

LES BRÛLURES CHIMIQUES
● **Les identifier.** Elles peuvent être dues aux produits ménagers. Moins visibles que les brûlures par le feu, elles peuvent mettre du temps à apparaître.

LES ÉLECTROCUTIONS
● **Les causes.** Elles sont provoquées par la foudre ou les courants haute ou basse tension. Dans la maison, le courant peut causer des brûlures superficielles.

LES VOIES AÉRIENNES

Éliminer les produits
Passez la peau brûlée tout de suite sous l'eau froide jusqu'à ce que toute trace de produit ait disparu. Portez des gants en caoutchouc pour éviter que le produit chimique ne vous atteigne. Soignez la blessure comme les brûlures graves (voir ci-dessus).

Soigner la blessure
Coupez le courant (voir p. 167). Tenez la brûlure sous l'eau froide pendant au moins 10 mn. Couvrez d'un pansement stérile. Consultez un médecin pour d'éventuels dommages internes. Appliquez les soins appropriés au choc ou aux arrêts cardiaques si nécessaire.

Donner de l'eau
Les brûlures de la bouche et de la gorge sont dangereuses car elles peuvent, lorsqu'elles enflent, bloquer les voies respiratoires. Desserrez les vêtements du blessé autour du cou et faites-lui boire de l'eau froide par petites gorgées. Emmenez-le à l'hôpital aussitôt.

LES EMPOISONNEMENTS

L ES PRODUITS ménagers, de même que certaines plantes et médicaments, peuvent provoquer des empoisonnements. Consultez un médecin au plus vite. Essayez d'identifier le poison. Conservez un échantillon du produit ingéré, des vomissures et des emballages de cachets trouvés près de la victime.

TRAITER LES EMPOISONNEMENTS PAR PRODUITS CHIMIQUES

Les emballages vides permettent d'identifier la nature du poison qui a été ingéré.

1 S'il reste des traces de produits autour de la bouche et sur le visage de la victime, essuyez-les soigneusement en évitant de vous contaminer. Lavez la zone doucement à l'eau froide. Retirez les vêtements contaminés.

2 Donnez à la victime de l'eau ou du lait froid par petites gorgées pour réduire la brûlure sur les lèvres et dans la bouche. N'essayez pas de la faire vomir car les produits provoqueraient de nouvelles brûlures.

3 Emmenez la victime à l'hôpital. N'oubliez pas d'emporter avec vous l'emballage du produit pour que le médecin puisse donner le traitement approprié à la nature du poison.

TRAITER LES EMPOISONNEMENTS PAR MÉDICAMENTS

Dites aux urgences quel médicament a été ingéré et en quelle quantité.

Conservez l'emballage pour le service d'urgences.

Si la victime est consciente, gardez-la près de vous jusqu'à l'arrivée des secours.

1 Si la victime est consciente, essayez de savoir quel médicament elle a pris, en quelle quantité et à quel moment. Ne la faites pas vomir car cela pourrait aggraver la situation. Si elle a vomi, conservez un échantillon pour le médecin.

2 Emmenez la victime à l'hôpital ; parlez-lui calmement pour qu'elle reste consciente. N'oubliez pas d'emporter l'emballage du médicament. Soyez prêt à appliquer les soins nécessaires en cas d'état de choc (voir p. 170).

> **ATTENTION**
> Ne donnez rien à boire
> à la victime. Cela diluerait
> le médicament et accélérerait
> sa digestion.

SI LE BLESSÉ EST INANIMÉ

PRÉSENCE DU POULS ET DE LA RESPIRATION

1 Placez la victime en position de sécurité (voir p. 168) pour ouvrir les voies aériennes et appelez une ambulance.

2 Si nécessaire, soignez les blessures associées à l'empoisonnement (brûlures par produit chimique, voir p. 171).

ABSENCE DE RESPIRATION, MAIS PRÉSENCE DU POULS

1 Insufflez 10 fois par bouche-à-bouche (voir p. 169). Appelez une ambulance et recommencez.

2 Continuez à faire du bouche-à-bouche à la victime jusqu'à l'arrivée de l'ambulance. Vérifiez le pouls toutes les minutes (après 10 insufflations).

ABSENCE DE RESPIRATION, ABSENCE DU POULS

1 Demandez à quelqu'un d'appeler une ambulance. Appliquez cinq compressions sur la poitrine puis insufflez une fois par bouche-à-bouche (voir p. 169).

2 Continuez la réanimation jusqu'à ce que le pouls et la respiration soient normaux.

LES BLESSURES LES PLUS COURANTES

LA MAISON est un endroit dangereux. Il peut s'y produire des accidents, même lorsque toutes les précautions ont été prises. Les enfants sont particulièrement exposés car ils ont moins conscience du danger que les adultes. Soyez prêt à faire face aux urgences.

LES MORSURES

TOUS les être vivants, y compris les humains, ont des microbes dans la bouche, les morsures peuvent donc provoquer des infections. Soignez-les tout de suite – en commençant par nettoyer soigneusement la plaie. Prenez des précautions pour ne pas vous faire mordre aussi.

LE TÉTANOS ET LA RAGE

● **Le tétanos.** C'est une maladie grave qui affecte le système nerveux. Il peut être transmis par des micro-organismes de la terre pénétrant dans les coupures. La vaccination contre le tétanos fait partie des vaccinations obligatoires des bébés. Les adultes devraient faire un rappel tous les 10 ans.

● **La rage.** C'est une maladie, qui peut s'avérer mortelle. Si vous vous faites mordre dans une région où sévit la rage, consultez un médecin, même si l'animal ne semble pas contaminé.

SOIGNER LES PETITES MORSURES

Passez la plaie sous l'eau.

1 Lavez les petites morsures avec de l'eau et du savon. Tenez-les sous l'eau courante pendant au moins 5 mn pour bien rincer les saletés et réduire le risque d'infection.

2 Séchez la blessure en la tamponnant avec de la gaze ou des mouchoirs en papier. N'appliquez pas de pommade ou de teinture d'iode. Recouvrez d'un pansement stérile. Consultez un médecin et expliquez-lui l'incident au cas où la blessure s'infecterait.

> **ATTENTION**
> Toutes les morsures doivent être considérées comme potentiellement dangereuses; consultez immédiatement un médecin.

SOIGNER LES MORSURES GRAVES

1 Lavez la blessure à l'eau et au savon. Tenez-la sous l'eau courante pendant cinq minutes pour retirer le plus de saletés et de microbes possible.

2 Appliquez fermement un pansement propre sur la blessure. Surélevez la blessure au-dessus du niveau du cœur. Si la blessure saigne beaucoup, appliquez le traitement conseillé pour les blessures graves p. 170.

3 Lorsque le saignement a cessé, recouvrez la plaie avec un pansement stérile et faites un bandage. Emmenez le blessé à l'hôpital. Ne partez pas du principe que la plaie va cicatriser toute seule – elle peut avoir été infectée par des microbes de l'animal.

Recouvrez la plaie avec un pansement et un bandage.

Calmez le blessé pendant que vous le soignez.

LES MORSURES DE SERPENT

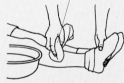

Lavez la morsure.

Les signes d'une morsure de serpent sont les deux trous, la douleur intense, la rougeur et l'enflure autour de la paie, des vomissements et des difficultés respiratoires. Consultez immédiatement un médecin.

● **Les soigner.** Lavez la plaie avec de l'eau et du savon. Faites un pansement bien serré en tenant la blessure sous le niveau du cœur. N'ouvrez pas la plaie et n'essayez pas d'aspirer le venin.

LES PIQURES D'INSECTES

LES PIQURES d'insectes sont dangereuses pour certaines personnes et nécessitent des soins médicaux ou un traitement contre le choc anaphylactique (voir ci-dessous). Pour d'autres, les traitements ci-dessous suffiront. Traitez les piqûres immédiatement. Ne laissez pas la victime paniquer.

LES PIQÛRES D'INSECTES

1 Si le dard est encore dans la peau, retirez-le soigneusement avec une pince à épiler, en l'arrachant par la base. Veillez à ne pas le casser en le retirant. N'appuyez pas sur le sac de poison situé en haut du dard.

2 Appliquez pendant 10 mn une compresse froide sur la piqûre pour réduire la douleur et l'enflure. Utilisez un chiffon trempé dans de l'eau froide et bien essoré, un sac de petits pois congelés ou des glaçons enveloppés dans un linge.

LA BOUCHE ET LA GORGE

1 Si la victime a été piquée dans la bouche ou la gorge, faites-lui sucer des glaçons, une glace, ou faites-lui boire de l'eau froide pour réduire le gonflement.

2 Emmenez la victime chez un médecin. Si la respiration devient difficile en raison du gonflement, appelez une ambulance. Si la victime s'évanouit, appliquez les conseils donnés pour le choc anaphylactique (voir ci-dessous).

LES TIQUES

● Traitement. Elles s'enfoncent sous la peau pour se nourrir du sang et peuvent provoquer une infection. Endormez la tique avec de l'éther ou avec un produit spécial vendu en pharmacie avant de la retirer. Conservez-la pour la montrer au médecin si la victime présente des symptômes alarmants.

LES PIQÛRES D'ORTIES

● Description. Elles provoquent une éruption de boutons rouges et des démangeaisons. Un remède traditionnel consiste à appliquer du vinaigre sur les zones douloureuses. Sinon, suivez les conseils ci-dessous.

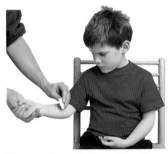

Traiter les piqûres d'orties
Calmez douleur et démangeaisons en appliquant des compresses d'eau froide ou des feuilles de patience. Laissez agir 10 mn, puis renouvelez l'application. Si l'éruption est très importante, consultez un médecin.

LE CHOC ANAPHYLACTIQUE

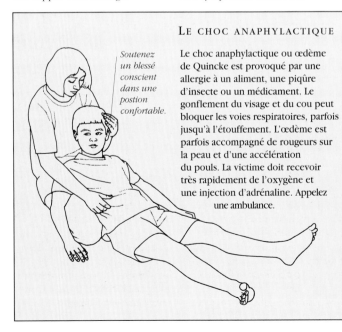

Soutenez un blessé conscient dans une postion confortable.

Le choc anaphylactique ou œdème de Quincke est provoqué par une allergie à un aliment, une piqûre d'insecte ou un médicament. Le gonflement du visage et du cou peut bloquer les voies respiratoires, parfois jusqu'à l'étouffement. L'œdème est parfois accompagné de rougeurs sur la peau et d'une accélération du pouls. La victime doit recevoir très rapidement de l'oxygène et une injection d'adrénaline. Appelez une ambulance.

En attendant les secours, voici la conduite à tenir pour empêcher la situation de s'aggraver.

● **Les vêtements.** Desserrez-les – cela facilitera la respiration.
● **Médicaments.** Si la victime a déjà eu ce genre de réaction, donnez-lui les médicaments prescrits par le médecin.
● **Éviter la panique.** Essayez de la calmer la personne et réchauffez-la jusqu'à l'arrivée des secours.
● **Si la victime est consciente.** Aidez-la à s'asseoir dans la position qui lui est la plus confortable.
● **L'évanouissement.** Si la victime est inanimée, placez-la en position de sécurité (voir p. 168).

LES ECCHYMOSES ET LES GONFLEMENTS

LES ECCHYMOSES apparaissent lorsqu'un coup violent rompt les vaisseaux capillaires sous la peau laissant le sang se répandre dans les tissus. Les ecchymoses importantes et les gonflements doivent toujours être examinés par un médecin car ils peuvent indiquer une blessure sérieuse.

LE TRAITEMENT

1 Faites asseoir la victime, en surélevant le membre blessé. Faites-le reposer sur un coussin.

2 Appliquez une compresse froide sur la blessure. Maintenez la compresse sur la blessure pendant 30 mn pour réduire le gonflement.

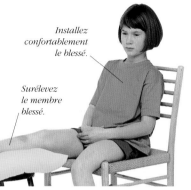

Installez confortablement le blessé.

Surélevez le membre blessé.

ASTUCE GAIN DE TEMPS

En cas d'urgence, vous pouvez très bien remplacer les glaçons par un sachet de petits pois surgelés. Enveloppez-le dans une serviette fine et posez-le sur la blessure. Laissez-le tant que la blessure n'a pas dégonflé.

LES COMPRESSES FROIDES

● **Faire une compresse froide.** Passez un linge propre sous l'eau froide, essorez-le ou enroulez-le autour de glaçons. Appliquez cette compresse sur l'œdème pendant environ 30 mn.

LES BLESSURES MUSCULAIRES ET OSSEUSES

FAITES preuve de prudence devant les blessures musculaires et osseuses tant que vous ne connaissez pas l'étendue de la blessure. Si vous craignez une fracture, emmenez le blessé à l'hôpital pour une radiographie. Empêchez les mouvements qui pourraient aggraver la situation.

LES BLESSURES COURANTES

● **Les entorses.** Surélevez l'entorse et appliquez une compresse froide. Enveloppez de coton et bandez soigneusement. Emmenez le blessé à l'hôpital dès que possible.
● **La luxation de l'épaule.** Elle se produit lorsque la tête de l'os du bras se démet de l'articulation de l'épaule. Mettez le bras en écharpe en posant la main contre la poitrine. Emmenez le blessé à l'hôpital dès que possible. Ne lui donnez pas à manger ni à boire.
● **La clavicule cassée.** Mettez le bras en écharpe et emmenez le blessé à l'hôpital.

IMMOBILISER LES BLESSURES OSSEUSES

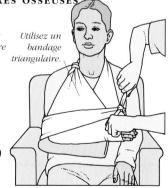

Ne bougez pas la blessure.

Soutenez le membre blessé.

Utilisez un bandage triangulaire.

Soutenir le membre
Il est primordial de soutenir le membre blessé. Si la victime est blessée au bras, demandez-lui de faire reposer son bras contre sa poitrine. Si c'est à la jambe, faites allonger la victime et tenez la jambe dans votre main.

Immobiliser le membre
Immobilisez le membre. Mettez le bras en écharpe, puis bandez-le contre la poitrine et emmenez le blessé à l'hôpital. Immobilisez une jambe blessée en l'attachant à la jambe indemne. Appelez une ambulance.

LES ÉTOUFFEMENTS

Lorsque quelqu'un s'étouffe, c'est à la fois effrayant pour lui-même et pour ceux qui l'entourent. Il faut pourtant agir vite pour qu'il ne meure pas asphyxié. Les étouffements sont généralement dus au fait de manger trop rapidement ou, chez les jeunes enfants, à l'ingestion d'objets non comestibles.

IDENTIFIER ET ÉVITER LES ÉTOUFFEMENTS

● **Les symptômes.** La victime peut avoir des difficultés à parler et à respirer et la peau peut bleuir. La victime montre parfois sa gorge du doigt.

● **Prévention.** Encouragez les membres de votre famille à bien mâcher leurs aliments. Ne laissez pas les enfants porter des corps étrangers à la bouche.

TRAITER UN ADULTE CONSCIENT

1 Penchez la victime en avant et frappez-la cinq fois entre les omoplates pour pouvoir déloger le corps étranger.

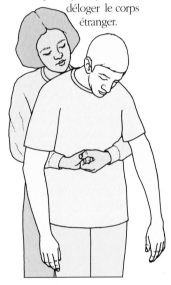

2 Si cette méthode échoue, mettez-vous derrière la victime et placez vos bras autour de son abdomen. Croisez vos mains et enfoncez-les violemment contre le diaphragme en les remontant de bas en haut et d'avant en arrière cinq fois de suite.

3 Continuez en alternance les claques dans le dos et les pressions sur l'abdomen jusqu'à ce que le corps étranger soit délogé. (En cas d'échec et si la victime s'évanouit, appliquez les conseils ci-dessous.)

4 Une fois le corps étranger délogé, faites asseoir la victime. Dites-lui de consulter un médecin en raison des risques de dommages internes provoqués par les pressions abdominales.

L'ÉTOUFFEMENT DE L'ENFANT

Les enfants ne doivent pas être traités comme des adultes. Les conseils suivants donnent un rapide aperçu de ce qu'il faut faire. Si vous avez de jeunes enfants, il est conseillé de suivre un cours de secourisme.

1 Encouragez l'enfant à tousser pour déloger le corps étranger.

2 Si le corps étranger n'est pas expulsé par la toux, allongez l'enfant sur vos genoux et frappez-le cinq fois entre les omoplates.

3 Si cette méthode n'est pas efficace, mettez l'enfant sur le dos et appuyez vigoureusement sur le sternum avec une main. Recommencez cinq fois.

4 Continuez à appuyer sur le sternum, en poussant cinq fois vers le bas, puis cinq fois vers le haut. Si l'enfant perd connaissance, commencez la réanimation (voir p. 169). Continuez jusqu'à l'arrivée des secours.

TRAITER UN ADULTE INANIMÉ

1 Si l'étouffement a provoqué un évanouissement, vérifiez si la victime respire encore. Sinon, tournez-la sur le côté et donnez-lui cinq claques vigoureuses entre les omoplates. Les spasmes musculaires peuvent être interrompus par la perte de connaissance.

2 Si la victime reste inanimée, couchez-la sur le dos et agenouillez-vous sur elle. Appuyez cinq fois juste en dessous de sa cage thoracique avec la paume de vos mains (voir p. 169).

3 Si la victime ne respire toujours pas, appelez une ambulance et commencez la réanimation (voir p. 169). Une fois que la respiration a repris, placez la victime en position de sécurité (voir p. 168). Même si la victime semble avoir parfaitement récupéré, faites-la examiner par un médecin.

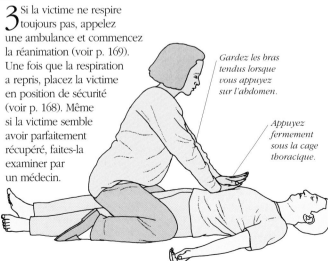

Gardez les bras tendus lorsque vous appuyez sur l'abdomen.

Appuyez fermement sous la cage thoracique.

LES CORPS ÉTRANGERS

Les corps étrangers dans les yeux, le nez ou la gorge sont désagréables, parfois effrayants, et peuvent être dangereux. En présence d'un corps étranger, utilisez la méthode appropriée parmi celles présentées ci-dessous, en veillant à ne pas blesser la victime. Consultez rapidement.

DANS LES YEUX

1 Écartez les paupières avec deux doigts et demandez à la victime de regarder en haut, en bas, vers la gauche puis vers la droite. Si un corps étranger adhère à la surface de l'œil ou est enfoncé, consultez un médecin.

2 Versez de l'eau propre dans l'angle interne de l'œil pour déloger l'objet. Si ce n'est pas efficace, à condition qu'il ne soit pas enfoncé, retirez-le avec un Coton-Tige humide ou le coin d'un mouchoir propre.

DANS L'OREILLE

● Visualiser le corps étranger. Avec une lampe électrique, essayez de voir ce qui s'est logé dans l'oreille. Si le corps étranger est enfoncé, n'essayez pas de le retirer – vous pourriez endommager le tympan. Calmez la victime et emmenez-la à l'hôpital.

UN INSECTE DANS L'OREILLE

1 Faites asseoir la victime sur une chaise, l'oreille tournée vers le haut. Versez de l'eau tiède dans l'oreille pour faire ressortir l'insecte. Essuyez l'eau avec une serviette.

2 Si l'insecte ne ressort pas ou s'il s'agit d'une guêpe qui pourrait piquer l'intérieur de l'oreille, emmenez la victime à l'hôpital. N'essayez jamais de retirer un corps étranger à l'aide d'un objet quelconque.

DANS LE NEZ

● Symptômes et traitements. La présence d'un corps étranger dans le nez peut provoquer des difficultés respiratoires, des saignements ou un gonflement. Encouragez la victime à respirer par la bouche et emmenez-la à l'hôpital. N'essayez pas de retirer l'objet vous-même.

LES OBJETS AVALÉS

● Identifier les objets. Demandez à la victime quel objet elle a avalé. S'il est petit et lisse, il sera évacué par les voies naturelles. S'il est gros et pointu, il devra être retiré par un médecin.

> **ATTENTION**
> Ne laissez pas un blessé manger ou boire s'il a avalé un objet grand ou pointu. Emmenez-le à l'hôpital.

LES ÉCHARDES ET LES AMPOULES

Les échardes et les ampoules percées peuvent provoquer des infections si elles ne sont pas bien soignées. Retirez les échardes dès que possible, mais n'essayez pas de retirer les objets profondément enfoncés. Faites asseoir la victime pendant que vous retirez l'écharde pour plus de stabilité.

RETIRER LES ÉCHARDES

Tenez l'extrémité de la pince au-dessus d'une flamme.

1 Lavez-vous les mains, puis lavez la zone autour de l'écharde au savon et à l'eau tiède. Stérilisez une pince à épiler en la passant sur une flamme ou en la faisant bouillir pendant 10 mn. Laissez-la bien refroidir avant de l'utiliser.

Tirez l'écharde en suivant la direction dans laquelle elle s'est enfoncée.

2 Attrapez l'écharde avec la pince à épiler, en l'appuyant fortement sur la peau. Tirez l'écharde dans la direction où elle s'est enfoncée. Serrez la plaie entre vos doigts pour faire sortir un peu de sang et évacuer les saletés. Lavez, séchez et appliquez un pansement adhésif.

SOIGNER LES AMPOULES

● **Nettoyer les ampoules.** Lavez la peau autour avec du savon et de l'eau chaude, rincez, séchez, et recouvrez l'ampoule d'un pansement adhésif.
● **Les brûlures.** Elles provoquent généralement l'apparition de liquide sous la peau. Ne percez pas les ampoules provoquées par les brûlures – vous causeriez des dégâts encore plus importants que la brûlure elle-même. Reportez-vous p. 171 pour savoir comment soigner les brûlures.

LES SAIGNEMENTS DE NEZ

Les saignements de nez, ou épistaxis, apparaissent généralement de façon imprévisible. Parfois impressionnants, ils sont le plus souvent bénins. Les saignements de nez fréquents et importants révèlent parfois des problèmes plus sérieux, auquel cas le médecin pourra réaliser une cautérisation nasale.

ARRÊTER LES SAIGNEMENTS

1 Faites asseoir la victime avec la tête penchée en avant. Demandez-lui de respirer par la bouche. Pincez le nez en serrant bien les narines pendant 10 mn.

Penchez bien sa tête en avant.

Pincez ses narines.

Demandez à la victime de pencher sa tête au-dessus d'une bassine.

2 Mettez la victime au-dessus d'une bassine et encouragez-la à cracher le liquide qui s'accumule dans sa bouche. Pincez les narines pendant 10 mn de plus. Recommencez pendant 10 mn si nécessaire. Si le saignement persiste, consultez un médecin.

3 Une fois que le saignement s'est interrompu, nettoyez le pourtour du nez et de la bouche avec un gant ou un morceau de coton et de l'eau tiède. Il ne faut pas se moucher car le saignement de nez pourrait reprendre.

> **ATTENTION**
> Si un liquide semblable à de l'eau s'écoule par le nez ou si le saignement dure plus de 30 mn, emmenez immédiatement la victime à l'hôpital.

LES SAIGNEMENTS DANS LA BOUCHE ET L'OREILLE

Les coupures sur la langue, les lèvres ou dans la bouche saignent parfois beaucoup. Si un adulte perd une dent à la suite d'un coup, elle peut être replacée dans la gencive, mais ce n'est pas le cas pour les enfants. Un saignement dans l'oreille est généralement causé par la rupture du tympan.

LES BLESSURES DE LA BOUCHE

Demandez à la victime de se pencher au-dessus d'une bassine.

Appliquer une pression
Penchez la tête de la victime au-dessus d'une bassine. Pincez la blessure avec un morceau de gaze entre le pouce et l'index pendant environ dix minutes. Ne rincez pas la bouche de la victime – cela pourrait dissoudre le caillot.

LA PERTE D'UNE DENT

Préserver la dent
Chez un adulte, vous pouvez remettre la dent à sa place. Sinon, mettez-la dans du lait, placez un tampon de gaze sur le trou dans la gencive en le laissant dépasser pour que la victime puisse le tenir en place avec ses dents. Consultez un dentiste.

LES BLESSURES DE L'OREILLE
● **Les coupures de l'oreille.** Posez un tampon de gaze sur la coupure. Pincez-la pendant 10 mn. Lorsque le saignement s'interrompt, recouvrez la plaie avec de la gaze stérile maintenue par un bandage.
● **Saignements à l'intérieur de l'oreille.** Mettez la victime en position semi-assise, la tête tournée vers le bas pour que le sang s'écoule. Mettez un linge absorbant sur l'oreille maintenu par une bande. Ne bouchez pas l'oreille. Consultez un médecin.
● **Les signes alarmants.** Si le saignement de l'oreille fait suite à une blessure à la tête et si le sang est aqueux, il peut s'agir d'un écoulement de liquide cérébral. Emmenez le blessé à l'hôpital immédiatement.

LES MALADIES LES PLUS COURANTES

LES RHUMES et les accès de fièvre peuvent paraître bien anodins car ils sont relativement courants; toutefois, ils peuvent avoir des conséquences graves s'ils ne sont pas traités correctement, notamment chez les enfants et les personnes âgées.

LA FIÈVRE ET LES RHUMES

LE RHUME banal peut fréquemment se compliquer et donner de la fièvre en raison de l'infection qui se développe. Si un membre de votre famille développe une forte température, il faut absolument la faire baisser au plus vite, surtout si elle dépasse les 40 °C.

LES CONVULSIONS

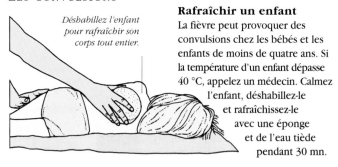

Déshabillez l'enfant pour rafraîchir son corps tout entier.

Rafraîchir un enfant
La fièvre peut provoquer des convulsions chez les bébés et les enfants de moins de quatre ans. Si la température d'un enfant dépasse 40 °C, appelez un médecin. Calmez l'enfant, déshabillez-le et rafraîchissez-le avec une éponge et de l'eau tiède pendant 30 mn.

TRAITER LA FIÈVRE CHEZ LES ADULTES ET LES ENFANTS

1 Prenez la température du malade. La température normale avoisine 37 °C. Dès qu'elle dépasse 38 °C, il y a fièvre. Incitez le malade à se coucher et installez-le confortablement. Veillez à ce qu'il règne une température constante dans la pièce.

2 Faites-lui boire de l'eau ou du jus de fruits. Donnez la quantité de paracétamol appropriée, en fonction du poids du malade sous forme de cachet, de sirop ou de suppositoire. Si la fièvre est élevée, épongez le malade avec de l'eau ou donnez-lui un bain.

SOIGNER LES RHUMES

● **Ne pas avoir trop chaud.** Les rhumes donnent généralement de la fièvre, alors évitez de vous couvrir avec trop de vêtements ou de couvertures.
● **Utiliser un humidificateur.** En installant un humidificateur chez vous et sur votre lieu de travail, vous attraperez peut-être moins de rhumes.
● **Respirer plus facilement.** Pour dégager le nez bouché, respirez régulièrement un mouchoir imbibé de quelques gouttes d'huile d'eucalyptus ou respirez de l'air frais.
● **Adoucir les maux de gorge.** Faites un gargarisme avec de l'eau chaude additionnée d'un peu de vinaigre de cidre et de piment de Cayenne ou de poivre. Le vinaigre crée un environnement légèrement acide qui détruit les bactéries et la chaleur de l'eau et du poivre favorise la circulation du sang dans les tissus irrités. Vous pouvez également faire un gargarisme avec de l'eau salée.
● **Faire de l'exercice.** Faire un peu d'exercice, qui favorise la transpiration, est utile pour décongestionner une personne enrhumée. Pensez aussi à boire beaucoup.

TRAITER LA MÉNINGITE

La méningite, inflammation des tissus entourant le cerveau, doit être traitée très vite car elle peut être fatale.

● **Le diagnostic.** Symptômes de la méningite : sensibilité à la lumière, fièvre, perte d'appétit, agitation, vomissements, douleur et raideur de la nuque, taches rouges ou violettes sous la peau et convulsions. Si l'état d'un enfant qui vient d'avoir une maladie infectieuse s'aggrave, cela peut également indiquer une méningite.
● **Les soins médicaux.** Installez le malade confortablement et appelez un médecin. Une hospitalisation immédiate sera sûrement conseillée.

ASTUCE ÉCOLOGIQUE

Laissez infuser du miel, des clous de girofle et du citron dans de l'eau chaude : cette infusion calme le mal de gorge et la toux. Sucez un clou de girofle entier pour calmer les démangeaisons dans la gorge.

LES DOULEURS ABDOMINALES

Les douleurs abdominales peuvent être dues à une banale indigestion ou indiquer une lésion de l'intestin – en particulier si l'intensité de la douleur varie et si elle s'accompagne de vomissements. Ces douleurs peuvent également être le signe d'une appendicite, en particulier chez les grands enfants.

TRAITER LES DOULEURS ABDOMINALES

1 Vérifiez que le malade est bien installé dans un lit ou sur un canapé, appuyé sur des oreillers. Laissez une bassine à proximité au cas où il vomirait.

2 Donnez-lui une bouillotte enveloppée dans une serviette-éponge qu'il tiendra contre son ventre. Ne lui donnez pas de médicaments ou de nourriture.

3 Si la douleur ne s'est pas atténuée après 30 mn, ou si elle est intense, appelez un médecin. Une douleur intense peut indiquer une urgence.

> **ATTENTION**
> Si la douleur persiste plus de 30 mn, appelez un médecin. Il peut s'agir d'une appendicite.

> **L'APPENDICITE**
> ● **Les symptômes** : douleur au milieu de l'abdomen, douleur aiguë en bas à droite de l'abdomen, perte d'appétit, fièvre élevée, nausées, vomissements et diarrhée.
> ● **Soins médicaux.** Ne donnez ni à manger ni à boire à une personne présentant des symptômes d'appendicite. Appelez un médecin immédiatement.

LES VOMISSEMENTS

Les adultes se prennent généralement en charge en cas de vomissements, mais les enfants ont besoin d'aide et de réconfort car ils ont tendance à paniquer. Si les vomissements sont associés à de la diarrhée, appelez un médecin – ces symptômes peuvent indiquer une maladie sérieuse.

LES VOMISSEMENTS CHEZ L'ENFANT

1 Tenez la tête du malade au-dessus d'une bassine et soutenez le haut de son corps pendant qu'il vomit. Rassurez-le continuellement.

2 Lorsqu'il a terminé, essuyez son visage et le tour de sa bouche avec une éponge ou un gant d'eau tiède.

3 Faites-lui boire beaucoup d'eau. Cela le réhydratera et éliminera le goût désagréable dans sa bouche. Encouragez-le à boire à petites gorgées.

4 Conseillez au malade de s'allonger sur un lit ou un canapé. Si les vomissements reprennent, appelez un médecin. Ne lui donnez pas de lait car cela pourrait aggraver les vomissements.

Faites vomir le malade dans une bassine.

Tenez le malade et réconfortez-le sans cesse.

> **ATTENTION**
> Un bébé ou un jeune enfant peut très vite se déshydrater en vomissant. Faites-lui boire de l'eau bouillie refroidie, par petites gorgées, mais ne lui donnez pas de lait.

LES DOULEURS D'OREILLE ET LE MAL DE DENTS

LES DOULEURS d'oreille peuvent être provoquées par une infection, un rhume ou la présence d'un corps étranger. Le mal de dents peut être la consé-quence d'une carie, d'un abcès ou d'une infection buccale. Les enfants souffrant de ces maux ont besoin de beaucoup d'attention.

TRAITER LE MAL DE DENTS

1 Donnez au malade la dose indiquée de paracétamol en fonction de son poids et de son âge pour calmer la douleur et installez-le confortablement. Si la douleur persiste, prenez un rendez-vous chez le dentiste.

2 Conseillez au malade de s'allonger. Placez une bouillotte chaude entourée d'un linge sous la joue douloureuse. Donnez au malade une petite cuillerée d'alcool qu'il devra garder dans la bouche – cela atténue la douleur.

TRAITER LES OREILLES

1 Conseillez au malade de s'allonger ou faites-le asseoir en le soutenant avec des oreillers. Donnez la dose conseillée de paracétamol en comprimé ou en sirop pour atténuer la douleur dans l'oreille.

2 Entourez une bouillotte d'eau chaude avec un linge et donnez-la au malade pour qu'il la pose contre son oreille douloureuse. Conseillez au malade de consulter. En cas d'inquiétude ou si la douleur persiste, appelez un médecin.

> **ATTENTION**
> Si la mâchoire est douloureuse ou enflée, appelez un dentiste. Si une douleur d'oreille est associée à un écoulement, de la fièvre ou à une perte auditive appelez un médecin.

ASTUCE À L'ANCIENNE

Si vous avez mal, mais ne pouvez pas vous rendre tout de suite chez le dentiste, faites tremper un petit morceau de coton dans de l'essence de girofle. Enfoncez-le dans la carie pour calmer la douleur.

LES DOULEURS DUES AU CHANGEMENT DE PRESSION

Déboucher les oreilles
Les oreilles peuvent se boucher lorsque l'on voyage en avion, pendant le décollage et l'atterrissage, ou lorsque l'on traverse un tunnel, surtout en train. Pour déboucher ses oreilles, il faut fermer la bouche, se pincer les narines et souffler violemment par le nez. On peut également bâiller ou sucer un bonbon.

Conseillez à l'enfant de pincer ses narines et de souffler fort par le nez.

LE HOQUET

LE HOQUET est provoqué par des contractions du diaphragme contre une trachée partiellement fermée. Il survient à l'improviste et peut effrayer les enfants, surtout s'il persiste trop longtemps. Deman-dez conseil à un médecin si le hoquet dure pendant plusieurs heures.

ASTUCES POUR FAIRE DISPARAITRE LE HOQUET

● **Boire de l'eau.** Pour faire partir le hoquet, essayez de boire de l'eau la tête en bas. Cette position vous empêchera de penser au hoquet qui devrait alors disparaître.
● **Retenir son souffle.** Essayez de retenir votre souffle le plus longtemps possible. Recommencez jusqu'à ce que le hoquet ait disparu.

● **Se détendre.** Il vaut mieux rester assis ou debout quand on cherche à se débarrasser de son hoquet – l'agitation ne fait que l'aggraver.

Respirer de l'air expiré
Tenez un sac en papier (pas en plastique) devant votre bouche et votre nez et respirez pendant 1 mn l'air que vous expirez.

INDEX

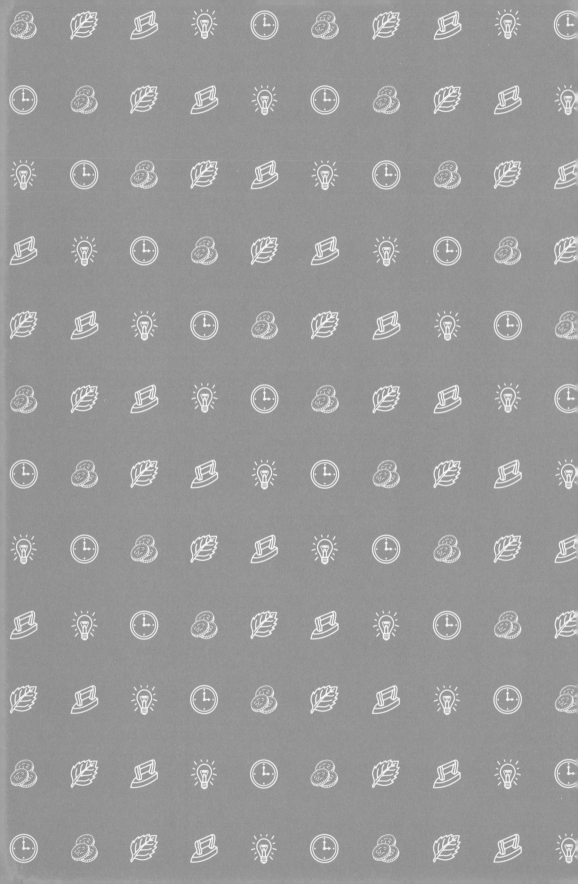